CHAOYUE BIANJIE

XUEXIAO ZUZHI
CHANGYU BIANGE DE
LILUN YU SHIJIAN

超越边界

学校组织场域变革的理论与实践

张爽 著

教育科学出版社
·北京·

出 版 人　李　东
责任编辑　杨建伟
版式设计　杨玲玲
责任校对　贾静芳
责任印制　叶小峰

图书在版编目（CIP）数据

超越边界：学校组织场域变革的理论与实践 / 张爽著. —北京：教育科学出版社，2020. 7
ISBN 978-7-5191-1553-1

Ⅰ. ①超…　Ⅱ. ①张…　Ⅲ. ①基础教育-研究-中国
Ⅳ. ①G639. 2

中国版本图书馆 CIP 数据核字（2018）第 140047 号

超越边界：学校组织场域变革的理论与实践
CHAOYUE BIANJIE：XUEXIAO ZUZHI CHANGYU BIANGE DE LILUN YU SHIJIAN

出版发行	教育科学出版社		
社　　址	北京·朝阳区安慧北里安园甲 9 号	**邮　　编**	100101
总编室电话	010-64981290	**编辑部电话**	010-64981151
出版部电话	010-64989487	**市场部电话**	010-64989009
传　　真	010-64891796	**网　　址**	http://www.esph.com.cn
经　　销	各地新华书店		
制　　作	北京金奥都图文制作中心		
印　　刷	保定市中画美凯印刷有限公司		
开　　本	720 毫米×1020 毫米　1/16	**版　　次**	2020 年 7 月第 1 版
印　　张	19. 5	**印　　次**	2020 年 7 月第 1 次印刷
字　　数	268 千	**定　　价**	49. 80 元

本书系2014年国家社科基金青年项目“推进管办评分离构建高校附属学校治理模式研究”（课题批准号：CFA140135）的研究成果。

前　言

教育关乎国家命运，努力让每个孩子都能享有公平而有质量的教育是摆在当代教育工作者面前的重要命题，尤其是在教育发展的数量与规模问题得到初步解决以后，要做的就是进一步提升教育的品质与内涵。此时，以公平发展为价值取向派生的合作发展范式将逐步取代效率取向的竞争范式。

改革开放以来，伴随着社会主义市场经济的逐步建立，效率原则和由此派生的竞争思维一直主导着社会组织的变革，成为教育生活中的重要内容。重点校、重点班、重点生等精英教育话语充斥其中；不断强化竞争机制，名目繁多的评估、评审、评比损失了过多的教育机会成本。当然，在这一特定历史时期，效率优先原则的价值在于“破旧”，对冲击、消解以往的计划经济体制和平均主义发挥了重要作用，也激发了教育活力，我国教育的巨大成就也是这一时期积累起来的。然而，不断强化的竞争机制偏离了教育的目的。在当前信息化、全球化、民主化背景下，社会联结方式发生了转变，呈现出多样化、差异化、个性化的特点。以往强调规模、秩序、标准和效率的教育模式已经无法满足社会对学校教育的要求，也无法满足学习者的需求。以往的教育管理方式越来越不适应新形势的要求，以公平发展为价值取向的教育发展范式悄然来临。合作是人们为实现共同目的或各自利益而进行的相互协调的活动，也是为共享利益或各得其利而在行动上相互配合的互动过程。由于系统是诸多元素相互联系、相互作用而形成的相对独立于环境的整体，合作使教育获得一种共生机制和持续发展机制。同时，由于改革举措越来越多地涉及既有利益格局的调整、发展方式的转变、价值观念的冲突，越来越多涉及各个部门的职责与其他社会制度协调配合，因此需要用系统思维、全局意识认识改革，用普遍联系的观点设计改革，用统筹协调的方法推进改革，进一步增强改革的系统性、整体性、协同性。树立基于合作的学校组织发展观，并在其引领下进行制度和方法创新，实施学校组织再造，是进一步推动学校组织发展的关键。

在当前中小学改革实践中，以合作为价值导向的学校组织变革愈加明显。为了更好地推进教育优质均衡发展，或是由教育行政部门推动，或是学校间根据需求自主合作，形成了如教育集团、高校支持附中附小发展、城乡学校一体化发展、教育联盟、学区等多种学校间新的合作关系样态，学校间的边界开始被打破，学校组织变革研究的重要性凸显。张爽教授近年来一直关注基础教育领域中出现的学校组织变革问题，对名校办分校、城乡学校一体化发展、教育集团、教育联盟、学区制、高校支持附中附小发展等进行了实证研究，并从组织社会学及管理学的视角出发构建理论框架，探索学校依托组织变革从而激发优质发展内驱力的理论与实践模型。

张爽教授提出，学校间组织关系的形成实质上是在场域层面的制度建构。新的关系的生成，需要一系列持续的新制度的保障，同时也催生了新的激励结构。此时，学校间的关系从竞争走向合作，从利益共同体或需求共同体走向价值共同体，从问题解决走向学校发展共生。这种支持关系的本质正是场域作用的结果，所以她借鉴组织社会学的新制度主义观点，以场域为主要分析框架展开研究，重点考察了教育行政部门在推动教育优质均衡发展过程中的主要做法，聚焦学校组织本身的特点构建模型，这将给未来基础教育学校的管理改革提供有益的借鉴。

教育领域综合改革已进入一个新的阶段，需要以战略眼光和前瞻思维进行顶层设计，并且要与尊重基层实践创新相结合。如何以改革促进教育公平，提高教育质量，激发教育活力，推动教育内涵发展，是教育发展的重要命题，而以制度创新破解难题从而释放教育改革红利是重要路径。张爽教授从组织社会学视角做了有益的探索，期待更多教育研究者更多视角的深度研究成果，一起为学校组织变革的理论建设、实践推进做出更大的贡献。

目　录

第一章
学校发展的挑战与现实图景

我们的教育正处于一个重要的时期。社会转型是当代中国社会发展的特征，也是当代中国教育发展面临的宏观背景。从传统社会向现代社会转型的过程中，人才培养的目标与方式必然会不断发生变化，也正因为此，近年来，我们国家的教育改革不断深化。随着我国社会的转型与教育改革的深化，教育改革的重心逐步下移，学校在教育现代化中的主体地位日益凸显。现代学校作为国家教育发展的基本单位，成为教育改革的实践主体、策源地和创造性执行者。

学校发展正在从竞争走向合作，诸如城乡学校一体化、学区制、教育集团、教育联盟、教育集群等层出不穷的学校组织关系的变革显示了这一点。（见图 1-1）在政校关系的处理上，传统的、由教育行政部门主导的控制模式正在转变为政府、学校以及新的组织共同参与的治理模式，这需要持续地建立一系列新的制度、新的激励结构，促使基础教育学校体系从竞争走向合作。这也是微观抉择和宏观秩序持续耦合的结果。探究学校组织场域变革的理论框架与实践路径就成了本书的主要目标。

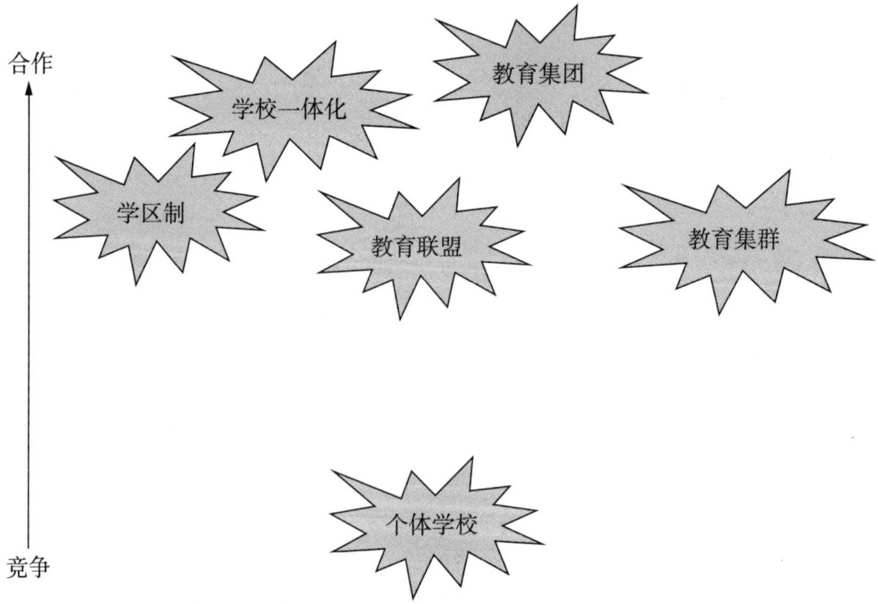

图 1-1　学校组织关系的变革

在深入讨论学校发展的基本历程和现实图景之前，我们首先要明确一个事实，即本文所讨论的学校发展和组织变革是整体性变革。作为一个复杂的系统，学校组织是由学校管理、课堂教学、课程建设、学校文化等许多部分组成的，这些部分对学校组织来说是不可或缺的，同时又是不可分割的。“一个组织形成和维持为一个不可化归为其组成部分的总体或‘整体’，因为它具有整体特有的约束和凸显的性质，并包含着‘整体’的凸显性质对组成部分的反馈作用。”（莫兰，2001）因此，学校变革的真正内涵，不单单是微观的上述各方面的变革，而且是学校整体的变革，是涵盖并超越上述各方面的整体性变化。就“整体”而言，正如经济合作与发展组织（OECD）国际学校改进计划所形成的看法那样：“学校改进的目的是学校作为一个整体的变革（单纯的人事变革或单独在一个教室内的变革都不会有效）——计划必须是系统的，并持续一个时期的。变革涉及学校的所有方面（结构、过程、气氛）。变革必须考虑到与具体的教学变革相关的许多因素。”（达林，2002）[100]

第一节　20 世纪中叶以来学校的发展与变革

一、聚焦“学校效能”的学校发展

从 20 世纪 60 年代开始，鉴于当时对公立学校质量低下的指责和批评，研究者们开始探究提高学校质量的关键因素，学校效能研究成为学校发展领域的重要命题。1966 年，科尔曼在《教育机会均等报告》中指出，与家庭背景和社会经济地位的影响相比，学校对学生终身的影响较小。这引起了学者对学校效能的研究，什么在学校中起作用成为学校效能研究亟待解决的问题。不同的学者对此有不同的定义。一般来说，学校效能是指学校对学生所产生的教学影响的程度。（张煜，1997）也有学者认为学校效能是指学校发挥某些积极作用的能力及其实际结果。（陈孝彬，1999）

20 世纪 70 年代，人们主要致力于学校效能特征的研究。这一期间，人们认为有效能的学校的重要特征包括：有力的行政领导、有序的氛围、基本技能目标明确、成绩取向的政策、高的期望、经常性评估、教职员发展/在职培训、合作的气氛、用于学习的时间、强化和按能力分组。但在20世纪80年代中期，探讨学校领导与学校效能之间关系的多项研究表明，校长的领导与学校效能的相关性并未达到显著差异水平。多项研究显示，有效能的学校和教学的领导有关。研究人员发现在“领导”效能的次级量表上，如教学的管理、情感的投入都达到了显著水平。因此，教学的领导无疑是提高学校效能的因素。

什么样的学校是高效能学校？高效能的学校要具备哪些要素？这是研究者们在研究学校效能问题时讨论的一个根本性问题。塞曼斯等人总结了影响学校效能的11个因素：专业性领导、共享愿景和目标、学习型环境、重视教与学、有目的的教学、高期望值、正面强化、监测进步、学生的权利和责任、建立家—校合作关系、学习型组织。高效能学校具备以下11个要素（见表1-1）。（Sammons，1999）

表1-1　高效能学校的11个要素

<table>
<tr><td rowspan="3">1. 专业性领导</td><td>稳定和有目的</td></tr>
<tr><td>一种共同参与的领导方式</td></tr>
<tr><td>引领专业人员</td></tr>
<tr><td rowspan="3">2. 共享愿景和目标</td><td>目标统一</td></tr>
<tr><td>行动一致</td></tr>
<tr><td>良好的同事关系与合作文化</td></tr>
<tr><td rowspan="2">3. 学习型环境</td><td>秩序井然</td></tr>
<tr><td>吸引人的工作环境</td></tr>
<tr><td rowspan="3">4. 重视教与学</td><td>学习时间的最大化</td></tr>
<tr><td>强调学术科目的学习</td></tr>
<tr><td>关注学生成绩</td></tr>
</table>

续表

5. 有目的的教学	有效率的教学组织机构
	清晰的目的
	结构化的课程
	适应性教学实践
6. 高期望值	对各个方面的高期望
	心怀期望地沟通与交流
	为学生提供智力挑战的机会
7. 正面强化	公正而又清晰的纪律
	反馈
8. 监测进步	监测学生的成绩
	评估学校的表现
9. 学生的权利和责任	较高的学生自尊感
	责任明确
	预防控制适度
10. 建立家—校合作关系	学生家长的参与
11. 学习型组织	校本员工发展计划

我国台湾学者吴清山（2003）在问卷调查的基础上得出影响学校效能的10项指标：学校环境规划、教师教学品质、学生纪律表现、学校行政沟通协调、学生学业表现、教师工作满足、学校课程安排、学校和家长的关系、师生关系、校长领导能力。1997年1月，在美国田纳西州曼菲斯举行的第10届学校效能和改善国际研讨会议上，人们利用面谈方式研究成功学校、次成功学校及不成功学校的不同。研究者从以下8个方面去探讨有效能学校的特点。①机构组织。校长与教师分享管理权力。教师们常进行正式或非正式小组工作，组长与校长联系紧密、共同协作。②政策确定。教师们常坦诚商讨问题，提出意见，达成共识。在制定决策的过程中，教师们获得满足感和自主权，解决问题能力亦有所提升，并且他们的决定一般都会得到校长和校董事会的支持。③协作精神。教师们态度开放，愿意学

习和改进。校内团队精神强，教师通过互助互谅、支持和合作去解决问题和计划工作。④远见和使命感。校内的教职员有共同的理想，有清晰的目标和崇高的使命感，在共同目标下去解决问题。⑤学习型组织。校长和教师互相信任，思想开放，愿意学习，愿意改善，敢于尝试创新，互动过程明显。⑥社区领导。学校与外界机构接触多，工作得到社区支持和认同。校方愿意通过不同渠道与家长和社区建立良好关系。⑦校长领导。校长态度开放，愿意接纳他人，因而得到人们的信任。他愿意与任何人和社区沟通，在校内能提供专业意见以支持各小组开展工作。⑧信任。校内工作人员互相信任，不会互相猜忌。(白雪，1997)

OECD（1997）围绕学校效能也给出了指标框架。①学校的专业领导能力：领导班子团结、坚强有力，权职分工明确，业务能力强。②学校教职员有共同的看法和目标：学校办学目的的一贯性，学校实践的连贯性或一致性，学校权力的分享与合作。③学校是一个有效的学习环境：井然有序的氛围，有吸引力的工作、学习环境。④教与学是学校的中心：最大限度地提高学习的时间，以学术为重点，以学业成绩为中心。⑤有目的的教学：有效的教学组织，教学目的明确，上课条理清楚，适应学生的差异。⑥高期望：对学生各个方面的高期望，传达期望，向学生提供智力上的挑战。⑦积极强化：清楚和公正的纪律，反馈。⑧监测学生的进步：检测学生的表现，评价学校的表现。⑨学生的权力和责任：增强学生的自尊，让学生担任责任重大的职位，学生支配自己的学习。⑩家庭与学校有效的伙伴关系：家长参与孩子的学习，学习化的组织，学校为本的教职员发展。

学校效能研究于20世纪80年代至20世纪末成为学校发展研究领域的主题，成为衡量和评定学校发展的综合指标，从一定程度上来讲，学校效能研究有利于区分有效学校和无效学校，辨别有效因素和无效因素。这些无疑为学校发展提供了重要的参考信息。同时，学校效能与学校的管理模式改进有着密切的关系，学校效能的提高依赖于学校管理模式的选择和创新，即如何利用有限的人、财、物、时间、空间和信息条件提高学校的效率。从这个过程我们可以看到，西方国家的学校效能研究经历了绝对量化阶段、相对量化阶段、因素分析阶段、案例研究阶段和通过精确的统计途径以求精确的定量化阶段。从中我们可以看出学校效能研究所面临的困难，学校本身具有复杂性，学校处于复杂的社会关系中，学校的存在关系到国家、社会、家庭、社区和个人的利益，同时学校的存在也受到社会变革、国家政策、社区环境、家庭背景和个人状况等因素的影响，而且这些因素作用力不是平行的、确定的，而是动态的、充满情境性的、不确定的，因此学校效能研究具有复杂性、动态性、发展性，在量化分析的同时必须要顾及学校的独特因素。

综合来看，关于学校效能指标的研究，其主要结论具有如下特点。其一，强调学习。这与学校的核心使命密不可分。其二，更关注学校内部结构和过程的分析，关注学校内部各要素及其关系，对于学校与外界环境的关系、组织层面的关系及组织结构的变革关注较少。有学者对 1986 年至 1996 年间十多项研究进行了元分析和定性评论，归纳出多项影响学校效能的要素。这些要素不仅涵盖了早期研究的结果，而且还有新的发现，具体到每个要素的组成部分。其中，不同的学校组织模式对学校效能的影响非常显著。组织变革对于学校发展的重要性不言而喻。由此，提高学校效能的着眼点又放在了学校重构运动上。

进入 20 世纪 90 年代，学校重构成为关键词。人们基于重构学校，努力提高学校效能，谋求学校发展，寻求新的教育管理方案开展了有效学校运动、校本管理改革、学校重构计划等学校改革运动。郑燕祥（2002）教授将学校变革的趋势归纳为：从改进到发展、从数量到质量、从维持到效能、从外控到校本管理、从简单技术到成熟科技。学校重构、学校组织变革成为进入 21 世纪以来世界范围内推进教育改革的重要落脚点。

二、聚焦“学校组织变革”的学校发展

在具体进入“学校组织变革”问题讨论之前，有必要谈一下学校教育改革的背景。

（一）学校多样化发展的格局及其原动力

20 世纪 80 年代以来，美国开始兴起了一股对统一学校体制的批判热潮。人们认为教育存在的最大弊病在于公立学校的办学体制及其运行机制与社会经济发展存在严重不适应。传统单一的公立学校体制缺乏灵活性，不能满足学生多样化的教育需求，学校效能不高。要促进公立学校教育质量的根本提高，内部的修修补补已无济于事，必须从外部引入经济领域的市场竞争机制，彻底改变公立学校由国家大包大揽的局面，以激活公立学校发展的内源性动力。由此，西方发达国家大都开展了以公立学校为对象，以多样化或市场化为主旨，以重建优质学校和提高教育系统的效率及适应能力为目标的教育改革，其被称为学校重建运动。在改革过程中，美国创建了许多不同于传统公立学校的新型中小学校，如磁石学校、特许学校、家庭学校、独立学校及其他一些另类的学校教育机构，形成了学校多样化发展的新局面。

一系列改革涉及体制内外的权力转移以及体制内部的权力下放，其背后的逻辑体现了国家、市场和公民社会的关系。从整体上来讲，国家观念指导下的教育改革仍是公立学校内部的一种改良措施，但是这一改革模式又不完全等同于传统意义上的教育调整，而是一种新型的教育治理模式。市场逻辑引导下的教育改革的根本特征是将私立教育的某些运作方式借用到公共教育系统。公民社会参与式教育改革强调和追寻教育决策力量、教育管理方式与教育保障措施的平衡策略。

国家中心教育论强调公共权力的强制实施，以公共选择的结果为前提，主张体制内改革。一是培养合格公民，保证教育的平等性与有效性。政府仍应扮演主要角色，公立学校中的弊病可以通过赋予学校或家长适当的参与权力等方法加以改善，主张在公立学校内部实行分权和目标管理等措施，从而达到改革的目的。二是强调在教育改革中加强政府的角色和作用。政府角色的加强往往又强化了学校的官僚体制，降低学校的自主性和基础教育对社会和公众教育需要的回应程度。

市场中心教育论在于克服国家中心教育论的不足，强调市场机制和企业的服务精神在基础教育改革中的意义。如果不打破传统公立学校的科层制的官僚体系，任何教育改革都不会有太大的成效。同时，市场在推动个人追逐私人利益的过程中，能达到增强公共福利的目的。市场逻辑引导下的教育改革的根本特征是将私立教育的某些运作方式借用到公共教育系统。一般认为，教育私营化主要包括两个方面：一是传统意义上的私立学校的创建和运营；二是运用市场经济的法则和机制来管理公立和其他性质的教育机构、单位，如美国的特许学校，我国曾经的公立学校改制。尽管如此，市场机制对教育领域的介入无法应对公民道德建设、教育公益性及教育公平等问题。

公民社会参与式教育改革强调和追寻教育决策力量、教育管理方式与教育保障措施的平衡。它主张公民社会参与学校的治理，进而在教育领域形成国家力量、市场力量和公民社会力量相互博弈的体制。公民社会参与教育改革，是根据政府和市场并非“零和关系”的事实，以弥补政府和市场的缺陷。学校应是全社会共同关心的领域，所以在教育决策与教育管理中，国家、市场与公民社会三种力量的平衡是至关重要的。培育自下而上的、联合式的公民社会，是抵制来自国家垄断和市场垄断力量的有效方法。培养积极公民，关注社会资本在基础教育改革中的意义，实施混合教育权力模式，奉行法律至上原则是公民社会理念的基本内容。当代公民社会理论的倡导者们并不是绝对地反对政府干预教育，而只是试着限制它的管理范围。他们提倡一种混合式的权力机构。他们主张只要是父母拥有选择权，那么在公共教育中有非政府代理的参与也是可以接受的。他们强调要从法律上保障公民社会与国家及市场的分离。他们认为倡导法治原则的目的是划定国家行动的界限，反对国家随意干预公民社会内部事务，从而保证公民社会成为真正自主的领域。

学校多样化是对统一的公立学校制度的否定，这是不争的事实，然而这并不意味着学校多样化可以等同于教育市场化或私有化。事实上，在统一的公立学校制度发生变革的过程中，办学主体的变更只是改革内容的一个方面，甚至在办学主体变更方向上，远不只是公立、私立的转换那么简单，而是出现了十分复杂交融的变式。它涉及对于公立学校的公益性与准市场性、效率与公平的重新认识和对国家教育职能的重新定位，体现了公共教育中国家观念与市场逻辑的冲突。

西方公立学校的改革以及学校重建运动，体现了市场逻辑对国家观念的挑战，市场在一定程度上打破了长期由国家垄断的公共教育关系格局，这使得国家作用于教育的范围有所缩小，然而这并不意味着国家退出了公共教育领域，与之相反，国家干预公共教育的力度不断增强，教育国家化的趋势在日益增强。从西方国家公立学校市场化改革所涉及的领域来看，宏观上涉及国家的办学体制，微观上涉及学校的运行机制。具体而言，在办学体制方面，打破政府对公立学校的垄断，倡导教育资源提供者的多元化，允许政府以外的个人、社会团体和企业为社会提供公立学校教育的服务。而在学校的运行机制层面，随着市场与公民社会在公共教育领域的相继介入，校长、教师、家长、商业性的个人或团体、专业协会、科学组织以及其他一些志愿性社会团体等教育利益群体在公共教育领域的活动逐步合法化，办学体制由单向性的政府权力模式走向多向性的混合权力模式。

（二）学校组织变革的路径和策略

从不同的角度看，学校组织变革的路径有多种不同的分类，从变革力量作用的方向看，可以分为“自上而下的”“自下而上的”以及“上下结合的”三种路径。（见图 1-2）西方国家 20 世纪八九十年代的学校组织变革就采取了不同的路径。自上而下的路径往往是坚持政府与教育行政部门的行政主导，首先确立一个改革实验中心，然后以这一中心为样本，由上至下，一级一级向学校推广；自下而上的路径主要是指个人、地方、基层在相互作用过程中，通过对原有教育制度的重释、修正和扩展性适用，使其发生改变，当这种改变累积到一定程度，就会引起原有教育制度的整体变迁。在实践中，超越上述两种路径，将二者结合起来也是可行的。OECD 提出的共同适应与发展策略体现了二者的结合。霍尔和霍德提出所有变革者平等参与的水平模式，认为集权和分权都行不通，变革要坚持做到自上而下和自下而上同时给予影响。（霍尔 等，2004）

从变革范围角度看，学校组织变革有“校内重建”“校际协作”和

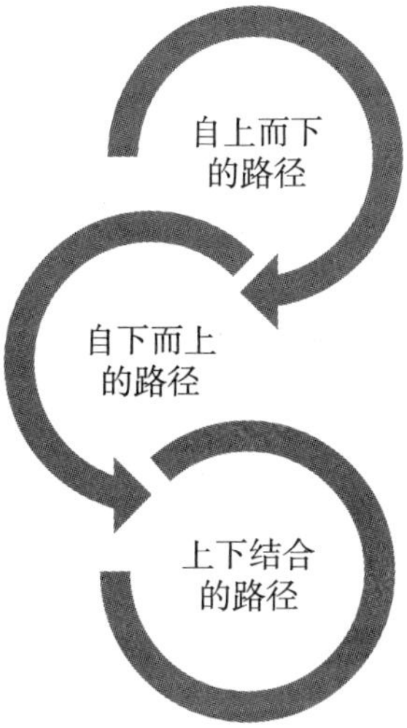

图 1-2　学校组织变革的路径划分——以变革力量作用的方向为视角

“区域推进”三种路径。(见图 1-3) 我国学校的整体改革试验就属于“区域推进”。校内重建是指变革范围聚焦于单体学校之内，通过改革学校内各要素及要素间的关系实现变革目标。校际协作是指变革的范围已经突破学校的界限，通过组织间的交互支持等实现目标。区域推进是指将区域内全体学校视为变革的整体，从系统视角设计规划从而确立变革的目标、策略和评价方法，促进区域内全体学校的改进与发展。

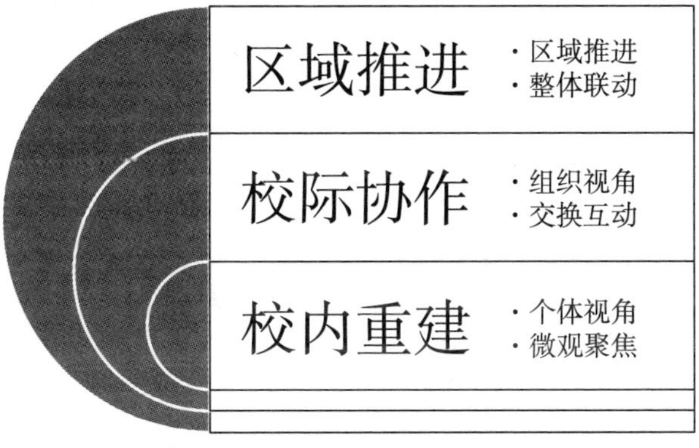

图 1-3　学校组织变革的路径划分——以变革范围为视角

美国学者钦、贝尼斯和贝恩（Chin et al.，1969）从变革的力量、组织角度的划分提出了三种基本的变革策略：经验—理性策略、权力—强制策略和规范—再教育策略。（见图 1-4）从另一个视角来看，这也代表了学校变革的三个阶段。经验—理性策略把创造新知识并在教育日常生活运用这些新知识看成学校组织变革的关键，它也被称为知识的生产与利用。经验—理性策略更多强调理性与科学知识的作用，注重依靠专家权威和理论权威，重视学校外部力量的推动作用，强调的是一种自上而下的学校组织变革，但忽略了学校中人际关系和情感等要素，同时对组织内部成员的重视程度也不够。权力—强制策略强调把政治或经济的制裁作为发动变革的手段，认为政治的、经济的权力是实现改革的基础，是改革成功的保证，假设人们总是害怕甚至回避教育变革，因此强制和诱导是教育改革所必不可少的，这种策略可能是合法的，也可能是不合法的。权力—强制策略看到了权力在教育变革中的作用，没有强有力的政治、经济和道德上的权力，教育改革是不可想象的，但忽视了理性和情感的价值，忽视了实践者来自内部的积极变革力量，它完全是一种自上而下的教育变革。规范—再教育策略认为人虽然有理性，但人们的行为往往并不由理性决定，而是由社会文化规范来决定，要实现人们行为方式的改变，就需要改变原有的文化规范，进而接受并认同新的文化规范，变革就是要改变人的态度、观念、价值观，主张人们通过思想、价值观的冲突进行独立的价值观选择与判断，从而成为学校变革的自觉执行者。（王红岩，2012）经验—理性策略与古典组织理论有密切的关系。它假定人是能够被“客观性知识”说服的，个体和群体都是有理性的，因此，当资料显示一项变革是合情合理的并有充分证据证明这一变革会取得预期成就时，人们便会行动起来。这是一种有计划、有管理的普及策略，旨在迅速普及新思想和新做法。权力—强制策略强调把政治或经济制裁作为变革的手段。它假设人总是回避变革的，因此强制或诱导战略是必需的。在政治或经济上使用制裁手段，或许可迫使他人屈服，然而，在执行过程中会遭遇抵抗力，可能持续时间短、效果差。这种策略通常在高度中央集权下被官僚主义者使用，它可能是合法的，也可能是不合法的。规范—再教育策略所探讨的内容不仅仅是目标因素，而且重视情感因素。它假定人是有理性和智慧的，组织的相互作用影响系统的规范，可以通过组织中人们的合作活动有意识地将其转变为更有效的规范。这是一种自下而上的方法，该策略带来的变革是组织成员态度、信仰和价值观的转变以及人际关系、忠诚观念和技术特征的调整。

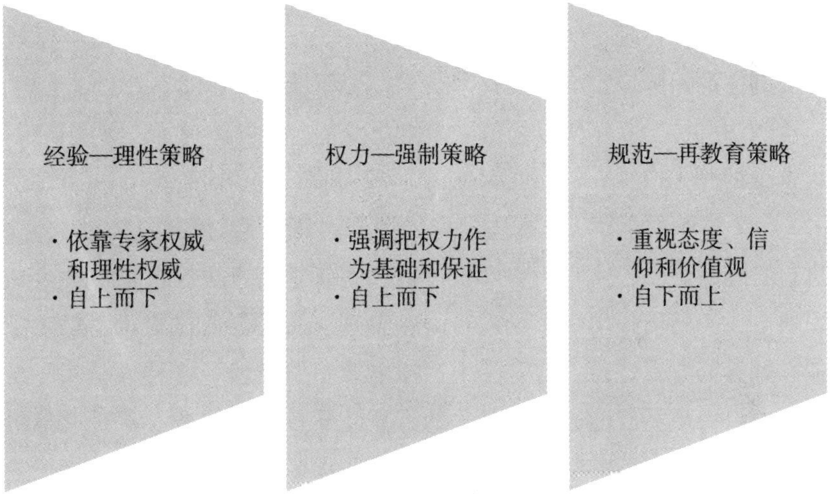

图 1-4　学校变革的三种策略

斯特林费儿德等人在《重建学校的大胆计划——新美国学校设计》一书中认为未来学校可以有三种设计：核心设计、综合设计和系统设计。核心设计主要强调学校的核心要素；综合设计主要通过整合外部力量与核心要素来实现学校重新设计；系统设计主要通过变革影响学校的政策、社会各方面的力量和机构等外部系统，通过学校内核、中坚力量和外部力量的整合来实现学校系统变革。改革要取得全面成功必须做到三点——变革每一所和所有学校的文化，变革“游戏规则”，将“自上而下”与“自下而上”的改革策略结合起来。(斯特林费儿德，2003)

学校组织变革是观念、行为和制度的改变。学校是一种公益性组织，是为受教育者提供教育服务的生命性组织。在这种组织形态中，教师是学校组织的施教者，也是学校组织实施变革的主体，因此，教师的观念和行为的转变就显得尤为重要。观念是内隐于人的头脑中的，是难以观察的，有什么样的观念，就有什么样的行为，观念决定着行为。因此，学校组织变革要从根本上转变教师的观念，改变教师的行为方式，促使其认同变革、推动变革。此外，学校组织变革还需要制度的约束，需要制度的改变。对学校变革而言，制度的重要性在于，它以“定格”的方式将改革的阶段性、过程性成果“积淀”下来，并以规范的形式引导下一步的改革行为，它是观念的体现，又是行为的保障。（杨小微，2004）[175]因此，学校变革需要制度的保障，没有制度保障，学校变革就难以持续下去。

美国20世纪80年代以来的学校组织变革，主要体现了三种变革策略：市场本位的学校变革、标准本位的学校变革和全校变革。（欧文斯，2007）[序2]市场本位的学校变革认为应当抛弃由国家通过民主方式对公立学校进行管理的观念，由人民对学校进行民主管理的方法应该被一种全新的体系所取代，转而提出由市场进行间接管理，主要是通过给每个学生家长发放教育券的方式进行，教育券由国家财政负责兑换。这种策略实际是把学校纳入自由市场，通过市场竞争的方式让学校提供服务，家长有自由择校的权利。标准本位的学校变革的核心是一项政治策略，是在直接民主政治体制下管理学校的策略。其内涵是：教育标准由各州制定，然后变成命令，层层传递到学区来执行，各州通过对强制性的、标准化的考试的管理，对命令的执行情况进行监控。全校变革的理论基础是自20世纪80年代中期以来进行的学校变革中所得出的两个基本共识：没有充足的证据说明采用自上而下的、命令—控制的方法进行的变革提高了学校的效能；已经有不少成功的案例证明，自内向外的学校变革是可以提高学校效能的。每一所学校被指望符合同样的标准，但每一所学校对标准有着自己的理解。学校变革的关键是改造学校，激励校长和教师使他们充满活力，使学校更加高效，适应力更强。在欧文斯提出的三种公立学校变革方案中，市场本位的学校变革实际上是挑战现有教育体制的学校变革观，而标准本位的学校变革和全校变革是发生在教育体制内部的学校变革观。

在我国，叶澜教授主持的新基础教育研究课题较早关注了学校组织变革，从学校的基本形态、内在基质和实践过程三个维度综合思考提出了学校变革的转型问题，从五个方面勾勒出了现代新型学校的特质和整体形态：价值提升、重心下移、结构开放、过程互动、动力内化。这五个方面并非并列关系，而是由价值的重建开始，到动力内化至学校整体变革的层层转化与深化的关系。（叶澜，2006）

由此可见，综观20世纪中叶以来的学校变革，从学校效能、学校改进走向学校组织变革是较为显著的趋势。（见图1-5）学校组织变革是教育变革由外部向内部，由宏观政策向具体学校，由创造条件向实践操作转换的关键层面，是教育变革走向实践的重要举措。

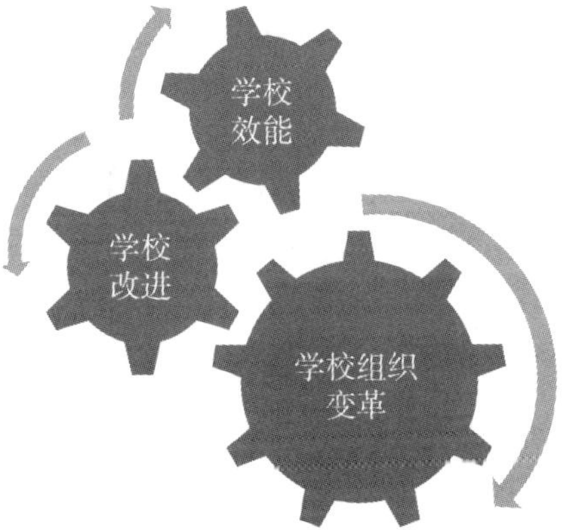

图1-5　20世纪中叶以来的学校变革

三、不约而同的选择——构建学校组织间伙伴模式

在实践领域，构建学校组织间伙伴模式已经成为各国回应教育变革的重要选择。

（一）美国——全方位伙伴模式

美国印第安纳州的首府印第安纳波利斯的几所小学（基础教育学校）在2003年实施了全方位的伙伴模式，即依托地方教育行政部门和学区间的伙伴关系创建基于学校的合作模式。这个模式的目标是对学校进行能力建设，最终满足学生在教育、健康（包括心理健康）、社会和心理上的需求，用积极的干预和支持为学校发展提供帮助，在伙伴模式内部实现规则制度一体化，最终促进学校对全体学生施加积极的影响。这种全方位伙伴模式主要包括以下内容。

①构建基于学校的关怀体系。研究表明，学校、社会服务机构与家庭更好地联系能积极地影响学校对孩子的作用，包括学业成绩，应该支持并鼓励学校与家庭、社会服务机构成为合作伙伴，这样能帮助孩子们在学校中获得成功。然而，传统的教育体制很显然并没有重视这一点，对学生可能会碰到的有关身体健康、心理健康、社会生活等较大范围的挑战没有充分的准备。

②这种伙伴模式以关怀体系的建立为核心，而关怀体系是一个综合性的、全方位的范畴，被组织成一个合作的网络，可以满足有着严重的情感困扰及家庭困扰的儿童和青春期少年的多重的、不断变化的需求。这个体系以团队工作为基础框架，家庭成员和专业人士共同合作，形成综合性计划，着眼于学生生活的各个方面，团队同时是有弹性的，可以改进学校功能。

③这个伙伴模式由四个基本要素构成：a. 有效的课程和教学；b. 调查驱动的、以数据为基础的决策；c. 关心和包容的原则和体系，包含真实的家庭参与，以优势为基础的实践、机构间的合作；d. 学校范围内积极的行为支持。

④这个模式的最终目标是通过学校、家庭、社区之间持续的联系为所有学生维持并创造有效的教与学的机会，最终改善学业成绩，这里需要强调的是所有学生。

⑤在伙伴模式中，所有教职员、家庭和学生共享的最重要的哲学就是以儿童为中心，以优势为基础，这种哲学可以带来学校文化的改善以及可持续的、积极的学校变革的实施。同时，伙伴模式非常强调以学校为基础的心理健康机构的行为支持，因为这可以改善学生和教职员的满意度。伙伴模式非常强调共同的引导性原则以及对所有学生的责任感、使命感。以儿童为中心是指学生的心理需求和社会需求能够被充分满足，他们被尊重、被允许犯错并从错误中学习。

⑥任何一所学校都很难有仅负责家庭和社区事宜的全职员工，所以伙伴模式非常明确地强调协调者的重要性。协调者是中立者，需要将可以共

享的资源、专业知识整合在一起来构建家庭、学校和社区的关系。协调者在众多的利益相关者之间工作，如果利益相关者之间有多元的、令人尊敬和信任的关系，更有可能达成集体的目标。建立并丰富学校伙伴间的关系，是将城市学校的社会资本最大化的重要手段，尤其是对那些资金、资源短缺的学校而言。

⑦伙伴模式强调家长参与。家长参与学校教育，改善了家长与教师的关系，提升了家长对孩子社会竞争力和学业成绩的预期，较高的家长期待会影响学生的行为和效能。行政管理者、教师、家长间强有力的关系会创造一种环境，即所有孩子认识的成人也互相了解并共同努力工作。

⑧伙伴模式强调以优势为基础，聚焦优点，这是一种思维范式的转换。事实上，在全世界范围内，很多教师并未充分准备好与多样背景的学生打交道。传统上教师更关注问题行为的解决，适切的行为通常是不被关注的。以优点为基础的方法，可以帮助孩子、家庭、学校、社团强化可以解决问题和克服困难的优点，从优点出发的视角可以帮助教育者意识到孩子及其家庭的信仰、传统、希望和梦想的力量。正是基于这样的思维转换，每天早晨，伙伴模式的试验学校在集会时都会以讨论正在发生的好事开始。关注优点变成一种习惯后，人们相信所有人都有能力、天分和潜质。（Anderson et al.，2010）

（二）英国——学校联盟

20 世纪 80 年代末期，英国受教育合法地位的影响，其教育发展的政治动机日益突出。（Busher et al.，1996）尤其在地方承担了更多的学校管理职能后，国家开始寻求新的方式管理学校，鼓励学校在地方层面确立课程和建立教师专业发展的自治团体。在这样的背景下，20 世纪 90 年代以后，学校之间的联盟增加，并被赋予了更多的目的，包括支持学生流动，提升成绩，提供课程，提供员工发展机会，实施国家课程标准评估任务。其中，很多校长认为，员工培养是促成学校间进一步合作的主要因素，生源关系是其中的重要纽带。

根据学校间合作关系的紧密程度，有研究者将其分为集群和联盟两种形式。两者的关键区别在于权威如何分布，即谁是权力核心。班福德提出集群中的学校可以保持自治，几乎不需要一个统一的权威，尽管他们会承认一个共有的目的。贝尔也谈及，学校集群通常自下而上发起，产生于个体校长的专业需求，没有权力核心和由此带来的不平等，而联盟状态的学校会失去一些自治权。为了整体运作，学校集群可能没有相互联系的预算（财务关系），但学校联盟可能会有，至少在共同的活动方面会有预算方面的合作。

对于区域内学校的合作，很多中学校长谈及，如果他们确认某所小学的学生会在毕业后升入自己的学校，那么他们愿意用自己的资源支持该小学教职员工的发展以提升学生的学习质量。课程建设和教师培养（教师专业发展）是最常见的校际合作领域，常利用共享的专家资源为教职员工发展服务，这是一种低成本的集体组织的方式。

这种学校间的合作形成的校际网络或教育集团，既需要通过合作去提升整体的教育质量，也需要坚持自主权以回应各自独特的学生需求。为了体现平等，很多教育联盟中的课程和行政的会议会在成员校之间轮流进行。在英国的实践中，合作网络中学校的自主权是一个关键问题，所有学校的校长拒绝承认更高一级学校可以对合作网络或教育联盟拥有主导权。同时，虽然学校有基于共同目的的需求，但是否需要统一的、整体的权威？总之，权力的配置是关键。

（三）加拿大——学区改革

还有一个来自加拿大安大略省多伦多市一个大学区的实践案例。（富兰，2013）[132-134]在过去几年，这个学区进行了深入的全学区的改革，探索了学区改革的重点——依托读写教学合作模式进行的区域合作。约克学区位于加拿大安大略省多伦多市的正北方，是一个正在迅速扩张中的学区，居民的社会文化多元，语言多样。

2000 年，学区正式开始实施学生学业成就改进策略。约克学区学校理事会理事长提出，要开发最合理的改革模式，这除了要大量吸收外部理念，还要发展学区内部能力，依靠学区大批关键岗位的领导者来领导改革。学区确定，改进学生学业成就的方向是，以提高读写能力为重点，建立读写教学合作模式。这一模式的关键包括：阐明为本学区所有学生确立读写作为优先事项的清晰愿景并承担相应义务，将这一优先事项持续地传达给学区中的每一个人；为了持续地改进，制订一个涵盖全学区的综合计划；使用数据驱动教学和决定资源分配；提升行政管理人员和教师的能力，为所有学生改进读写教学；在学区各个层面建立专业学习社团并与学区之外的机构建立专业学习社团。

学区组建了一个强大的课程协调员和顾问团队，把注意力全部聚焦于促进读写教学的平衡。学区还与外部的专家学者合作，尤其是与多伦多大学安大略教育研究所的专家合作。学区每年都对改革实施的效果进行评估。能力建设聚焦于有关读写方面的促进学习的评价以及各种教学策略和管理的改革。在这种情况下，能力建设是开发集体效能的一个策略，通过提供新的知识和技能，增加资源，激发更强的动机，从而提升学业基准，降低学生学业成绩差距。这里的关键词是“集体”——无论是一所特定的学校，还是整个学区，是作为一个集体来努力提升学业基准，降低学生学业成绩差距的。为此，学区进行了持续和系统的投入。

这一模式是随着时间的推移被逐步开发出来的，具有清晰性、发展性和综合性。它反映了学区的工作并为学区工作提供指导，为系统各个层面的教学领导者所使用。学区强调在学校情境中学习。这一模式以已掌握的知识为基础，在所有利益相关者的广泛参与下，不断得到修正。尽管领导者个人能够和必须使自己保持持续的活力，但假如组织作为一个整体朝改革方向努力时，要维持一大群人的持续活力，只能是通过培育的办法。因此，要培育一种开放和持续的对话机制，就系统层面和学校层面的讨论是否聚焦读写教学，从而活力是否得到充分的激发而展开对话。可持续性并非是线性的，它总是有起伏的，有时会倒退，有时会重新组织，等等。各种可持续性组织更倾向于把积极的流动视为周期性的，从而把倒退看成暂时的，进而它们更倾向于寻找重新激发活力的方法。确实，可持续性组织没有经历也不会希望有持续的好运，而是当事情发展不顺时，它们能够坚持到底。持之以恒和随机应变是那些对自己能力有自觉和自信的个人和组织的标志。

来自美国、英国、加拿大的学校发展领域的实践案例表明，学校组织层面的合作、基于学校系统层面的变革推动教育质量的提升，已经成为学校发展的主流趋势。

第二节　当前学校发展面临的主要挑战及特点

学校是存在于一定社会环境中的有机组织，学校组织变革为什么会发生？了解变革发生的动因对于更好地推动组织变革非常重要。外部环境因素和内部环境因素通常是组织变革的两个动力来源。比如技术的进步、不断加剧的市场竞争、人口素质的变化、产业结构的转换、制度环境的变化等，都构成了外部环境的要素。具体来说，学校发展面临着哪些挑战呢？

一、当前学校发展面临的主要挑战

（一）对公平的诉求

21 世纪初，我国基本普及了九年义务教育，这意味着在教育机会的公平方面我们已经取得了实质性的进步，绝大多数适龄儿童获得了接受教育的机会，但距离教育过程及教育结果的公平仍相去较远。促进教育公平，保障公民受教育权利，实现基本公共教育服务均等化，缩小教育差距等，成为教育发展的重要目标。

1. 从机会公平到过程与结果公平

为了推动教育公平从机会公平走向过程公平和结果公平，国家及地方相继颁布了系列政策，直指教育公平及均衡发展。如在国家层面，2001 年国务院印发的《关于基础教育改革与发展的决定》，2005 年颁布的《教育部关于进一步推进义务教育均衡发展的若干意见》，2006 年新修订的《中华人民共和国义务教育法》，2010 年颁布的《教育部关于贯彻落实科学发展观进一步推进义务教育均衡发展的意见》，2010 年颁布的《国家中长期教育改革和发展规划纲要（2010—2020 年）》，2010 年颁布的《教育部 财政部关于实施“中小学教师国家级培训计划”的通知》，2012 年国务院印发的《关于深入推进义务教育均衡发展的意见》，2015 年颁布的《中共中央关于制定国民经济和社会发展第十三个五年规划的建议》等，其政策主旨都指向教育的均衡发展。从2015年7月6日召开的深化综合改革、注重内涵建设、加快推进义务教育均衡发展的全国义务教育改革发展现场经验交流会上了解到，近年来，各地做了大量工作，农村学校、薄弱学校办学条件明显改善，均衡发展体制机制进一步健全，县域内学校之间办学条件差距明显缩小，教育教学质量稳步提升，人民群众对义务教育的满意程度不断提高，义务教育均衡发展取得了不俗的成绩。随着上海、北京、天津、江苏、浙江所辖区县先后全部通过了国家评估认定，我国义务教育均衡发展工作迈上了新台阶。但是，面对城镇化迅猛发展的新形势，我国义务教育还有诸多不适应，面对人民群众不断增长的新期待，我国义务教育均衡发展的工作还需要加大力度。

国家层面的政策直接影响了地方的实践。例如，北京市在2007年颁布了《关于进一步推进义务教育均衡发展的意见》，2008年颁布了《关于印发北京市义务教育均衡发展状况督导评价方案（试行）的通知》，2011年颁布了《北京市中长期教育改革和发展规划纲要（2010—2020年）》，2012年颁布了《中小学建设三年行动计划》，2015年颁布了《北京市委、市政府关于推进义务教育优质均衡发展的意见》。2015年，北京市16个区县均达到国家规定的义务教育发展基本均衡县（市、区）评估认定标准。党的十八届三中全会发布的《中共中央关于全面深化改革若干重大问题的决定》中，第42条对“深化教育领域综合改革”进行了战略部署，以实现教育优质、均衡发展。各省（市、区）也根据本地特色推进落实改革部署。除北京外，上海、广东、四川、山东、浙江、江苏等地都开展了有特色、有代表性的教育综合改革。

罗尔斯（1988）在《正义论》中提出了两个正义的原则。第一原则，每个人对与所有人所拥有的最广泛平等的基本自由体系相容的类似自由体系都应有一种平等的权利。第二原则，社会和经济的不平等应这样安排，使他们：在与正义的储存原则一致的情况下，适合于最少受惠者的最大利益；并且，依系于在机会公平平等的条件下职务和地位向所有人开放。教育公平的基本内涵：一是作为一个事实判断，指教育的平等、公正和合理；二是作为一个价值判断，被解释为对教育是否平等均等、合理适切地做出评价或判断。

教育公平的主要特点是平等、差异、补偿，从本质上讲是其合理性。对相同条件下的同等情况的人实施平等的教育是公平的；对不同天赋和智力水平的人给予不同的教育也是公平的；对在身体、智力等方面存在残疾或缺陷，或在家庭出身、经济背景等方面处于弱势的儿童，给予倾斜性的补偿教育同样也是公平的。教育公平不是绝对的平均，而是相对的，主要是指公民能够自由平等地分享当时当地公共教育资源，如义务教育；在承认个体差异的同时允许在非基本教育权利、非公共教育资源方面进行有区别的对待；同时，应努力减少和控制教育公平的自然因素，清除主观造成的障碍。弱势补偿原则的主旨是立足于教育的整体利益，对教育发展过程中的不利群体进行必要的教育调整和教育补偿，使不利群体普遍得到由教育带来的收益，进而使教育的质量不断提高。

在社会客观存在经济、社会地位等不平等的情况下，教育能给人提供公平竞争、向上流动的机会，帮助弱势者摆脱出身的局限，改善人的生存状态，减少社会性的不公平。从这个视角来说，教育公平是社会公平的基础。伴随着社会的进步，人们对公平的需求也在不断发生变化，高质量、有选择的公平才是真正的公平，能够在学校中充分关注学生来源、背景和发展过程的差异性的公平才是真正的公平。教育事业乃至学校的发展不仅是数量的增长，我国教育事业在数量规模上有令人满意的发展，但在结构优化、质量提升等多样性的内涵要求上并没有获得同样的进步，学校的同质性特征明显，很难适应多元社会以及个体成长的双重需求。公平是建立在满足多样化需求的基础之上的。

2. 公平指向多样化需求的满足

有学者指出，教育理论与实践中存在着多元化问题，强调多种多样的立场。在这些立场中对于教育本质可能存在严重分歧。由于社会的多元化超出了社会经济的、地理位置的和种族的差异等方面，直至在儿童的抚养与教育方法和目的上也存在不同的观点，因而公立系统必须在它所提供的服务上逐渐适应父母、教师和学生之间的差异。很显然，基础教育学校所面临的多样性挑战不仅是我国的问题，在世界范围内也具有普遍性。

（1）多样性是现代多元社会及学校的内在属性

当前的社会是一个多元社会，这不仅意味着存在不同的利益集团，更意味着多个利益集团在充分分化后，能够彼此包容、和谐共处，在这个意义上讲，多元社会作为一个现代概念，强调非排他性，强调所有成员身份的平等和利益诉求表达的充分性，强调成员间以理性的精神和态度按照规则彼此协商和交流。不同“自我”利益的表达和力量的展现超越了人类自古以来对同一性强烈偏好的心理趋向（吴玉军，2011），多样性成为多元社会的内在属性。

同时，现代人也很难满足于单向、唯一的选择，多样性与人的真实需求在本质上是统一的。体现在学校中，多样性是尊重差异性，这并不是要求削峰填谷，当然也不能放弃弱势群体，而是真正尊重作为独特生命存在的学生个体发展、风格、诉求的差异性。诺丁斯（2009）曾言，应该有许多这种学校——多到足以能够接纳每个想得到教育的学生。我们为什么有那么多所谓的“问题学生”？因为我们拿来衡量和评价学生的标准过于单一和片面，成就了少数符合规则与标准的好学生，忽视了多数有潜能的个体，这是不符合多元社会的本质属性的。

（2）多样性是有关价值观的问题

从表现上来看，在学校中多样性问题常常表现为学生的考试排名、课堂参与、学生分流、奖励或惩罚、人际关系等技术层面的问题，因此，学校通常是从技术层面来着手解决问题的，比如考试后不许排名，不许分重点班，然而这样的做法往往起不到实效，阳奉阴违的现象很普遍。究其原因，很显然，多样性问题不只是技术层面的问题，主要是价值观层面的问题。举例子来说，教师在课堂上给“资优生”更多的机会表达想法、回答问题，安排座位时让成绩好或关系好的学生“优先定位”，以强势群体的标准衡量与评价所有个体，告诫成绩不好的学生在课堂上随便做什么都可以，只要别影响别人……，这些在我们的学校里都是颇为常见的景象，甚至有很多人并不认为这些做法有什么不对，其实这才是最大的问题。学校应该是所有学生的学校，不仅仅是好学生或本地学生的，所有学生都需要在学校中感受到被包容和珍视，学校应该尊重所有个体的发展和他们的共同需求，然而我们是否能顾及给所有的学生足够好的教育，不论其种族和阶层，迄今为止答案仍然是不能。（Lalas et al.，2006）很多学生的“失败”是学校造成的，他们在学校中倍感压力和孤独，结果还被使他们“失败”的学校责难，最关键的是学校并不认为这有什么不妥，这就是学校核心价值观的问题。

（3）多样性旨在达成价值共识

强调尊重、包容多样性并不意味着推崇价值个体主义，我们不希望在学校中某个利益群体被代言，然而各个利益群体自说自话、冲突对立、毫不妥协也不是多样性所追求的。学校充分倾听各方声音并共同协商达成共识才是强调差异性和多样性的应有之义。学校所推崇的道德信念、提倡的学习与生活方式、信奉的价值观念是在充分沟通后达成共识的结果，要倾听教师、员工、家长和学生的声音，更要倾听不同背景、不同层次、不同群体的声音，并将之作为决策的重要依据，这样才能真正形成以多样性为基础的平等。

公平的诉求不断优化学校发展的生态系统，重塑教育发展的路径。以公平的诉求为核心价值导向的教育改革和学校发展，着力推进教育的均衡发展，缩小区域、城乡和校际差距，真正让教育惠及更多的人。

（二）对质量的诉求

人们对高质量教育的追求永不停止，表现在近一二十年学生和家长对教育的需求从“有学上”到“上好学”的转变上。

1. “有学上”向“上好学”转变

当前的家长已经不满足于自己的孩子有机会上学，而是希望孩子能够接受到好的、适合的、丰富的教育，期待学校不会把自己的孩子蓄意划分为三六九等，会尽可能保护孩子免受伤害，会通过沟通来发展孩子共同的和个体的兴趣，会和孩子一起共同工作，会增进他们真正的学习乐趣，会引导孩子道德和精神的发展，会促进他们对人类伟大成就的认知和欣赏，会鼓励孩子热爱环境、保护自然，会教孩子与他人共处。归根到底，这是对教育质量的诉求，对优质教育的诉求。

学校是由学生、教师、家长等形成的具有共同目标和支持性的共同体，所有参与者在认知、情感等方面通过沟通和交流、体验和分享达成共识，形成相互影响、相互促进的人际关系。在这样的学习共同体里，我们真正尊重学生的兴趣和认知规律，重视教师的专业成长和发展潜能，重点关注能促进师生成长的主要环节——教学，关注教师和学生的自尊、成就、交往、幸福感和价值实现。

教育质量是教育实践活动满足社会发展需要及受教育者个体发展要求的程度。因此，培养的人才对社会的适应程度，受教育者个体自我发展的能力就成了检验教育质量的最终标准。有学者提出教育质量的一般性定义应强调两个方面：一是以一般的或具体的教育而表达的社会期望，二是教育过程的实际特征以及在学习水平上所观察到的变化。（朱益明，1996）在实践操作层面上，对教育质量的理解在世界范围内、在各级各类教育中普遍存在严重的认识分歧，其根本原因在于不同的主体对质量有不同的诉求和希冀。一般说来，学校教师、校长眼中的教育质量是课堂教学质量，是对基本知识和基本技能的掌握；经济学家眼中的教育质量是教育的生产效率，是以成本效益核算的教育投入—产出比例；在政策制定者看来，必须根据是否符合国家发展和社会需要来判断教育质量的高低。试图调和不同主体间的教育质量仍然是一个巨大挑战。重视教育质量和强调学生学业成就已成为世界范围内学校教育质量评价的核心。

联合国教科文组织和其他国际组织在描述教育质量时坚持两个关键因素——确保学习者的认知能力的发展及学习者的创造力和情感的发展，并普遍认为只有当教育赋予学生应对现实生活中多种挑战的力量时，才可以被称为“有质量的教育”。（UNESCO，2004）有研究者指出，教育质量是指学生获取的知识、技能及价值观与人类和环境的条件及需要相关的程度。（朱益明，1996）因为教育质量是一个多元化的、变动的概念，所以真正的教育质量来源于对教育环境变化的准确判断和审慎地处理各种教育质量标准的关系。

2. “上好学”的核心要素

对教育质量愈加重视已经成为世界各国发展教育的总体趋势，世界各国政府和学校都纷纷制定质量标准，对学校教育进行质量监控。那么，

“上好学”的核心要素有哪些呢?

（1）人是目的——关注学生对学习的参与度和体验感

好的教育是关注学生学习的参与度和参与体验的教育，强调学生的实际获得，从关注教师的教转向关注学生的学。2013 年《教育部关于推进中小学教育质量综合评价改革的意见》借鉴了 PISA（国际学生评估项目）和上海“绿色指标”的做法，将学生发展状况作为评价教育质量的内容，即直接看培养对象本身，扭转单纯以学生学业考试成绩和学校升学率评价中小学教育质量的形势，关注学生的学。

教与学永远都是中小学的核心任务，其他所有活动都位居教与学的基本使命之后，学校领导者面临的真正挑战仍旧是教与学。在进入知识社会的今天，在终身学习已经成为共识的时代，学校需要转变传统的自上而下传授知识的形式，实现学习共同体倡导的知识共享，关注教学质量和课堂教学实践，通过高水平的课程和教学确保每一个学生获得成功。

好学校充满自由的精神，“人的类特性恰恰就是自由的自觉的活动”，这是马克思《1844 年经济学哲学手稿》中一个著名的命题。个体自主性构成了人的类特性。马克思哲学视域里的人是全面发展的人，全面发展的人应该是独立自主、自由自觉和创造性充分发挥的人。然而仍有相当一部分学校在以“我在为你好”的逻辑通过过度管理实施控制，“以五分钟为单位”“跑操的时候背书”这些三百六十度无死角的“管理到牙齿”的做法，与人的自由自觉的本性相违背，长此以往，必然会带来人的异化和教育的异化。只关注眼前利益和局部利益的制度安排，限制个体自由的管理方式会损害学生的创造性和自信心，使他们变得疏远而且势利。“强制”形成的“不自主”是学生负担感的主要来源。一位博士毕业目前在高校任教的大学教师在回想自己的求学生活时曾这样描述，“反思自己厌学情绪的根源，是因为在学习活动中的‘无可选择’”（周宗伟，2006）。

人不是手段，教育不是工具。杜威说，教育即生活，教育即生长，教育过程在它的自身以外无目的，教育的目的就在教育的过程之中。然而在一些学校里，学生没有个人的时间与空间，兴趣被压抑，一切为考试和分数让路，规格化培养，教师、学生长期透支，非考试科目和课程严重缩水，诸如学生的时间安排具体到分钟，成绩、德行、卫生全部纳入“量化管理”等现象并不少见，手段变成了目的本身。教师教知识，学生学知识，目标就是为了考知识的过程中获得竞争优势。学生在学习生活中更多受到外在的教育目的的影响和外在力量的控制。学校更像是一个竞技场，衡量教育和学习的核心标准是利益，学习是竞赛和为了获得资源、回报的工具，学校领导、教师、家长和学生大多从狭隘的个体利益出发。过度竞争导致了教育目标偏离，学校为了获得更好的升学率抢生源、抢师资，破坏教育生态；教师为了提高学生成绩强化机械训练、加班加点，违背教育规律和学生认知规律；家长欠缺理性，盲目跟风。学校虽然看似为学生提供了比较充分的成长空间，但学生为了什么而学习的观念出了问题，学生之间、教师之间、学校之间竞争残酷激烈。

（2）让每一个学生的学习权利都被尊重

学校变革最终需要落实到课堂教学上，扎根于课堂实践，以课堂教学变革为出发点与归宿。现代学校的发展极大地模仿了工厂模式，比如，“课堂是一排一排地按几何顺序挤在一起的，课桌都是一样大小，以便尽可能没有活动的余地。这些全是供‘静听’用的，‘静听’意味着是被动的”（吕达等，2008）。高度控制的教学漠视学生的差异、兴趣与需求。而家庭教育和社会教育极大依附于学校教育，学什么、怎么学完全依照学校教育的逻辑进行。绝大部分人认同一种理念，比如“学习肯定是苦差事”“只有考出好成绩才是好学生，成绩好才是成功”等。然而在从要求“有学上”已经走向期待“上好学”的今天，学校仍然追求经济理论，强化工厂模式则是一种历史的倒退。而另一个误区，即把学校比作“机器”，这也是科学管理时代的特征，学校管理采取严密的科层制，虽然管理效率有所提高，但控制过度，限制了学校内部成员创造性的发挥。教师以一种近乎“独白”的形式来表述知识，把知识作为一个结论、一个结果呈现在学生面前，学生所需要做的就是以一种合理的、有效的方式去掌握、记忆这个结论、这个结果，认知过程中的智慧碰撞和情感冲突被淡化，本应是丰富的、充满生命活力的课堂教学变得机械化、程式化，缺乏生机与活力。

佐藤学教授认为，学校和教师的责任在于保障每一个学生的学习权，为学生提供挑战高水准学习的机会。这里所谓的学习权，是指儿童不仅是受教育的存在，而且是行使权利的主体。他们拥有天生的不可剥夺的基本人权——阅读、写作的权利，提问、深思的权利，想象、创造的权利，读懂自身世界创造历史的权利，分享教育资源的权利，发展个人力量、集体力量的权利。（钟启泉，2011）简而言之，在中小学课堂上，受教育是每个学生的基本权利，任何人都不能以任何理由剥夺这种权利。尊重每一个学生的学习权利包含几个层面的内容。

其一，教学要尊重每个学生的经验、兴趣和主体地位，为学生的“学”创造条件。这是一个基本原则，大部分学校和教师都熟知一二，但在具体实践中常常出现偏差。如：有的学校分快慢班，“聪明”的学生集中在一起；有的学校以保证学生学习成绩为理由安排课程内容，“重要”科目加大课时量；有的教师在教学时哪种方式最有利于提高分数就用哪种方式，忽略学生的认知规律；等等。这些都是不尊重学生学习权利的表现，也造成相当一部分学生厌学。

其二，帮助学生确立清晰、富有挑战的学习目标。在教学实践中，教师要确立能够判断学生现有学习水平和知识经验的机制，适当提升学生的抱负水平；运用各种方法在课堂内外创造机会，提供广阔的平台，为学生的持续学习奠定基础；引导学生掌握和形成科学的学习方法、良好的思维能力、与他人协作的能力及心理素养，提高学生的学习质量；使学生的学习结构、内容、节奏具有一定的挑战性，在与学生共同完成学习任务时使学生体验到成就感。

其三，引导学生主动合作。合作学习有助于学生提升学业成就。教学模式之所以不同是因为任务体系、目标体系和奖励体系不同。传统视角下的教学更多情况是教师面向整个班级组织教学，学生在完成目标时基本不需要与他人互动，或者只有当他人不能实现目标时自己才可以实现目标，这体现的更多是一种个体化模式或竞争化模式，而伴随着当前课堂教学的理念、环境、内容、方式等的变化，合作教学更有效。合作教学不仅有助于学生提升学业成绩，还会引导学生接纳多元的价值理念，发展社会技能。因此，学生在学习中成为主动协作的伙伴是确保学生实现学习权利的关键环节。

(3) 让每一位教师的专业成长成为可能

教师是学校变革的践行者，是学校发展的中坚力量。他们每天工作在第一线，直接参与学校的核心工作——教学，不断激发学生的学习动机，为学生的学习提供各种条件，同时与他人合作，促进学校的整体发展。

教师在决定课堂事务，如选择教材，确定班级组织形式，设计教学程序等方面应有充分的自主权。在当前的学校情境中，教师不再是简单的“教书匠”，把书本知识直接传授给学生即可，教师不再是“唯唯诺诺”的“盲从者”或是“斤斤计较”的投入者，应该是具有独立意识和批判精神的思考者、实践者。

尊重教师专业成长主要是指尊重教师改变自身思维模式及行为的能力，教师的专业发展应是一种主体行为，它不仅来自外在的要求与规定，更来自因自身发展需求而产生的动力，或者说，把外在的要求与规定内化为自己的需求，转化为自己的自觉行为。学习将会改变教师的生活方式，改善教师的生存状态。尤其在作为学习共同体的学校中，学习应成为教师的工作方式和生活方式。

当前社会情境下，新旧体制胶着，利益分化，价值取向多元，文化碰撞等各种矛盾日益凸显出来，并导致人们的生存意识转变，从趋同取向转向多元自主取向。（范国睿，2006）以科层制为主要组织形式的学校追求同一性、秩序、控制和稳定，向同一个标杆努力，以同一把尺子衡量，学校发展同质化倾向明显，这显然不利于学校间良性竞争的形成，最终不利于教育的可持续发展。佐藤学教授明确指出，差异产生学习，也只有在差异中才能产生改革的力量。无论课堂教学与研究、课程设置，还是学校管理，要抵制一切统一性，尊重每个学生、教师以及家长的个性与差异（钟启泉，2011），要追求学生思考和见解的多样性，教师个体发展的内在潜力和多种可能，学校变革的多元模式与和谐共生。

(三)“工业 4.0”时代的挑战

信息技术与制造业深度融合的浪潮，被视为一场新的工业革命，很多人称之为第四次工业革命。美国的工业互联网、德国的“工业 4.0”和中国的“两化”（信息化和工业化）深度融合以及“互联网+”，其目的、目标和要素，尽管表述有所不同，但其本质是一致的，共同的指向都是使人、机器、信息这三类要素在一个共同的平台上合理组合，形成新的生产力，带来工业革命的新发展。总结为一句话：将人、数据、机器连接起来，提供个性化服务。德国则将这场变革视为继机械化、电气化和信息技术之后，工业化的第四个阶段，因此将之命名为“工业 4.0”。①

“工业 4.0”是德国政府提出的一个高科技战略计划。该项目由德国联邦教育局及研究部和联邦经济技术部联合资助，投资预计达 2 亿欧元，旨在提升制造业的智能化水平，建立具有适应性、资源效率及人因工程学的智慧工厂，在商业流程及价值流程中整合客户及商业伙伴。其技术基础是网络实体系统及物联网。“工业 4.0”概念包含了由集中式控制向分散式增强型控制的基本模式转变，目标是建立一个高度灵活的个性化和数字化的产品与服务的生产模式。在这种模式中，传统的行业界限将消失，并会产生各种新的活动领域和合作形式。创造新价值的过程正在发生改变，产业链分工将被重组。

信息技术的进步，尤其是互联网的快速普及和广泛应用，加之大数据、云计算、人工智能等技术革新，将教育从工业时代带入数字化时代。以在教育领域非常流行的慕课为例，慕课将在线学习、社交服务、大数据分析、移动互联网等理念融为一体，实现大规模、多面向的实时信息交流和互动，其技术突破首先在于计算机硬件和互联网技术的发展。因为硬盘的存储容量、存储密度、数据传输率以及网络传输的流量和速度等所取得的惊人增长，大规模的信息数据才能采集、存储和传递。此外，这种技术突破还在于软件和计算技术的发展，通过云存储和云计算，大规模的数据传输和高效的系统运行得以实现，而受益于移动技术、视频压缩与传输技术的发展，微课得以盛行。

那么，“工业 4.0”给教育和学校带来的挑战是什么呢？

---

① 部分材料参考首都师范大学首都基础教育发展协同创新中心有关“工业 4.0”的主题沙龙研讨的内容。

“工业 4.0”的主题之一是智慧工厂（smart factory）。建设原理与智慧校园几乎一致，从一个视角来说，“工业 4.0”背景下的学校应当是智慧校园。北京师范大学学者黄荣怀等（2012）对智慧校园有较深入的研究。他们将智慧校园定义为：智慧校园是指一种以面向师生个性化服务为理念，能全面感知物理环境，识别学习者个体特征和学习情景，提供无缝互通的网络通信，有效支持教学过程分析、评价和智能决策的开放教育教学环境和便利舒适的生活环境。智慧校园具有以下特征。第一，环境全面感知。智慧校园中的全面感知包括两个方面，一是传感器可以随时随地感知、捕获和传递有关人、设备、资源的信息；二是对学习者个体特征（学习偏好、认知特征、注意状态、学习风格等）和学习情景（学习时间、学习空间、学习伙伴、学习活动等）的感知、捕获和传递。第二，网络无缝互通。基于网络和通信技术，特别是移动互联网技术，智慧校园支持所有软件系统和硬件设备的连接，信息感知后可迅速、实时地传递，这是所有用户按照全新的方式协作学习、协同工作的基础。第三，海量数据支撑。依据数据挖掘和建模技术，智慧校园可以在“海量”校园数据的基础上构建模型，建立预测方法，对新到的信息进行趋势分析、展望和预测；同时，智慧校园可综合各方面的数据、信息、规则等内容，通过智能推理，做出快速反应、主动应对，更多地体现智能、聪慧的特点。第四，开放学习环境。教育的核心理念是创新能力的培养，校园应从“封闭”走向“开放”。智慧校园支持拓展资源环境，让学生冲破教科书的限制；支持拓展时间环境，让学习从课上拓展到课下；支持拓展空间环境，让有效学习在真实情境和虚拟情境中得以发生。第五，师生个性服务。智慧校园环境及其功能均以个性服务为理念，各种关键技术的应用均以有效解决师生在校园生活、学习、工作中的诸多实际需求为目的。

除此以外，我们认为，学校应该在如下几个方面回应“工业 4.0”的挑战。

1. 人才培养模式的转变

信息技术的快速发展解决的一个重要问题就是教育的个性化需求与规模化需求之间的矛盾。现代学校教育脱胎于工厂模式。当工业生产模式从劳动密集型生产模式切换至高科技生产模式，以生产个性化产品为目标时，现代学校教育的人才培养模式就具有以下特点：数字化可以实现一切教育资源互联，包括人、物、数据（信息），每个系统之间可以自由交换信息。其一，这样可以打破教育资源壁垒，实现资源优化配置；其二，这样可以实现数据采集与分析，以便提供个性化教育服务；其三，这样可以打通教育领域各个板块之间的壁垒，促进终身教育体系的建设。等级权威正在信息时代的前夜逐步被瓦解。知识权威高于等级权威。对以知识为中心的工作的组织管理和支持应成为组织机构设置与运行的中心课题。知识管理不重视等级身份，重视的是知识，一切围绕知识进行组织。学校教育将不再大规模地进行标准化的人才培养，而是尊重学习者的个性特质，提供个性化定制的课程，允许他们从多样化的课程、教材、学习时间、学习地点等学习资源中进行自主选择。而且，使用不同学习方式获得的学习成果都可以被认可、被测评，并计入评价系统。在此过程中，学习成果转换与评价标准是关键。通过不同渠道接受教育所获得的学习成果，应当在同一标准下评价并实现学分转换。基于课程的评价标准，将是连通学校教育系统各个板块的“接口”。

2. 学校组织结构变革

现代学校是建立在工业革命基础上的，现代组织管理的系统观和权变观无疑是正确的，但这种系统观和权变观建立在传统的职能型垂直组织结构模式的基础上，以工业经济时代大批量生产为背景，这必然要发生变革，向以知识为中心的管理体制和组织方式转变。旧式的生产系统中，机器、设备和产品以及产品的零部件之间是一种事先设计好的优化协作，彼此之间互不沟通。因而，原有的企业层级组织中，开发、实验、生产规划、制造和服务也彼此分离，互相隔断，只需要通过层级传达指令即可。在高度自动化流水线中，员工只需要按动按钮就可以了，并不需要了解整个生产流程，几乎不需要任何技能，只是被滴水不漏地监控着。因此，“泰勒制”的管理本着追求高效的目的，主张计划职能与执行职能分开。当时“泰勒制”标准化的管理并未考虑到人与机器、机器与机器之间广泛的互动。这种层级的组织显然并不能提供未来的产品和服务。

第四次工业革命能否成功，更多地取决于企业文化、领导行为和决策程序的变化、组织和流程的发展等软件指标，取决于设计方案是否成功且能否有针对性地在组织这个层面做出决定性的改变。新技术之间相互协调作用诱发人事和组织结构的变化，通常需要考虑整个生产系统及其所有相关事务。生产系统在智能化的过程中不断增加的复杂性，更突出了组织层面设计的难度。比如：客户对智能产品（如功能）的要求的增加引起了复杂性的增加；智能对象（在机械、电子和软件的共同作用下产生的智能对象是物联网最基本的组成部分）在感知周围环境，彼此交换数据中伴随着互动的增加生产系统的复杂性增加。复杂度呈指数级增长，与复杂度相关的组织能力提升却缓慢。总之，组织结构的变革对“工业 4.0”具有决定性的重要意义，且面临着极大的困难。“工业 4.0”需要的新的组织结构应该覆盖整个价值网络，达到提高生产效率，满足个性化需求，促进个人终身发展的目的。“工业 4.0”系统更偏向于扁平化、网络化的组织结构，增加了虚拟组织、弹性组织、网络化组织的实现可能。翻转课堂的出现印证了这一点，翻转课堂是典型的以学生需求为本位的，回应了学生的选择权，这超越了传统的“教”的范畴。

在“工业 4.0”时代，学校的变革一定是有价值前设的。我们的关注点不应该放在技术层面或者效率层面，而应放在“为了什么”这个层面，所以要考虑在“工业 4.0”时代学校教育的价值追求是什么，如个性化、选择性和多样性、创新性、人才成长的衔接性等。为了实现这样的价值，公立学校系统必然逐渐展开准市场实践，打破公私之间的截然分隔，带来体制方面的变革，从而实现从被动向主动、从单一向多元的转变。而在学校组织内部，必然要通过重新设计来实现组织的弹性要求，实现多个中心多个主体分布式领导，并在这个过程中实现文化认同，最终促进每个学生的学习。下放管理责任并不意味着不要优质，而是超越控制，通过评价、目标测评、问责等来实现绩效管理。虚拟组织、弹性组织相对于传统组织是非常灵活的，对需求回应很快，创新性强，当然，不见得学校的所有任务都适合通过虚拟组织和弹性组织来实现，因为教师这个职业需要对学校认同，对学生认同。

（四）深化教育领域综合改革的诉求

修修补补式的改革无法治疗教育的痼疾，伴随着教育改革的持续推进，我们逐渐意识到，局部的、头痛医头脚痛医脚式的改革无法解决问题，必须以复杂性科学为依据，以系统观为指导，深化综合改革。这体现了从管理向治理的转变。

在大多数西方国家，第二次世界大战后建立起来的公共教育体制都是由政府举办并向社会提供教育服务，因而具有强烈的国家垄断色彩。纳税人对公立学校提供的教育没有任何发言权，公立学校完全根据政府的计划进行办学。英国前教育大臣贝克（Baker）把这种公共教育体制称为生产者主导的制度。推行市场化、民营化是重塑政府与学校关系，促进公共教育体制提高效率和质量的一个相当重要的改革思路。（劳凯声，2005）应该建立一种基于新的市场制度的全新的公共教育体系，即以学校自主权和家长、学生的选择权，而不是以直接的民主管理为中心的体系，加强学校自治并打破科层制的束缚，主要依赖市场和家长选择，政府各级行政机构只对其施以间接调控。（丘伯 等，2003）[23]除去对市场化机制的倡导和关注，这些观点仍有一个显著的共同之处，就是聚焦于教育管理体制机制改革，激发办学活力。

在教育体制机制改革过程中，激发活力是关键。活力即生命力，反映行为活动的活跃程度以及由此而来的活动主体的精神状态。2010 年，国家颁布实施了《国家中长期教育改革和发展规划纲要（2010—2020 年）》，开展了 425 项国家教育体制改革试点工作。2012 年，党的十八大报告提出深化教育领域综合改革。为进一步提高政府效能，激发学校办学活力，调动各方面发展教育事业的积极性，2013 年党的十八届三中全会通过的《中共中央关于全面深化改革若干重大问题的决定》进一步提出了深化教育领域综合改革，推动教育管理和办学体制改革，即“深入推进管办评分离，扩大省级政府教育统筹权和学校办学自主权，完善学校内部治理结构。强化国家教育督导，委托社会组织开展教育评估监测。健全政府补贴、政府购买服务、助学贷款、基金奖励、捐资激励等制度，鼓励社会力量兴办教育”。教育管理和办学体制改革政策的基本要点如下：推动教育管理和办学体制改革的实质是构建政府、学校、社会之间的新型关系；推动教育管理和办学体制改革的关键在于推进中央向地方放权、政府向学校放权；推动教育管理和办学体制改革的基本目标是建立多元化办学体系，即在坚持教育公益性原则的前提下，健全政府主导、社会参与的办学主体多元、办学形式多样、充满生机活力的办学体制。其中，推动教育管理和办学体制改革的一个重要内容是建立现代学校制度和完善学校内部治理结构。推动教育管理和办学体制改革的一个重要条件是不断完善第三方评价体系。2015 年 4 月，教育部印发的《关于深入推进教育管办评分离　促进政府职能转变的若干意见》提出了推进教育管办评分离改革的三个重点内容：一是推进依法行政，形成政事分开、权责明确、统筹协调、规范有序的教育管理体制；二是推进政校分开，建设依法办学、自主管理、民主监督、社会参与的现代学校制度；三是推进依法评价，建立科学、规范、公正的教育评价制度。在这样一个深化教育领域综合改革的背景下，探讨教育体制机制改革，提升教育质量，具有十分重要的意义。当然，教育体制机制改革不是目的，只是手段。教育体制机制改革的直接目的是激发教育活力，最终目的在于促进学生健康成长。

全国很多地区进行了有关教育体制机制改革从而激发教育活力的有益探索与尝试，打破非公即私的思维定势，探索多元办学模式，在公办学校与民办学校之间寻找第三条路径，增设办学体制改革试点学校，释放权力空间。在有条件的学校建立学校管理委员会、学校理事会等集体决策咨询制度，探索学校内部领导机制变革。部分地区探索教师由“单位人”向“系统人”转变，积极推进义务教育教师队伍“区管校用”改革，强化区县教育行政部门对教师的统筹管理，激发教师队伍活力，建立公共教育体系。一时间，深化教育领域综合改革，实现教育治理，推进教育管办评分离成为教育领域学校发展最重要的内容之一。

“治理”一词目前被社会科学界广泛使用，20 世纪 90 年代以来，有关治理的著述大量涌现。自党的十八届三中全会正式提出“推进国家治理体系和治理能力现代化”后，治理和教育治理遂成为公共政策话语，并引发研究升温。管办评相分离凸显的是治理的理念。治理理论是当代一个跨学科的理论系统。它与传统管理理念的最大不同就是变“主体—客体”的关系为“主体—主体”的关系。这是一个重大的转变，这种转变除强调治理主体的多元化外，还强调治理过程中政府和社会之间的双向互动，以及多个治理主体之间的相互影响。传统政府的统治是运用政治权威对社会进行自上而下的单一向度的管理和统治。与此不同，治理主体多元化和治理过程的复杂化使得政府和社会、政府机构与非政府组织、公共机构和私人机构之间的合作成为可能和必要，治理的过程成为一个政府与社会双向互动、相互影响的过程，社会力量在治理中的作用日益增强，不再像过去那样任由政府主导，而是自下而上地对政府施加影响；同时，政府机构、非政府组织以及各种公共的和私人的机构，主要通过合作、协商的途径，共同对社会公共事务进行管理。不同治理主体之间的影响是相互的，没有哪一个机构，包括政府部门，能够长期拥有超出其他机构和组织的权威影响而居于统治地位。因此，治理主体的多元化导致了治理过程中权力的运行向度是多元的、相互的，而不是单一的和自上而下的。（苗月霞，2005）在社会公共管理领域内，政府与其他社会组织群体势力共同构成了相互依存的治理体系。它的运作逻辑是以谈判为基础，强调行为者之间的对话与合作。治理理念强调政府角色的弱化，强调对社会非政府组织和公共机构的支持，强调政府与社会的双向互动、相互影响，给予了社会组织和公共机构充分的独立性、自主性和尊重。治理带来了如下转向：从关注项目和政府机构转向关注政府治理的工具，从等级制向网络化转变，从公私对立到公私合作，从命令和控制向谈判和协商转变。教育治理是区别于传统行政管理模式的一种新型管理模式。在这种模式中，政府与非政府组织、国家与公民社会、政府机构与私人机构相互合作，共享管理权利，并通过多种管理手段与方式，达到共同分享责任与义务，增进和实现利益的目的。

教育生态需要涵养，需要治理。这种发展范式的话语表达也出现了一些新的变化，如多样性、内生性、多元性、协商性等。以往我们发现某一个方面出现了问题，往往就会全力以赴极力强化这方面的工作。这种线性思维有很大的局限性，不能保证教育可持续发展及其正确走向，而且这种极力强化有可能破坏教育生态，因此需要在治理现代化背景下进行反思。

十八届三中全会报告指出，全面深化改革的总目标是完善和发展中国特色社会主义制度，推进国家治理体系和治理能力现代化。在这一总体目标下，教育领域就是要围绕教育治理体系建设、教育治理能力提高，深化教育领域综合改革，以适应当前信息化、全球化、民主化背景下教育的新形势。从基于竞争的公共行政到基于合作的教育公共治理，其反映了政府、社会和学校三者间的关系将会发生一系列变化。实践领域开始探索构建合作分工的教育治理结构，构建政府、社会和学校之间的合作伙伴关系，构建学校治理的协商机制。这些成为摆在教育行政部门和中小学管理者面前非常重要的问题。各地均展开了有益的探索。

北京市 2015 年颁布的《关于推进义务教育优质均衡发展的意见》提出，要推进管办评分离，增强学校办学活力。一是完善学校治理体系。按照政府简政放权，减少行政干预，重点加强监管和服务的原则，充分保障学校依法自主办学。完善学校治理体系，提高学校治理能力。积极推进依法治校，通过制定学校章程，充分落实校长负责制；进一步减轻学校负担，保障校长集中精力办学；推进校长队伍专业化建设。二是扩大学校办学自主权。依法依规进一步扩大学校在教育教学、选人用人、考核评价、职称评定、经费使用等方面的自主权。鼓励学校结合自身实际，开展办学模式和育人方式的实践探索，在教材选择、课程设置、教学组织等方面大胆创新，努力办出自身特色。三是改革学校评价制度。按照有利于素质教育和人才培养的原则，不断完善学校评价体制机制。优化教育督导评估体系，积极探索委托第三方开展教育评估监测。推进办学条件、学生发展、教师专业化、学科教学、学校综合质量评价等标准体系建设。改变单纯以分数和升学率评价学生、教师和学校的倾向，把学生的进步程度和发展水平作为考核学校的重要指标。探索完善中小学办学激励机制，鼓励和支持学校输出优秀教师资源、优质课程和开放教学设施设备。

四川省成都市青羊区积极推行政府放权改革及学校内部治理结构创新实践。在推进区域内现代学校制度建设的过程中，青羊区教育局首先对自身在教育活动中的角色进行了思考，改变传统的全方位组织和管理教育活动的定位，主张将自身职能转变为教育领域的规则制定者、资源保障者和评价监管者，其他职能则交付给具体的事务部门。基于这一角色定位，青羊区教育局近年来进行了职能梳理和权力再分配，面向下级单位、学校和市场适度分权。同时，青羊区教育局在现代学校制度的建设中，积极促成优质学校集团化办学，以优质教育资源和管理经验的分享传播促进教育均衡，提升区域基础教育水平。目前青羊区教育改革实践遇到的比较大的困难是第三方教育评估尚不成熟。

浙江省杭州市上城区近年来在均衡发展的基础上，通过区域教育综合改革，积极探索与实践，推进教育治理能力和治理体系现代化，通过“管办助评”进一步释放学校办学活力，促进教育治理结构转型，教育行政部门对学校的日常管理从以具体工作管理为主转到以学校发展规划管理为主，教育督导机构将根据规划目标对学校实施三年结果考核，加强问责，将学校办学中有关人员、经费、设备、课程等方面的自主权真正赋予学校。区教育局简政放权，重在打破原有行政思路和工作模式，无论是在机构设置、职责设定还是在工作方式上，都突出为学生、教师、学校发展服务的理念。(中国教育报，2015)

上述实践与探索回应了深化教育领域综合改革的要求，很显然，改革的主要落脚点就是学校组织层面的变革。

二、教育领域综合改革对学校的要求

深化教育领域综合改革的一个主要对象就是学校，学校是当前中国教育改革的细胞组织和核心单元。那么，深化教育领域综合改革给学校组织层面提出了哪些要求呢？(见图 1-6)

(一) 权力结构：从“集权”转向“适度分权”

古典管理理论强调决策权集中。但是，随着教育组织规模不断扩大，组织环境日趋不稳，科学技术进步加速，特别是受信息技术的影响，教育组织决策日益复杂，集中决策越来越困难。为解决这一问题，行为科学学派提出了“参与制”思路，经验学派则更进一步主张适当分散组织的决策权。由此可见，理论发展的趋势是逐步使学校组织的决策结构从集权向适度分权方向调整和推进。

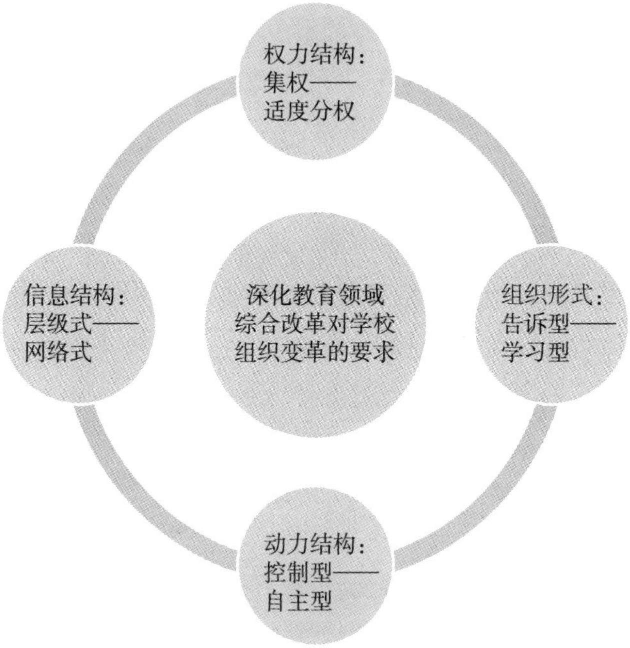

图 1-6　深化教育领域综合改革对学校组织变革的要求

教育组织外部环境已经从相对稳定转向日趋不稳定。在社会经济发展到一定的水平之前，教育组织外部环境相对稳定，教育组织面临的基本问题是效率问题，只要组织能提高效率，就可以确保其生存和发展。这时，管理组织碰到决策问题时以程序化决策为主，这是一类简单的决策，按章行事即可，因此，管理组织用不着特别重视组织决策问题。但是，今天的情况已经发生了巨大的变化，现代科学技术的迅猛发展，市场需求的不断更新和日益细化分化，都标志着组织环境在日新月异地发展变化。组织的环境适应性在决定组织命运中居举足轻重的地位。从标准化向适应市场需求多样化、个性化的方向发展，将使教育组织面临的决策种类、风险和不确定性急剧增加，组织决策也更多地转向非程序化、非确定性。组织环境和决策模式的变化已使现有的集权制组织结构的适应性大为降低，这就必然使组织决策过程复杂化。为了在环境变化加剧，非程序化决策日益增多的情况下继续保持组织决策系统的活力，必须使组织从集中的、单一的决策中心发展成为多级、多个决策中心，走组织决策权逐步分散化的道路。同时，不同类型的组织、不同层级的组织以及不同的决策问题，其集权和分权的度是不同的。

（二）信息结构：从“层级式”转向“网络式”

层级式结构是一种与组织权威等级结构重合的结构，其信息的集中度高，结构简单明了，但信息容量有限，传输速度较慢，只能适合环境比较稳定的组织状态。随着现代科技的进步和社会的发展，组织呈现了多元化、网络化、边界模糊化等特征。在管理组织中，既强调等级，更强调协调。网络化组织的中心有个由关键人物组成的小规模内核，他们为组织提供着持久的核心能力，以及与其他合作者的全部伙伴关系。组织的网络化使组织具有在混沌无序的世界生存下去的灵活性。组织再也不会用许多界限将人员、任务、工艺及地点分开，而是将精力集中于如何影响这些界限，以尽快地将信息、人才、奖励及行动落实到最需要的地方。“组织边界模糊化”并不是说组织就不需要边界了，而是不需要僵硬的边界，需要的是使组织具有可渗透性和灵活性的边界。

此时，教育组织的信息结构应从层级式向网络式的方向转变。网络式信息结构的特点：首先，教育组织应拥有多个信息中心，教育组织中的多个决策中心都能与信息中心重合，以适应多个中心分权决策的需要；其次，网络式信息结构要求组织中的信息传递渠道纵横交错，加快信息传递速度，降低信息损耗和时滞，更有效地为决策服务。显然，网络式信息结构更能适应新形势下的管理组织系统发展的需要。

（三）动力结构：从“控制型”转向“自主型”

尽管古典组织理论和行为科学理论两者的控制基础不同，但二者都是从如何控制组织成员行为着手的。社会系统理论则从诱因与贡献的关系出发，把组织成员是否接受权威作为权威存在的基础之一，实际上把动力问题视为组织和成员双向决定的问题。经验学派更明确提出目标管理和自我控制的思想，要求建立组织成员能主动发挥作用的动力结构。

现有的教育组织动力结构是以“自上而下”的控制序列为前提的，其差异表现为控制方式不同，即根据不同的人性假设采用不同的控制方式和手段。自主型动力结构就不以控制为基本前提，其基本特征是满足分散化要求，赋予教育组织各级中心以应有责任，让他们拥有充分的决策自主权。这是一种服务于管理组织决策结构分散化的动力结构。

（四）组织形式：从“告诉型”转向“学习型”

传统组织具有权力等级结构明晰、重视规章制度和非人情化等特征，这些特征受理性和效率约束。显然，传统组织鼓励下属服从，排除个人行为，并且试图在最大程度上减少不确定性。这是一种以“告知”和“命令”为核心的组织体系，被称为告诉型组织。随着社会的发展，告诉型组织暴露的问题越来越多，人们需要新的组织形式来适应现实的变化。20 世纪 60 年代末，学习型组织应运而生，但直到 1990 年，美国麻省理工学院斯隆管理学院彼得·圣吉出版了《第五项修炼——学习型组织的艺术与实务》一书，才掀起组织学习与学习型组织研究和实践的热潮。

关于学习型组织的定义，圣吉指出，学习型组织是这样一种组织，在其中，大家得以不断突破自己的能力上限，创造真心向往的结果，培养全新、前瞻而开阔的思考方式，全力实现共同的抱负，以及一起不断学习如何共同学习。圣吉提出学习型组织的五项修炼策略：系统思考、自我控制、改善心智模式、建立共享愿景、团队学习。（圣吉，2018）在学习型组织中，学习的动机是内驱的，人们充满了对未来的美好憧憬，并且通过学习实现组织和个人目标。

学习型组织是一个开放的活系统，系统中的各个要素是相互联系的。由于学校组织是一个开放的活组织，维持学校组织自身平衡就面临巨大压力：如果试图改变组织中某个要素，其他要素也要做出相应改变，以求维持新的平衡。因此，学习型组织要求人们进行系统思维，以此让组织着眼于整个系统的变动，而不是在出现问题的时候一味追问有责任的部门。为此，学校组织必须建立对学习的良好态度：营造一种支持学习者的氛围；确定能够利用的学习工具；懂得成年人的学习方式，用知识推进学习；使用多种方法评价教职员工的学习进展情况；从经验中得到的知识学校组织予以承认；清楚什么样的学习方式最适合自身的情况；鼓励每个教职员工成为终身学习者；鼓励教职员工要虚心学习；了解那些抑制学习的因素；知道如何激励人们学习。

第三节　学校的回应——聚焦组织变革

一、学校的回应

（一）北京市东城区“一体两翼”模式

在深化教育领域综合改革方面，北京市东城区比较具有代表性。东城区确立“一体两翼”教育综合改革思路，“一体”即办好人民满意的教育，“两翼”即学区制建设与学院制建设。2015 年，东城区颁布了《东城区深化学区制综合改革 2015 年工作方案（试行）》与《东城区实施学院制综合改革探索创新素质教育人才培养模式的实施意见（试行）》两个文件，巩固落实好前一阶段的改革成果，深入实施精品特色战略，全面推进中小学优质品牌化，提升每所学校办学品质，促进每个学生健康和谐发展。

北京市东城区在义务教育综合改革中通过学区制建设着力全区统筹配置资源。该区通过加入深度联盟校，进入优质教育资源带，建立九年一贯制实验校三条途径全面提升该区小学教育优质品牌；通过学校深度联盟、年级托管、小班化实验等大力发展优质初中。该区还以优质品牌小学增设初中部和示范中学增设小学部两种方式来推进九年一贯制学校的建设，积极探索中小衔接的实施路径。

东城区在“入盟、入带、一贯制”多校区相互集成的基础上形成了教育集团化管理模式——依托品牌名校的带动作用，依据共同的办学理念和章程组建学校发展共同体，在战略规划、日常管理、课程建设、教师发展、设施使用、学段衔接与联合育人等方面实现资源共享、品牌共创、教师交流、跨校选课等，进而实现共同体内优质教育资源品牌的辐射推广与合成再造。依循“优质导向、专业引领、主体激发、创新驱动”的策略，实现学校办学的优质特色。

东城区每个学区还选择一两所优质校，建立“教师培养交流基地”。

学区内统筹一定比例的教师招聘指标给基地校，由基地校统一招聘、统一培养、统一储备、统一使用，形成学区内教师准入、培养、使用、交流的长效机制。东城区会动态管理交流轮岗的干部教师，每年考核，合格者予以一定的津贴奖励。在管理模式的探索上，东城区通过成立学区工作委员会，构建“政府管、学校办、社会评”的教育治理体系，从注重学区资源共享转变为完善制度化建设。

以史家学区为例，2014 年以来，在东城区推进改革的过程中，史家学区全面启动了涵盖“入盟、入带、一贯制”多项改革任务的学区建设工作。学校围绕“和谐”的价值理念，以“种子计划”为核心战略，统摄运行机制及工作任务，大力推行“教师治理型”领导机制，着力创建“无边界”教育的史家学区模式，从而将一个平面的史家旋转成为立体的史家，实现“共识、共为、共享”的整体发展。目前，史家教育集团已经成立并稳步发展。

目前，东城区已经完成了从学区化向学区制的转变。东城区以往的“学区化”，在很大程度上是“划学区”，根据相对平衡的原则，将全区的教育资源划分为八个区域。这样的“学区化”更多的是一个实践的形态和工作的平台，大家借助这一平台，在人员、课程、硬件资源等方面实现互通与共享。而“学区制”是要形成一个由若干相互关联的制度组合而成的、具有立体结构的、相对稳定成熟的治理体系。它有几层含义。首先，建立完整的管理体系。原来的“学区化”比较“软”，起到的作用有限；现在推进“学区制”改革，就是要形成一个从教育行政部门到学校到社区到社会，大家共同参与、相对扁平而又立体化的多元治理结构。这一治理结构要体现教育现代化的基本要求，即从垂直、单一的“管制”，走向多元、多向、扁平的“治理”。其次，建立均衡发展的机制，即学区内校际资源共享、共同发展的机制。再次，建立学区内干部、教师轮岗交流的机制，使教师的身份更加灵活，实现人才的顺畅流转。最后，建立优质品牌共享促结构化发展的新体制。此外，还要建立相对稳定的招生制度、学区内的评价机制、督学责任制度以及对学区建设的投入保障机制等。这些推进“学区制”改革的相关制度形成体系并逐渐“定形”后，区域教育就会形成更加良好的秩序，最终建立起稳定、成熟、公平、均衡的发展机制与服务平台。

（二）山东省潍坊市寒亭区的新型学校共同体

为统筹城乡教育均衡发展，推动优质教育资源由城到乡“反哺式”流动，真正提升农村教育质量，潍坊市寒亭区创新思路和方法，打破学校和区域观念，以“分校模式”组建起由城乡学校共同组成的新型共同体，初步形成“理念共享、资源共用、优势互补、合作共进”协作机制，在最大限度上实现了城乡学校间的资源共享，打造出城乡教育均衡发展的新样本。

新型学校共同体是指采用“一校两区、统一管理、捆绑评价”运行模式打造的城乡紧密型教育共同体。其中，城区小学是总校，农村小学是分校，总校校长由城区学校校长任职，全面负责“一校两区”的各项工作。农村分校校长由核心学校一名校领导班子成员担任。学校内干部教师原工作单位和身份、学校财产和资源等隶属关系不变。共同体所有教职工由总校进行统一调度，总校既要加大自身师资、教育教学的发展力度，还要制定专门措施扶持分校，确保提升整体工作水平。

达成联校管理，实现理念共享。结为共同体后，农村学校校长与总校一名班子成员进行交流，农村学校的办学思路、管理理念和管理措施变为由总校全面负责。总校运用自身先进管理理念，带动农村教育教学发展，全面提升学校整体办学质量和水平。成立由总校和分校骨干教师和中层干部组成的教学管理、教学研究等领导小组和指导小组，定期就共同体校园文化建设、高效课堂建设、管理制度建设、艺术教育等工作进行深入调研，交流意见，制订切实可行的方案和活动计划。定期开展共同体学校师生互访交流活动，增进共同体学校师生情感，增强共同体学校间的凝聚力，构建一体发展教育理念，打造和谐共赢教育团队。

搭建交互平台，实现资源共用。结为共同体后，总校和分校财务由总校共同管理、统筹安排，在规范运作的基础上，加大对农村分校的投入力度，共同发展。例如，寒亭区实验小学在与北张氏小学结对后，先后投入20万元为其配备先进的现代教育技术设备、图书、教学仪器等，使北张氏小学整体办学条件有了大幅度提升。2012 年底，北张氏小学顺利通过潍坊市的标准化学校达标验收。充分利用网络平台、邮箱、QQ 群等资源，建立“网络办公协作区”，开展教学对话与交流，实现教与学等优质资源的共享。与此同时，根据工作实际需要，每年研究确定共同体学校管理干部、教师相互交流的方式、人数及时间（原则上每学年安排干部、教师交流的比例不低于共同体干部、教师总数的 3%，交流时间不少于一年），确定每学期教师集中教研、学习交流的次数，提高共同体学校的师资水平和教育教学质量，促进城乡教育的均衡同步发展。

创立跟岗机制，实现优势互补。总校和分校共同制订跟岗学习时间表，分三个层次有序实施跟岗研修：决策层跟岗学习办学理念和管理经验，中层管理人员跟岗学习管理措施和管理方法，骨干教师和教学新秀跟岗学习专业知识和实战技能。同时，建好跟岗学习档案，为教师素质评价提供依据。同时，两校积极开展集体备课、“送课下乡”、上过关课和汇报课等活动，采取同课异构或一课多轮等形式，有力提升教师专业素质。

统筹考核驱动，实现合作共进。在学校考核上，将共同体的城区小学和农村小学进行捆绑作为一个整体进行评价，如果农村小学考核成绩较低，也会影响总校的考核成绩。为切实解决交通不便、农村学校食宿条件差等不利因素，每月给支教教师发放 200 元的交通补贴，对圆满完成支教任务并考核合格的支教老师，在业务考核、职称评定和评先树优中给予加分和优先考虑。这些举措极大地促进了“一体化”办学模式向纵深推进。

（三）西安大学区管理制改革

2011 年下半年，陕西省西安市教育局经过充分调研，决定从 2012 年春季开学起在新城、碑林、莲湖、雁塔四个城区启动实施大学区管理制改革试点。在试点基础上，2013 年春季，全市 13 个区县及沣东新城全面实施改革，将全市 1788 所中小学组建为 416 个大学区；到 2013 年秋季开学，又将改革延伸至高中和学前教育阶段。2012 年，时任中央政治局委员、国务委员刘延东同志批示：“西安市通过大学区管理制改革，促进区域内优质教育资源均衡覆盖，这个好的经验应予宣传。”同年 9 月，国务院召开全国“两基”工作总结暨教师节表彰大会，西安市作为唯一的地级市代表在会上介绍大学区管理制改革经验。

大学区管理制，是以区域内优质学校联合若干相对薄弱学校组建的新型管理组织形态，以学区长学校为引领，带动成员校实施捆绑式集约化运行，通过互通互补、合作互动，共生、共进、共强，促进办学水平共同提高和校际均衡发展。

西安大学区管理制的核心内涵和实践方式，可以概括为实施“九统一”，达到“九共享”，走向“九转化”。

①“统一管理策略”，学区内管理理念方略共享，由“学校谋划”向“学区谋划”转化。学区长学校充分发挥优质带动作用，将成功的办学经验推广并迁移到学区内各成员学校，既将经验上升为理论，利用软件系统、会议和培训，在成员校之间进行传递，也通过情境体验，建立各种实验模式，将特殊的制度和手段予以推广。

②“统一设施共用”，学区内硬件资源共享，由“学校独用”向“学区通用”转化。学区内的图书馆、体育场、实验室、微机室、音乐厅、报告厅、心理咨询室及其他功能教室全部实现共享，建立学区资源共享的管理制度和运行模式。

③“统一课程规划”，学区内课程资源共享，由“学校课程”向“学区课程”转化。各大学区在落实国家课程和地方课程的同时，都注重了校本课程的开发、推广和应用，通过学区统一课程规划，加快学区内的课程建设步伐。

④“统一安排教师”，学区内教师人力资源共享，由“学校调配”向“学区调配”转化。不断加大学区内校长、教师交流和轮岗力度，达到教师队伍双向有序流动，不断优化师资配置和学科结构。学区内推行“名师送教”、优秀教师“挂牌上课制”，探索“导师制”教学模式，建立大学区“名师资源库”；各区县编办根据大学区组建需要和运行实际，坚持总量调控、结构调整、有增有减的原则，优化教职工编制。

⑤“统一组织备课”，学区内教师集体智慧共享，由“学校智能”向“学区智能”转化。推行“学区集体学研”，开展集体备课和同课异构活动；利用大学区内各校的现代教育技术、科学管理模式、先进教学经验等

资源，进行名师引领下的学区化教学备课活动。

⑥“统一教研活动”，学区内教科研成果共享，由“学校研发”向“学区研发”转化。各学区以教科研为抓手，积极探索教育教学新管理模式，共同设立研究课题，开展教科研活动，在课堂教学、教育衔接、教学评价体系等多方面进行积极有效的实践研究。

⑦“统一师资培训”，学区内教师成长路径共享，由“校本研训”向“学区研训”转化。充分发挥学区长学校学科教师优势，深入开展学区内教师跨校培训，使学区内教师教育教学能力得到进一步提升；借助局域网和数字化系统创建大学区网站及本学区的信息资源建设平台，实施网上教研、网上培训等。

⑧“统一质量监测”，学区内质量管控工具和研判方法共享，由“学校管控”向“学区管控”转化。大学区内统一、全面监测学生综合素质发展。严格“统一时间、统一阅卷、统一登分、统一分析、统一评估、统一诊断”，通过“学区长例会”对联测成绩进行质量分析，将各校各科成绩进行横向比照，有针对性地查缺补漏，强化教学质量的过程管理。

⑨“统一评价激励”，学区内精神文化取向和发展价值追求共享，由“学校引领”向“学区引领”转化。大学区要拟定科学的评价激励标准和实施措施，从终结性评价向发展性评价转变。坚持以成员校的发展进步来评价学区长学校工作效能，以学生进步成长来评价教育教学质量。

(四) 上海桃浦成立基础教育协同发展联合体

按照2020年率先实现义务教育现代化的战略要求，上海市坚持促进公平与追求卓越并举，注重制度创新与专业引领并重，通过委托管理、捆绑办学、学区化集团化等机制创新，建立优质教育资源共享辐射机制，缩短学校优质均衡的进程。一是自2007学年起，启动农村义务教育学校委托管理工作，选择中心城区品牌中小学以及有影响力的教育研究机构，接受郊区县教育局委托，对郊区农村的义务教育阶段相对薄弱学校开展全方位的管理。二是针对城市发展规划变化，上海教育行政部门组织市实验性示范性高中到郊区新城办分校。上海中学、上海交通大学附属中学、格致中学、复旦大学附属中学分别到临港、嘉定、奉贤南桥、青浦等新城开办了分校，与总校实行师资统一调配、课程统一管理、考核统一实施。三是充分发挥学区化和集团化的成片统筹、资源整合、优质资源共享的功能，自2014学年开始，徐汇区的华理学区、田林学区以及闸北区的实验小学教育集团等一批学区和集团启动“先行先试”，总结经验后从2015学年起全面推行。

上海市桃浦地区位于普陀、嘉定、宝山三区交界地，几十年来作为上海市老工业区之一及普陀区“三湾一弄棚户区”的市政动迁移居地，为上海的建设做出了贡献。这里的教育资源比较贫乏，教育发展比较滞后，人称“教育洼地”。由于地理位置和历史原因，桃浦地区老百姓的经济条件差，原农民家庭、低收入动迁户、外来人员家庭比例特别高，特困生占学生总数的10%。这些家庭的未来和希望都寄托在孩子身上。2008年，桃浦地区一群有教育担当的校长、园长自发联合起来，在普陀区教育局和桃浦镇政府的大力支持下，在一批教育专家的精心指导下，成立了桃浦地区基础教育协同发展联合体（以下简称联合体）。

怎样做强桃浦教育？联合体认识到，在各种教育资源、条件发展滞后的现实面前，单靠一所学校不可能把桃浦教育做强，只有资源共建共享，抱团发展，才能在推动学校内涵发展的同时，带动整个区域教育水平的提升，让桃浦学子能够“上家门口的好学校”。

桃浦地区中学、小学、幼儿园、社区学校共有17所，相距其实并不远，但以前不相往来，甚至出现争抢优质资源的恶性竞争。联合体成立后，这些学校纷纷打破“围墙”，变封闭办学为开放办学，变孤立发展为联合发展，变追求学校“核心竞争力”为“核心发展力”，构建起横向的沟通机制和纵向的中小幼衔接机制。

联合体实行“校园长联席制”与“轮值主席制”的管理模式，各项重大事宜均由各成员单位党政领导共同参与讨论决定。为使工作更加有效有序地开展，联合体以5年为一个发展年轮，每年由高中、初中、小学、幼儿园以及社区学校一把手担任轮值主席，全面负责统筹协调各项工作的开展。同时，联合发展的机制也注重了中小幼各年段的教育教学衔接。以“桃浦杯”教学能力大奖赛、德育发展俱乐部、骨干教师论坛等为载体，整合不同年段的学校组成教学联盟；以课程理念更新为第一要务，以教师专业提升为第一要求，以学业质量提高为第一使命，突破性地以跨校教研为重要形式，聚焦课堂，深入探讨教育衔接。可以说，桃浦地区基础教育协同发展联合体，不仅是形式上的联合，更是内容上实质性的融合。

2008 年以来的第一个 5 年里，联合体历经了以下几个发展阶段：聚焦内涵——实现五个“联”，即党建联建、教工联聘、学科联赛、学生联动、项目联创；外延拓展——形成五个“结合”，即警教结合、医教结合、文教结合、体教结合、社教结合；巩固深化——构建五个“平台”，即人力资源开发与管理平台、社区资源整合与应用平台、教学资源共建与共享平台、学业质量检测与调控平台、学生特长发现与培养平台。

2013 年 11 月 18 日，联合体召开了第六届年会。在总结前 5 年工作的同时，明确提出后 5 年要在上一轮奠定的合作发展的体制、机制、制度的基础上，进一步发挥联合发展的优势，充分整合联合体的各项资源，推进地区基础教育深入改革。年会明确了 4 个重点项目，以有效落实学生全面发展的目标，包括：信息时代幼儿园、小学、初中、高中学生道德养成系列研究项目；小学、初中、高中学业质量保障体系构建项目；幼儿园、小学、中学科学素养连续培养项目；随迁子女学校教育均衡发展实践项目。儿童和青少年时期，是孩子长身体、增知识，逐步形成正确的世界观、人生观、价值观的关键时期。因此，需要把道德教育贯穿幼儿园、小学、中学教育全过程。联合体顾问于漪老师充分肯定了联合体“幼小初高学生道德养成序列化”的工作举措，她说：“道德教育需要循序渐进。过去我们的教育将道德养成重点放在了幼儿园、小学，其实各学段的莘莘学子都需要道德养成。”

桃浦地区有着特殊的教育环境，原先各所学校立足校情在德育建设方面也创建了自己的品牌，如桃浦中心小学的“根与芽”、新杨中学的“尊重教育”、桃浦中学的“法制教育”等。联合体平台冲破了学校之间、学段之间的藩篱，以“自主”为关键词，实现了从幼儿园到高中持续不断的道德养成。联合体整合各校的德育资源，设计了系列化的德育课程，努力将学生的道德养成过程串联起来，使之成为潜移默化、分层推进的教育过程。在具体实施过程中，联合体充分发挥跨学段、跨学校教育一体化的优势，以“学生联动”和“教工联聘”为重要抓手，使道德教育的资源利用最大化。

联合体提出了“教育社区化、社区教育化”目标，组建了“社区教育听证与咨询委员会”，由桃浦镇政府机构、街道、企事业单位负责人、学生家长、社区知名人士等组成督导团，对教育改革、学校办学等进行咨询与听证，“有事大家商量”，形成全社会齐抓共管的育人环境。

教育体系的转变影响学校制度的变革。随着工业社会向信息社会的转变，一次性的学校教育正在向终身教育转变，这种转变必然会深刻地影响学校教育制度的变革。学校仍将是未来教育体系的主体部分，正如经济合作与发展组织鹿特丹会议主席伊瓦所说：“总体上看，学校一直是非常重要的，而且在许多方面是一个非常成功的机构。它们在从农业社会向工业社会的转型中是不可缺少的。在我们的国家进一步从一个工业化的国家向今天或明天的一个以知识为基础的社会转型的过程中，它们体现了一种十分重要的投资。但是，也正由于这个原因，它们又必须具有新的活力和动力。”伊瓦的话既充分肯定学校在未来教育体系中的主干地位，又清醒地认识到原有学校面临的变革的压力，这是研讨现代学校教育制度的基本出发点。（谈松华，2005）

二、学校组织变革的线索与特征

前文我们回顾了20世纪中叶以来学校发展与变革的历程，当前学校面临的主要挑战以及学校的回应，接下来我们来梳理一下，学校变革与发展经历了哪些变迁，围绕何种逻辑展开。

（一）按照改革权力的分配来看，学校从改革的对象成为改革的主体，从政策的被动执行者成为创造型执行者

处在一个改革的时代，学校连续不断地被要求改革，或在一定的环境要求下推行改革。新中国成立初期，伴随着计划经济体制的建立，受苏联教育模式的影响，政府采取了一系列措施改造旧学校，建立新学校，国家对教育实行全面控制，政府基本上对学校实行了大包大揽的全面管理。因

此，在以往的教育改革过程中，学校往往是改革的对象，由政府提出目标和要求对学校进行改革，忽视学校的文化传统、现实情况及问题，同一个地区“千校一面”的状况比比皆是，因此改革往往无法深入开展，取得实效。

学校作为改革的中心和主体，到底是促进改革还是阻止改革，主要看学校的改革能否代表全体人员的利益。因此，基于学校的文化传统和发展现实，将学校发展过程中最迫切的问题作为切入点，充分调动学校内部强烈而迫切的改革愿望，是最重要的。“除非得到了教师、学生及其家长们的适当而又有力的支持与合作，否则就别想进行重要的长期改革。”（坎宁安 等，2002）[48]因此，尽管政策支持非常关键，但改革不能自上而下地强迫进行，因为就学校和课堂层面的改革而言，必须适应地方需要。强调条件与责任的重要性，意味着地方的发明创造必须得到政策支持，而这些政策既要提供自上而下的支持，又要激发自下而上的主动性。“自上而下与自下而上的决策本身都不是有效的，仅当自上而下和自下而上的力量相互作用、调和并且导向欲求的目标时，改进才会产生。”（坎宁安 等，2002）[171]

在学校变革与发展的过程中，政府既不能成为全能型政府，占据主体地位，大包大揽，无所不管，当然也不能完全“转移责任”，袖手旁观。而学校，在面临“改革自主权”的时候，应将权力和责任充分转移给教师和学生，使改革从集体的层面真正落实到个体层面，依托教师和学生的需求真正成为改革的主体，取得实效。

当今社会，教育理念正在发生重要改变，因此我们必须重新认识学校。学校是什么，除了是培养学生的地方，是执行政策、推行改革的地方，我们更应该认识到，学校作为改革的主体和策源地，在改革过程中更应该主动发挥首创精神，主动改变自身面貌，沿着健康的道路向前发展。其工作思路应该从等政策、靠领导向主动实践、主动创新发展，从被动执行者发展为创造型执行者。

“真正的优异不能从外部强加。政府官员并不能创造优异的学校，而是学校领导者、教师、家长或公民们共同创造了优异的学校。”（坎宁安等，2002）[41]这种论述可能失之偏颇，有为政府开脱责任之嫌，但其道理是值得思考和借鉴的。学校应该在国家战略方针的指引下，充分结合社会、教师、学生的发展需求，结合学校历史传统、发展特色，创造性地推动学校改革深入进行。

因此，我们的学校在改革过程中应深刻认识到这种变化，以育人工作为核心，充分调动成员的积极性，紧密结合学校特色，深入剖析自身问题，有效依托社会资源，主动实践，主动创新，从而有效推动教育改革。国家教育改革的细胞组织是学校，因为学校是教育的实践主体，教育改革的每一步都要在学校的范畴中进行，在国家政策方针的指引下，充分调动学校的主动性、积极性是非常重要且必要的，政府不再要求学校亦步亦趋地跟在身后，学校在这一过程中掌握了较大的自主权。

（二）从改革的着力点和路径来看，从微观层面、宏观层面走向中观层面，从教育体制机制、学校内部单元走向整个学校系统

学校变革的动力源于人们对学校发展的主观诉求与学校发展的客观现实之间的矛盾。没有学校的变革，就不可能有真正的教育变革；而学校变革的实质及实施策略，也经历了发展与变化。

自 20 世纪中叶以来，西方发达国家就已经开展了各种形式的教育改革。20 世纪六七十年代，学校的改革主要集中在改善教学方法、课程设计、教学设备及资源投入等方面，尤其是发达国家，多是这样的取向。“但不幸的是，这些改革的成果并不显著。例如在美国，即便已经投注很多心血在教学革新和学校设备改革上，但学生的学习表现和成果似乎没有显著改善。”（郑燕祥，2005）20 世纪 80 年代，随着组织和管理科学的进步及商业和工业管理的发展，人们开始相信，如果想要加强教育质量，就必须把焦点从教室层面转到组织层面，并改善学校的系统与管理。以学校组织为对象，旨在提供优质学校教育，提高教育系统效率和增进学校适应能力的教育变革更是空前高涨。“国家一直在寻找改革和改组学校的某种魔术般的方法，我们尝试过——现在仍然在尝试——所有的灵丹妙药，期望它能将沉闷的学校变成黄金之地。”（欧文斯，2007）[245]

我国的教育改革既有与西方相似之处，同时也保持了自身特色。新中

国成立以后，教育改革首先聚焦在宏观的教育体制改革层面；20 世纪 80 年代以后，转向微观层面；20 世纪末及 21 世纪以来，开始以系统观探索学校变革，关注学校整体，关注中观层面的学校组织变革。

伴随着教育民主化运动的深化，学校组织层面出现了很多新的组织形态。教育行政部门参与，学校、学区和社区联合起来，这种范式既不是自上而下的，也不是自下而上的，而是混合型的。从世界范围来看，组织分化是教育体系或教育机构适应外界对教育的多元化要求采取的最基本的应对策略。在我国基础教育领域学校对诉求和变革的回应也体现了这样的特点，即以组织变革回应挑战。开放系统的组织理论，不再把组织视为一种稳定、明晰的构造，而将其作为一种开放系统。“一个系统是开放的，并不仅仅因为其与环境之间的相互交换联系，还因为相互交换联系是系统变化的关键因素。在这种向度下，个体要素的复杂性和多变性及其相互之间联系的松散性，取代了对于组织的结构要素、个体心理要素的分析，对过程而不是结构或者个体的关注成为组织研究的核心。”（张银岳，2007）

聚焦学校组织层面的变革，重点在于使基础教育体系形成一种自组织的、适应不断变化的机制，缓解基础教育内部学校发展的不平衡以及教育发展与社会发展间的张力。学校是社会的一个独立子系统的同时，还是一个开放的系统。教育工作者已经充分意识到学校组织作为开放系统的特点，现实是学校受到环境的挑战，感受到变革的压力，但因为大部分学校没有建立自我变革的机制，在越来越大的压力面前处于两难境地，缺乏适应力和主动发展能力。

（三）从政府和学校的关系来看，从问责走向能力建设

在学校发展进程中，政府的角色一直更多是问责者，负责制定目标、监控进程、反馈数据、干预低效案例等。进入 21 世纪以来，怎样用能力建设取代问责已经成为多数教育管理部门思考的问题。在这里，能力被定义为新知识、新技能及胜任能力，即为学校变革提供强大的、推动其前进的支持基础。

能力建设是指制定政策、规划战略、投入资源和设计行动计划，从而提高人们的集体力量，推进教育系统的发展。能力建设包括创新知识、技

能和能力，开发新的资源（时间、理念、教学材料），以及为合作进行更大的变革而确立新的共享身份和动机。除了个体和集体增进知识，增加资源和增强动机外，能力建设还包括改善与教育系统的基础机构有关的组织能力。教育系统的基础机构是指地方、区域和州层面的各种机构，这些机构可以在教育系统中传播新的能力，例如进行培训、咨询及提供其他支持形式。(富兰，2013)[8]

因此，学校在变革过程中要意识到大规模改革需要整合压力和支持。社会系统存在许多惰性，这意味着社会系统需要新的力量来改变其方向。这些新的力量包括了压力和对支持的审慎利用。压力指雄心勃勃的目标、透明的评估和监控、道德目标的召唤等。支持指建设新能力，获得新理念，有更多的时间投入学习和合作。压力和支持连接得越紧密，有效的变革过程就越容易产生。(富兰，2013)[13]

从学校组织变革的动力机制来看，学校存在于开放的社会系统之中，受到内外环境的交互影响，这些影响体现着外部环境变迁带来的挑战和内部环境的作用，代表着不同团体在价值和利益上的不同追求。它们在学校中产生出“推”或“拉”等方向不一的作用力，造成学校运作的紧张与不稳定，从而形成了学校变革的动能。一旦上述不稳定状态超过某一限度，就会造成学校组织的低效甚至瓦解。

由此可见，学校改革主体性提升，聚焦整个学校系统，重视学校能力建设，成为当前学校组织变革的重要特点。

第二章
理论框架：学校组织变革的场域视角

现代社会，变革贯穿于组织整个生命周期。长期以来，组织变革一直是管理实践者和学术研究者关注的焦点话题之一。对于组织来说，如果用一句话来概括组织变革，那应该是组织发展建立起来的相对稳定的框架和模式与组织生存和发展所依赖的外部环境之间形成的张力与矛盾，使得组织必须主动变革引领发展或被动适应维持生存。由此，考察组织变革，必须要考察组织环境和组织自身。组织所处的外部环境不断发生变化必然会对组织的能力提出更高的要求，而组织若规模庞大、历史较长、文化积淀较深，那么变革的难度可能会加大。

毋庸置疑，组织研究的兴起和人们集体协作方式的发展都是建基于同一个社会事件。现代工业社会取代传统社会，导致社会分化和整合机制发生了巨大的变革，使得组织这样一种协作方式成为人类集体应对该种变革的有益的可选项。总体而言，不同学科按照其不同的基础假设，分别选取不同的视角考察这种协作方式的某一方面。经济学关注的是组织作为一种资源配置方式，和市场相比较而言，其收益是如何实现的；管理学关注的是在一个既定的组织架构内，人们的行动效率是如何实现最大化的；社会学不同于上述两种视角，关注的是其作为人类行动的工具和载体的本质，揭示构成这种具体事件的潜在力量和动力来源。尽管在组织研究领域多学科的综合成为一种显著的特征，但是，不同学科视角的基础假设及其理论体系仍然可以被综合并梳理出一条比较清晰的脉络。

从广义上来说，组织做出的任何决策，采取的任何行动都可以纳入组织变革的范畴，只是变革的动因、内容、范围、程度、速度存在差异而已。以学校组织为例，在过去的很长一段时间里，由于社会的发展速度相对缓慢，组织的外部环境相对稳定，尤其是学校相比于其他社会组织具有更为突出的组织惰性，所以人们常常把学校变革看作学校日常发展中的一种偶然现象。然而，伴随着工业社会向后工业社会的过渡，知识观与学习观的发展、变化，信息技术的飞速发展，民主化进程的不断推进，学校变革开始变得常态化、复杂化。本章主要对学校组织变革及组织场域理论进行梳理，并构建全书研究的理论框架。

在高度分化的社会里，社会世界是由大量具有相对自主性的、各自分化、只在一定程度上总体化了的社会小世界构成的，这些社会小世界就是具有自身逻辑和必然性的客观关系的空间，而这些小世界自身特有的逻辑和必然性也不可化约成支配其他场域运作的那些逻辑和必然性。（布迪厄等，1998）[131-134]由此，在布迪厄看来，社会空间是由人的行动场域所组成的。社会结构并不是抽象的，社会结构只能是由行动者在不同场域中进行象征性实践的社会空间。

为什么选择组织场域作为研究组织变革的切入点和分析框架？这与本书关注的问题直接相关。为了更好地推进教育优质、均衡发展，一方面教育行政部门推动，另一方面学校间根据需求自主合作，形成了如高校支持附中附小建设、城乡学校一体化发展、教育集团、教育联盟、学区等多种学校间新的合作关系样态，这总体上是基于共同的愿景和目标的支持关系和发展联盟形成的新的治理结构，对成员实行规范制约与引导。这种支持关系的形成实质上是在场域层面的制度建构。一个场域的结构可以被看作一个不同位置之间的客观关系的空间，这些位置是根据他们在竞夺各种权力或资本的分配中所处的地位决定的。这种场域的结构与那些多少有些持久不变的网络（场域借助这些网络来展现自身）是不同的。（布迪厄 等，1998）[156]

通过调研与分析，我们发现，新的关系的生成需要一系列持续的新制度的保障，同时也需要建立新的激励结构。学校间的关系从竞争走向了合作，从利益共同体或需求共同体走向了价值共同体，从问题解决走向了学校发展共生。这种支持关系的本质正是聚焦于场域，所以本书借鉴组织社会学的新制度主义观点，以场域为主要分析框架展开研究。在本章中，首先对学校组织变革理论及组织场域理论进行述评，之后构建本书研究的主要框架。

第一节 学校组织变革及组织场域的理论变迁

组织是人们采用某种技术和权力结构实现目标的一种社会单元，是一个有着可以辨识的边界的团体。组织存在于社会环境之中，内部各要素相互联系，从根源上讲是人际互动。组织变革是指运用行为科学和相关管理方法，对组织的权力结构、组织规模、沟通渠道、角色设定、组织与其他组织之间的关系，以及组织成员的观念、态度、行为和成员之间的合作精神等进行有目的的、系统的调整和革新，以适应组织所处的内外环境、技术特征和组织任务等方面的变化，提高组织效能。学校具备组织的全部特质，同时也有独特之处，比如学校组织生命性特征鲜明，是非典型意义的科层制组织等。本节将对组织变革、学校组织变革及组织场域进行理论述评，以此作为后文理论框架的基础。

一、组织变革及学校组织变革研究

组织变革是组织行为学研究的重要方面，从组织发展理论产生后就出现了许多关于组织变革的论述。已有的关于组织变革的研究多聚焦于发现并解决变革阻力、变革动力问题，从变革的内容、情境、过程、准则、结果等方面进行分析，并主要与组织学习、知识管理、组织成员心理、行为科学、群体动力学、组织伦理等领域相结合。总体而言，已有的关于组织变革的研究主要回答了组织为什么变革（Why），什么是组织变革（What）以及组织如何变革（How）三个范畴的问题。下文将对经典的组织变革研究进行梳理。

（一）组织观的变迁

在社会运行过程中，组织是基本的功能单位。组织起源于人类行为的基本特征——协作性，人们选择一种怎样的协作方式，很大程度上取决于在特定的社会发展阶段中协作方式的多样性及其结构和战略的水平，协作及协作形成的组织提高了人们对于不确定的未来变化做出反应的能力。

理性系统的组织理论从经济学的基本假设出发，即无论是个体的还是协作的行动，都受到追逐私利的动机驱使，而达到这一目的的最佳途径是提高效率，用最小的投入获得最大的产出，组织就是人们提高效率的最有效的手段和工具。自然系统的组织理论认为，个体的互动建立了支撑集体行动的共同框架和共同认知，而且只有在这种情况下，社会生活才成为可能。行为的重复过程，以及被自我和他人赋予相似意义的过程，就是社会现实被建构的过程，也是制度化的过程。制度化概念对应于这样一种客观现象，即许多社会事实如语言、习俗、货币、惯例等只有凭借社会成员的一致认同才会产生和延续，虽然这些社会事实的存在有赖于社会的共识，但又独立于个体的好恶之外，且对个体行为具有规范影响。（见图 2-1）（周雪光，2003）[82-83]

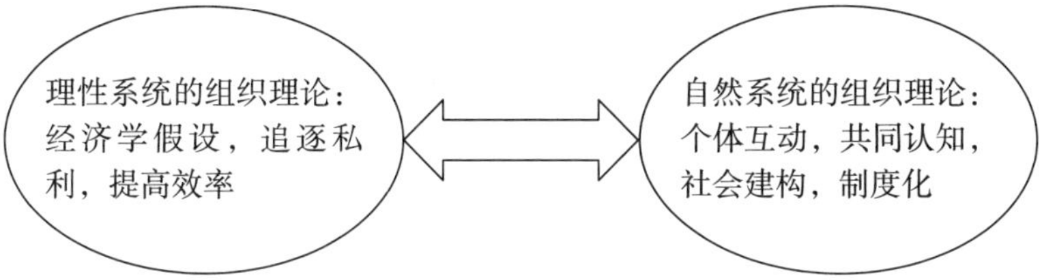

图 2-1 两种不同的组织观

从某种意义上说，社会是由大量各种各样不同类型的组织构成的，研究组织即是研究社会本身。现代社会学创始人之一马克斯·韦伯对此有着深刻的认识，他以科层现象为例，对这一注定会深远影响现代社会生活的组织现象进行了深入的思考与系统的研究。作为组织研究的早期开拓者，韦伯为社会学研究开辟了组织这一研究领域，为组织现象的系统研究奠定了坚实的基础，与此同时，他还为组织的研究提供了研究方法与研究范式。事实上，不少社会科学的研究者皆已意识到组织的重要性，他们从各自不同的领域，对组织现象进行探索和研究，取得了丰硕的成果，提出了诸多理论与学说，逐渐形成了以美英研究者为代表的盎格鲁—撒克逊学派。其中人们较为熟悉的有：泰勒的科学管理理论，法约尔的一般管理理论，巴纳德的系统组织理论，孔茨、穆尼、纽曼的管理过程理论，西蒙、马奇的组织决策管理理论，梅奥、罗斯利斯伯格的人际关系理论，麦格雷戈、阿尔戈里斯的人性假设理论，勒温、谢里夫、贝尔宾的团体行为理论，斯托格第、沙特尔、利克特、施密特的组织行为理论，本尼斯的组织发展理论，德鲁克的管理实践理论，钱德勒、安德鲁斯的战略管理理论，帕斯卡尔、阿索斯、大内的企业组织文化理论，沙因的组织文化模式理论，劳伦斯、洛什的权变理论，圣吉的学习型组织理论，等等。这些理论被研究者介绍到国内，不同程度地为他人运用来解释组织现象。值得注意的是，还有一个非常重要的学派，即法兰西组织社会学学派，该学派的理论研究成果近年来显现出对组织更强的解释力。

传统的盎格鲁—撒克逊学派认为，组织是自然形成的社会功能单位，是一种具有整体性的系统，分为正式组织（形式组织）与非正式组织。组织是为实现目标而设计出来的工具实体，旨在完成分工与合作任务，是一种履行控制与管理功能的社会集群单位。标准的组织形式是正式组织抑或形式组织，它有着本质上的工具属性，具有实现外源性的、预定的、固定不变的目标的功能；组织拥有高度的统一性、整合力与凝聚力，其边界是明晰的，不存在争议的，相对固定不变的；组织的边界将其内在功能与外部事件区分开来，确保外部事件对组织的内部不构成压力；组织作为一种理性的产物，将其理性贯穿组织成员的整个行动过程，它要求其成员并且能够成功地令其成员遵从诸种规则，顺应被设定好的角色，作为组织成员的行动者具有高度的同质性，为同一目标所吸引，彼此信息互通，团结一致，齐心协力，为组织做出自己的贡献，并且从中获取相应的回报和利益。（费埃德伯格，2008）[3]这种观点对组织现象尤其是从宏观的层面上对组织现象能够做出合乎其自身逻辑的解释，然而，在面对具体存在着的组织并要对其做出解释时，却显得无力。造成这种局面的是有问题的组织观，其对组织的理解过于单一和刻板。

组织社会学派的主要代表人物克罗奇耶与费埃德伯格反对这种两分法的组织观（见图 2-2），他们认为，组织并非是一种自然形成的现象，而是一种人为的建构，人们之所以要建构组织，其目的在于解决集体行动的问题，而其中要解决的最为重要的是合作的问题，以完成唯有靠集体行动才能实现的目标。依照他们的观察视角，组织并不是一种简单的社会功能单位，抑或具有一定的整体性的系统。组织是一种极为错综复杂的现象，“组织，既是一种容器，又是容器中的内容；既是结构，又是过程；既是对人类行为的制约力量，同时又是人类行为的结果”（费埃德伯格，2008）[4]。也就是说，组织既是一种负载集体行动的领域，又是其所包含的行动者的联合行动；既是在行动者之间建构的关系系统，又是其关系系统建构的过程；既是限制行动者恣意妄为的规制力量，又是行动者进行集体合作的一种产物。组织，作为一种社会现象，有着极为丰富和深邃的内涵。因此，任何一种组织都是具体的行动组织，都是存在于具体的时间与环境之中的组织，在此，时间的维度与具体的环境背景具有重要的决定性意义，因为它们是组织得以展现的不可或缺的条件。组织，作为人的一种建构，始终在时间之中展开，由人们的集体行动塑造，始终处于不断的建构与解构过程之中。其边界不是清晰的、固定不变的，而是模糊的、不断变动的，行动成员的地位在组织中不断发生着变化。组织始终处于开放状态，具有权变性的结构，随着条件的变化而发生相应的改变，因此，预先设定的建构组织的最佳途径根本就不存在。

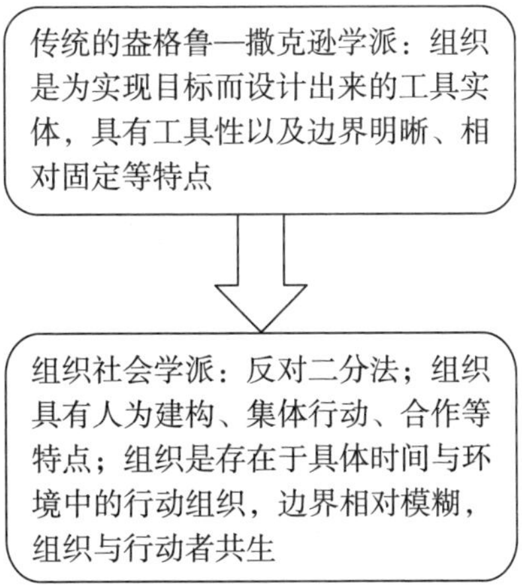

图 2-2　组织观的演变

建立组织就是建立起人们之间的合作关系，然而，这种合作绝不是行动者本着良善的意愿而展开的联合，而是因为要运用集体的力量来解决大家所面对的共同难题。由于存在着集体的共同目标，组织中的行动成员具有一种向心的趋势，进而产生一种凝聚力，这为达到共同的目标提供了现实的可能性；然而，在追求达到共同目标的同时，组织中的行动成员又都有着各不相同的利益追逐，其利益目标即使不是相互冲突的，也是彼此分异的，因而他们同时又有着一种离心的趋势，彼此之间存在着分异、冲突、矛盾，相互疏离，其行动有可能使业已产生的凝聚力遭到削弱，令组织变得松散无力，甚至最终解体。这种向心与离心趋势始终使组织处于不断的建构与解构的过程之中。组织中的行动成员并非是消极的顺应者与遵从者，并非只是受利益动机驱使的行动单元，不仅仅是制度环境塑造的对象与规则的顺应者，他们更是组织的建构者、积极的行动者，是能动、自由的人，他始终拥有自己选择的自由与行动的自由。（费埃德伯格，2008）[5]

由此，组织与行动者之间的关系是共生关系，行动者的行动与组织同时出现，组织随行动者行动的终止而销声匿迹。组织并不先于行动者的行动而存在，也不后于行动者的行动而存在。组织既不是一种自发的产物，也不是一种先在的设计和筹划的关系系统，而是一种刻意的、有意为之的适时建构。人们之所以要进行这种人为的建构，是为了一种联合，建立起人们之间的合作关系，利用集体的力量来解决人们共同面对的问题。（费埃德伯格，2008）[7]行动者建构组织、步入组织，不只是为了解决其共同面对的问题，实现共同的利益目标，他们同样也期待在实现共同目标的同时，通过组织来实现自己的利益目标。

组织观的演变深刻影响着实践。在讨论学校组织变革时，对于组织的形成、组织与行动者之间的关系、组织发生作用的动力、组织之间的合作关系等，法兰西组织社会学学派的观点可以给我们较大的启示。

（二）组织变革的内涵及模型

随着人们对组织变革研究的深入，我们发现，关于组织变革的研究逐渐集中到了群体和组织层面。

1. 组织变革的内涵

关于组织变革的定义有很多，其内涵也在不断丰富和扩展。比如德鲁克指出，组织变革就是当组织成长迟缓，内部不良问题产生，已无法适应经营环境变化时，企业所做出的组织调整，即将组织结构、内部层级、工作流程、沟通方式及企业文化等，进行必要的调整和改善，同时及时改变领导者和员工的观念及行为方式，以促使企业顺利转型。里卡多等人指出，组织变革是组织为使其成员采用与以前有所不同的行为所做的策略调整或计划。（Recardo，1991）希尔和约翰斯等人指出，组织变革是企业从目前的状态到未来理想的情境而增加其竞争优势的活动，主要包括结构改造、流程重组和创新三种活动。韦伯等人认为，组织变革是指改进组织的政策结构或是改变人们的态度及行为，以增进组织绩效。（孟范祥 等，2008）

莫舍认为，组织变革是指组织结构有计划的改变，包括职位的增加，任务的重新安排，现职人员的更迭和预算的增减等。很明显，他把组织变革更多地限定于组织结构的改变。（Mosher，1967）弗里兰德尔和布朗则认为，组织变革是一种能够促进组织结构、过程（如人际关系或角色等）、人员（如风格、技能）和技术等变革和发展的方法，这一定义将组织变革扩展为包括组织结构、知识技能、组织沟通甚至组织文化等更丰富的层面上。（Friedlander et al.，1974）海德也认为，组织变革是组织在个体、群体、组织甚至更宏观的层面，对组织结构、系统或过程进行的有计划或无计划的变革。从组织变革的定义中可以看出，组织变革不是单一和独立的变革，它包括了组织中的方方面面，是具有整体件的系统工程。（Hede，2004）由此可见，组织变革是一个复杂、动态的过程，需要有系统的理论指导。

伯尔克从系统论的角度将组织变革分为个体、群体（团队）和组织三个层次。个体层次的组织变革主要体现在组织人力资源管理各项职能的变化以及员工对于这些职能变革的反应上；群体（团队）层次的组织变革既包括连续态的群体演变，也包括团队重组（如合并、分拆、解散等）、团队间冲突等离散态的重大变革；组织层次的变革同样既涉及连续态的组织发展或演变，也包括间断态的战略转型、结构重组、流程再造等革命性的变革。（Burke，2002）

这些研究无不表明，越来越多的研究者开始从更具系统性和层次性的角度来看待组织变革，由于任何组织都是由一些相互作用的部分组成的整体，因此，组织变革也是组织整体的系统变革。不论从组织变革的实践来看，还是从组织变革理论的发展来看，组织变革毫无疑问都是一种群体或组织水平的发展过程，同样地，组织变革研究的重心也在逐渐向群体或组织水平的方向转移。

2. **组织变革的模型**

组织变革是一个动态、复杂的过程，学者们提出了不同的组织变革模型，这些模型从不同的角度阐释了组织变革。

（1）“力—场”模型

在对组织变革的研究中，最著名的理论是勒温于 1951 年提出的“力—场”模型。（Lewin，1951）该理论将变革过程分为解冻、变革和再冻结三个阶段。在解冻阶段，人们在工作过程中逐渐认识到原有的工作方法不再适用，于是要改变原有的工作方法、方式、习惯。该阶段的主要任务是发现组织变革的阻力，找到组织的症结，采取具体措施克服变革阻力，描绘组织变革的战略，明确组织变革的目标和方向，以形成比较完善的组织变革方案。在变革阶段，人们打破原有的工作方式，学习新的观念、方法，寻找新的工作方式，并实现行为的转换。该阶段的任务就是按照拟定的变革方案开展具体的组织变革行动，以使现有组织朝着组织方案中的目标组织转变。在再冻结阶段，变革过程中得到证明是可行的新的工作方式被实施和确定下来，并不断地得到强化和巩固。因此，在该阶段，必须利用制度、政策、规定、流程等必要的强化手段，使新的观念与行为固定下来，使组织处于良好的稳定状态。如果缺乏这一冻结阶段，没有强化和巩固，变革的成果就有可能在短时间内退化消失，对组织及其成员的影响也只是暂时的。有许多研究者认为，布迪厄后来对场域的研究及其观点与勒温的力—场模型有异曲同工之处。

之后的许多研究者都在勒温的“力—场”模型上有所发展，如科特（Kotter，1995）提出了导致变革失败的十个因素，同样可以归纳到勒温的三阶段模型中，因为这类观点总体上都是把组织变革看成一个相对直接的线性过程，即组织高层确立目标，制订详细的变革计划，进而根据计划逐步实现变革目标。近期的研究对线性的变革观点提出了挑战。如：路梅尔特（Rumelt，1991）经过实证研究指出，战略目标会使组织变革程序经常面临着不可预知的结果；斯坦西（Stacey，1996）也指出，现实中的组织变革应该是一个比简单的线性过程更为复杂的过程；还有学者（Senge，

1997；Pascale，1999）提出，在保留线性假设的同时，应该为真实的变革特性增加更具有分布性的假设，这种观点通常将变革置于组织的最高层，而组织的代理则通过一系列变革工具来完成组织想要达到的变革目标。

（2）系统变革模型

系统变革模型的主要代表人物是卡斯特和罗森茨韦克。该模型是以一般系统理论为基础，在开放系统模型的基础上加入组织变革因素分析。开放系统模型认为，组织既是一个人造的开放系统，同时也是由各个子系统有机联系而组成的一个整体。组织为了求得生存和发展，必然同外界环境不断发生联系。另外，组织自身又形成一个内部系统，能够不断地自我调节及完善。

系统变革模型在更大的范围里解释组织变革过程中各种变量之间的相互联系和相互影响，即组织变革的内在规律。这个模型包括输入、变革元素和输出三个部分。（见图 2-3）（孟领，2003）

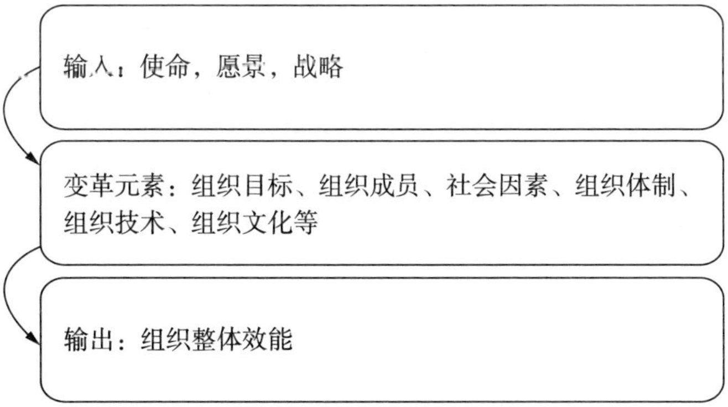

图 2-3　卡斯特系统变革模型

①输入。输入部分包括组织的使命、愿景和相应的战略。组织用使命来表示其存在的理由。愿景是描述组织所追求的长远目标。战略则是为实现长远目标而制订的有计划的变革行动方案。②变革元素。变革元素包括组织目标、组织成员、社会因素、组织体制、组织技术、组织文化等。这些元素相互制约、相互影响，组织需要根据战略规划，组合相应的变革元素，实现变革的目标。③输出。输出部分是指组织变革的结果。根据组织

战略规划，从组织、群体、个体三个层面，增强组织整体效能。

针对这个模型，卡斯特提出了实施组织变革的六个步骤。

①审视状态：对组织内外环境现状进行回顾、反省、评价、研究，洞察内部环境及外部环境中产生的变化，为组织变革做准备。②发现问题：在上一步的基础上，识别发现组织中存在的问题，认识到组织变革的必要性，并向组织中有关部门提供有关变革的确切信息。③辨明差距：找出现状与所希望状态之间的差距，从多方面分析现状存在的问题。④提出方法：提出和评定多种可供选择的方法，经过讨论和绩效测量，做出选择。⑤实施变革：根据所选方法及行动方案，实施变革行动。在实际变革中要尽量减少或控制因变革而产生的负面影响。⑥反馈效果：对变革的成果进行反馈、评价，找出以后改进的途径。若有问题，再次循环此过程。每次循环都有所改进和提高，使组织不断得以完善。

（3）社会技术系统模型

美国学者莱维特提出了组织变革的社会技术系统模型。（见图 2-4）莱维特是最早将组织变革进行维度划分的学者，他的早期观点认为，组织变革有以下途径：一是结构途径，即通过改善正式工作结构及职权关系来提高绩效，强调组织结构及制度层面的调整；二是技术途径，即将资源转变为产品或服务的任何新方法的应用；三是行为途径，即通过改变员工价值观、态度、技能及知识基础来提高人员的生产力。与之对应的是三种组织变革：结构变革、技术变革和人员变革。三者之间具有高度的依赖性，其中任何一种变革都可能引起其他变革。莱维特在后期研究中，从系统的角度提出组织变革的四维系统模型，即组织的任务、结构、人员和技术这四个相互作用的子系统共同构成了整个组织的变革，促进或阻碍组织绩效的实现。（高天鹏，2010）

任务是组织存在的使命，组织任务之间具有一定的层次关系和隶属关系。结构是组织存在的基础，结构变革是指通过正式工作结构和职权关系的改善来提高组织的效率；人员变革是指员工态度、技能、知识、期望、信念等方面的改变，目的是提高人员的生产力并与他人共同完成指定工作任务；技术变革是指组织为完成目标所采用的方法和手段。莱维特认为这

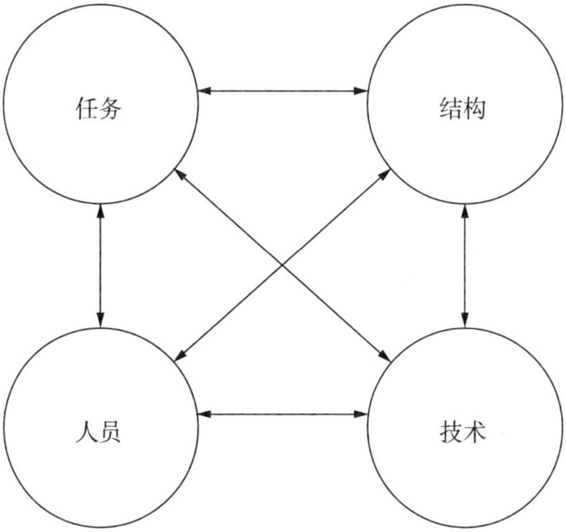

图 2-4　莱维特的社会技术系统模型

四个变量相互依赖，随着时间和组织的变化而发生变化。任何一个变量的改变会引起其他变量的改变，组织变革可以通过改变其中的任何一个变量或多个变量来进行，这四方面的变革往往是同时发生的。

（4）四阶段变革模型

布洛克和巴腾在分析综合了计划变革的 30 个模型的基础上提出了一个四阶段变革模型。（见图 2-5）这四个阶段的具体内容如下。

①探索阶段。在这个阶段，组织要探索并决定它是否要在组织中进行特定的变革，以及如果进行变革，是否为计划变革调拨资源。这个阶段主要了解变革的需要，寻找外部专业的支持来帮助规划和实施这些变革，并且通过签订合同来规定双方的责任。②规划阶段。这个阶段需要为正确地诊断组织而搜集信息，确立变革的目标以及设计适当的步骤来达到这些目标，并且规劝主要的决策制定者同意和支持所计划的变革。③行动阶段。组织从原先制订的计划出发，实施变革。这一阶段需要采用恰当的安排来管理变革过程，为了采取行动而寻求支持，评价实施的行动以及反馈结果。这样就可以做出必要的调整和精简。④整合阶段。一旦变革被成功地实施，这个阶段就开始了。巩固和加强变革的结果，使它成为组织正常的

制度的一部分，并且不需要特别的安排和激励来维持变革的结果。这个阶段主要通过奖励和反馈系统强化新的行为，逐渐减少对外部专业的依赖，培训管理者和员工把变革的成功方面融入组织。

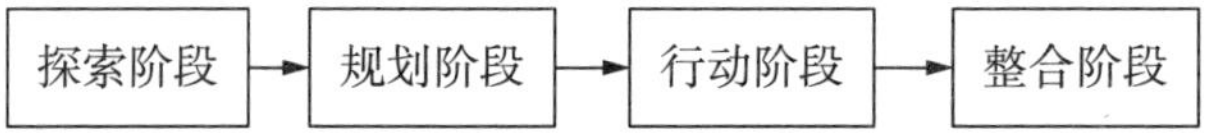

图 2-5　布洛克和巴腾的四阶段变革模型

（三）组织变革要素和阶段

彼得斯等（2001）在《追求卓越》一书中提出了有效组织的 7S 模式，通过系统的思维方式来分析组织。他们认为组织应该包括 7 个要素：共享的价值观、战略、结构、体系、管理风格、人员以及技能。这 7 个要素的含义如下：共享的价值观是指组织借以凝聚和团结全体员工的指导思想或价值目标，是在组织内部被普遍接受的观念和信仰；战略是指组织资源分配和获取资源的计划和相应的行动；结构是指组织图的特征，即职能和权力的使用问题；体系是指程序化的报告和会议的形式等；管理风格是指组织主管和主要责任人员的行为方式；人员是指组织内部整个人员的组成情况；技能是指主要成员和整个组织所表现出来的特殊的才干和能力。这其中，战略和结构是组织变革中的硬性要素，共享的价值观、体系、管理风格、人员和技能是软性要素。这些要素是互相关联、互相作用的，任何一个要素的变化都会引起其他要素的变化，组织的变革必须紧紧抓住这 7 个要素。

拉兹洛等（2001）在《管理的新思维——第三代管理思想》中把组织变革分为机械变革、系统变革和权变变革三个阶段。机械变革阶段是建立在机械论的基础上的，它强调要遵循事物发展的因果关系，强调组织内部的目标制定、机构设置、集权或分权、员工的再培训和确定新的规章制度等。这种变革从机械论的观点出发对组织的发展和变革做出预测和决策，缺乏对组织适应性的考虑，往往忽视组织周围环境的特点，忽视变革过程中可能的阻碍因素。系统变革阶段是以组织系统观为基础的，该阶段把组织作为一个系统，认识到组织内部各要素之间的互动关系，强调信息在组织内部传递、加工和共享的重要性。只有在组织系统各要素共同发挥作用的基础上，组织变革才有可能真正推行下去，才有可能获得成功。在权变变革阶段，人们认识到组织与其周围环境的关系非常紧密，没有一成不变的变革模式或方法。当组织的外部环境发生变化时，组织变革方案也要随之改变以适应变化的环境，否则组织就有可能成为社会问题的制造者而非社会发展的动力。同时，组织内部变革也应当持一种权变的思维方式，要因地制宜，具体情况具体分析。

（四）组织变革类型和趋势

古德曼在《组织变革：理论、研究和实践的新视角》一书中，区分了三种组织变革方式：计划型组织变革、适应型组织变革、偶然型组织变革。（张雄，2004）计划型组织变革是一种预先的、内部的、自我完善型的组织维持；适应型组织变革是外生的、事后的、诱致型的组织维持，是为适应环境而进行的修整；偶然型组织变革是隐性的、随机的变革，“偶然地”发生于比较特别的组织——“松散结合型”或“处于无政府状态”的组织中。

波拉斯等（Porras et al.，1992）提出，组织变革可按照其发生是否依据一定的规划而分为有计划组织变革与无计划组织变革。其中，有计划组织变革的理论基础是组织发展理论，其关注的是组织如何从零散的变革活动，转向系统的、有规划的战略性变革。此类变革活动多发生在大型的组织中，这些组织一般有专门的战略研究部门。无计划组织变革理论建立在动态竞争战略理论和复杂性理论的基础之上。无计划组织变革理论认为，随着竞争环境的日益动态化，组织变革的发生不再是完全可控的，而常常是应对环境（包括竞争对手、政府政策等多方面因素）变化的结果。因此，即使是所谓的有计划组织变革，也常常是组织以及组织成员未能持续适应组织环境的变化而引发的。

组织变革根据程度和速度的不同，可以分为渐进式变革（Abrahamson，2000）和革命式变革（Miller，1984）。

渐进式变革又称一阶变革，是指在现有体制下相对缓慢地或者局部地对现有结构中的要素进行调整或整改，通过小规模、渐进式的改革过程，实现旧模式向新模式的进步。渐进式变革所做的改变和调整较少而且较轻微，不会从根本上影响系统本身，而且如果有必要，改革结果是可以逆转的。渐进式变革是一种缓慢递进的改革模式，缜密地设计实施过程与步骤，不断地积累细微改变，这种缓慢的变革相对而言更加持久与稳定，而且能够增加组织的适应性。但是，由于这种变革方式是对组织的局部调整，不是对组织根本的改变，所以容易使组织产生路径依赖，导致组织长期不能摆脱旧机制的束缚。

革命式变革又称二阶变革，是彻底、全面、激进式的革命性变革。在革命式变革过程中，组织采取彻底的变革措施，在短时间内对组织进行大跨度、大幅度的调整，并迅速建立全新的组织模式。这种方式强调“强有力”的实施手段，是快速且大规模的行动，在很快的时间内迅速渗透进组织，此种变革能产生系统性的影响，起到颠覆和重新构建组织的作用。革命式变革以一种快速的方式，最大限度地利用已有资源获得变革的成效。这种变革有可能会导致组织的平稳性差、风险性较高，严重的时候会导致组织崩溃。(见图 2-6)

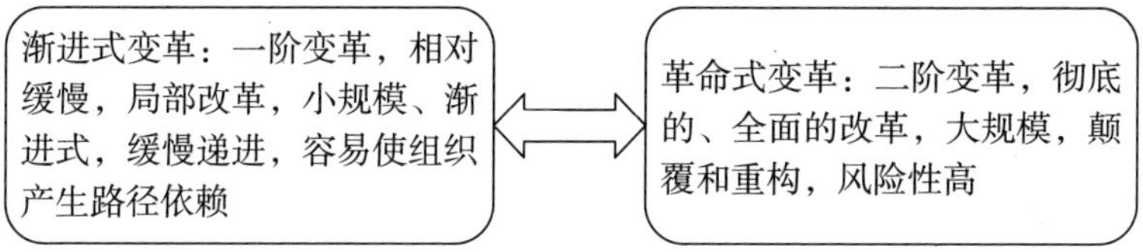

图 2-6 渐进式变革和革命式变革

总体而言，对组织变革的研究有两种研究视角。第一，宏观的、外生的视角。它主要从宏观上来分析组织与环境之间的关系，强调外部环境变化对组织发展及变革的整个过程的影响。这是组织变革研究中影响最大、最持久、最具代表性的一种研究倾向，曾长期影响着研究者的思路。第二，内生的视角。近年来，有一些组织变革的研究者开始将目光转向组织内部。他们将关注的重点放在组织结构、组织惯性及组织自身的运行规律、发展过程，甚至规章制度等“硬件”方面。即便如此，这些研究仍然强调组织内部对外部环境的适应。其中，组织结构与外部环境的关系尤其受到组织变革研究者的重视。

从组织变革的趋势来看，在后工业化的进程中，人类赖以管理自我的组织形式将出现一场根本性的变革。20世纪后期以来的社会治理现实表明，人类时常陷入危机状态之中，这是由于传统的组织形式不能满足后工业化条件下社会治理的要求，它的直接现实要求就是，需要用一种新型的合作制组织去替代在工业社会表现最为成功的官僚制组织。（张康之，2006）

哈拉尔（1999）认为，造成组织中各种冲突的原因不是人们违反常情或无知，而是因为我们的文化不鼓励合作。进一步说，以往的人类历史造就了这样一种不合作的文化，特别是工业社会中市场行为对人类所做出的彻底改造，使人们倾向于接受竞争和斗争的文化导向，习惯于用利益分析的观点为自己的行为进行合理性辩护，即使谈论合作，也无非是出于在更大规模和更大范围中你争我夺的需要。

合作是多元存在的共生状态，一种能够替代官僚制集权组织的合作制组织形式必然是建立在多元共生的历史条件下的。当前合作日益成为世界范围内的一种主流发展观，这不仅体现在经济和政治发展领域内，也体现在文化、科技以及教育诸领域之中。对于教育组织而言，建立合作关系、参与合作活动已成为对环境变化做出的一种积极应对和调整方式。我们现在正处于一个走向多元化的社会中，这种多元化的发展进程是在工业社会取得了巨大成功的历史条件下出现的，它是对工业社会的统一性原则的挑战。在合作制组织中，组织整体上的集权更加弱化，因而它的目标也会更模糊。在一定程度上，我们倾向于把合作制组织看作无目标的组织。这在以往的组织模式的背景下，可能是不可思议的。然而，一旦我们接受了合作制的理念和置身于合作制组织氛围中时，我们就会感受到合作制网络结构及其每一个节点都在源源不断地为组织整体输送发展的动力，从而使组织整体上的目标失去存在的基础和意义。这就是关于合作制组织的原则性的也是极其初步的构想。合作也将是组织变革的总体趋势。

合作就是组织的一种制度建构。如何来解释合作是组织的制度建构呢？我们知道，制度研究和组织研究由来已久，各自涉及的学科也较为广泛，但将二者紧密联系在一起始于组织与环境互动观点的根本转换。这一转换开始于20世纪60年代，随着权变理论、系统理论的提出，对组织与环境关系的讨论由封闭的理性系统理论转变为开放的自然系统理论。二者的区别在于，最早的封闭系统分析方法将注意力限定在一个既定组织的边界范围内。就此而言，组织结构是个体或群体的利益行动所发生的情境。只有在开放系统模型出现之后，组织本身才成为研究的主题，被看成由环境所塑造的反应性系统，看成塑造它们自身情境的集体行动者，或者看成在更大、更广阔系统中的成员行动者。（斯科特，2006）可见，从这时开始，组织研究的重心逐渐由聚焦组织内部转移到关注环境影响因素下的组织行为。在这些环境影响因素中，制度是重要的内容。

（五）学校组织变革的分析视角与策略

学校组织变革是指学校组织为了适应外部环境和内部情况的变化，有目的、有计划地改变学校组织的战略、结构、行为、技术和文化，从而适应客观发展的需要，提高学校组织效能，进而实现学校组织的目标，促进学校发展的过程。学校组织变革和发展是教育改革的重要内容。国外学者对学校变革的研究起步较早，关于学校变革的文献颇为丰富，主要体现在学校变革的多元化模式、学校变革的多样化策略、学校变革的多维视角以及学校变革的丰富内容等方面。我国学者在20世纪90年代后期开始认识到学校变革和学校发展的重要性、迫切性，在学校组织变革的走向、学校组织变革的策略等方面展开了研究。

美国社会学家豪斯从三个视角阐述了学校变革：技术的观点、政治的观点和文化的观点。（见图2-7）技术的观点关心的是产品，这种观点经常将创新过程看成机械性的，不同人之间的关系主要是由技术要素构成和改变，其主要目标是追求更大的效率。这样，技术可以发现并解决学校问题，技术的合法性和相关性可以被应用于不同的情境。政治的观点强调学校变革以权力和利益竞争为焦点，这种利益冲突可以体现在个体水平、群体水平和组织水平上，从这个意义上看，学校变革实际上是一个资源分配的过程。学校变革需要关注许多关键问题，如谁在特定的变革过程中受益，谁支持变革过程，变革会有什么样的付出和回报等。文化的观点认为，对于学校变革而言，群体、组织或社区中逐渐形成的价值观和规范十分重要。学校组织的基本目标是维持和保护组织的标准和价值。基于这样的观点，在学校变革时，我们要理解：价值和标准是怎样形成的，怎样工作才是有结构的，人际关系是怎样发展和维持的，变革的特殊观念在学校里是怎样被解释的。（Dalin，1998）[106-109]

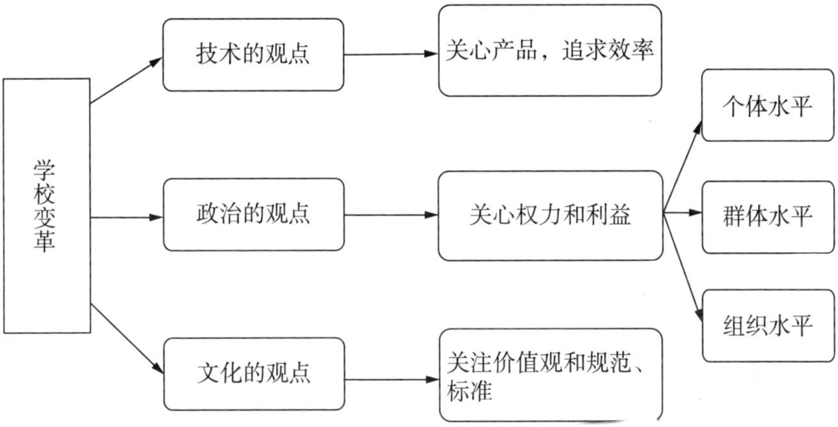

图 2-7　学校变革的分析视角

挪威学者达林（Dalin，1998）[133-252]在《理论与战略：国际视野中的学校发展》一书中提出学校变革的三大策略：个体策略、组织策略和系统策略。个体策略是通过影响个人来引起学校变革的，以起始者作为变革的“单位”，因此，教师、校长等学校管理人员的素质条件、革新愿望等是相当重要的，这意味着个体策略主要是对教师和学校领导人进行有计划的培训，个体是变革的单位，通过对教师、学校行政人员、家长、学生等个体代理者发动改革来推动学校变革。组织策略是以单个的学校为单位推进学校改进的一类途径，重点是组织发展和专任教师的角色发展，进入“新状态”的一个先决条件是地方行政水平和个体运作单位（学校）显示出他们担当发展任务的能力。因此，组织策略将学校作为变革单位，通过组织发展和校长角色的发展来促进学校变革，进入“新状态”的首要条件之一是能够证明地方行政机构和每一个运作单位（学校）有能力完成他们的发展任务。系统策略认为系统即变革的单位，因此是以学校系统为单位的变革，它是用以促进学校改进的工具，与系统中的某些部分或整个学校系统紧密相连。

哈夫洛克（Havelock，1971）在1969年对4000多项关于学校变革和其他社会改革的研究进行了总结，归纳出研究发展推广、社会互动和问题解决三种变革策略。萨斯金和埃戈梅尔在分析了美国学校变革之后，提出了四种不同的变革策略："部门取向"策略，尝试用创新替换某些特定的部分，如教学大纲中的某些部分；"人员取向"策略，通过补偿教育和继续教育，尝试改变人们的态度、知识和技能；"学校取向"策略，通过组织发展，尝试将一个个学校作为组织加以变革；"系统取向"策略，尝试改变整个学校系统发挥作用的方式。（达林，2002）[144]

我国学者杨小微（2002）对国内外的学校变革的策略进行了分析、归类，如表2-1所示。

表2-1 20世纪中外学校变革策略分类表

划类标志	主要类别		
作用方向	自下而上	上下结合	自上而下
动力来源	学校自发	内外合力	外力干预
变革范围	校内重建	校际合作	区域推进
指向对象	个别变革	组织变革	系统变革
	核心设计	综合设计	系统设计
方式或手段	规范—再教育策略	经验—理性策略	权力—强制策略
其他	以人为中心的对策	以任务和技术为中心的对策	以组织结构为中心的对策
	变革学校文化	变革游戏规则	"自上而下"与"自下而上"结合的策略

从"动态生成"的思维方式出发，杨小微还提出了学校变革的三种策略：任务导向策略、系统开发策略和生态优化策略。任务导向策略是指学校在变革过程中强调变革任务的意义与价值，力图将其变成整个学校师生

员工共同的奋斗目标和发展前景，以此激发师生员工的革新意识、创造能力和进取精神，推动学校变革与发展。根据任务的来源不同，学校变革又可分为“动力内生型”和“外力导入型”两类。系统开发策略往往着眼于自上而下的规划、设计与推广，其核心方法是实验，既包括了探索性实验，也包括了验证性、推广性和发展性实验。它比较强调“技术理性”，适用于不够发达的地区。生态优化策略是把学校看作生态主体，把学校所处的社会环境中的各种因素看作生态因子（生态条件），研究学校的“生态运行”，即在一定空间和时间内学校与其环境互动的动态过程及其所表现的内在变化与外在形式，包括无序与有序、平衡与非平衡、良性与非良性运行的各种状态。这一策略的着眼点，是学校内部及外部环境的优化。

（六）学校组织变革的范式

范式，来源于拉丁文 paradigma，古希腊文为 paradeigma pattern。范式的概念和理论是美国科学哲学家库恩提出并在《科学革命的结构》中系统阐述的，指常规科学所赖以运作的理论基础和实践规范，是从事某一科学的研究者群体所共同遵从的世界观和行为方式。保尔斯顿在他的著作《社会和教育变革的冲突理论》中提及：“范式”指的是一个特定的研究领域中的专业研究方式，使人们确定适宜研究的问题的方式和使用概念与方法的方式。范式是一科学领域内获得最广泛共识的单位，我们可以用其来区分不同的科学家共同体或亚共同体。它能够将存在于科学中的不同范例、理论、方法和工具加以归纳、定义并相互联系起来。“如果不从所有的范式吸取有益的见解，社会现实的任何方面都不可能恰当地得到解释。”（瑞泽尔，2004）

关于学校组织变革的理论研究，在其发展过程中也形成了不同的研究范式。保尔斯顿在他的著作《社会和教育变革的冲突理论》中提出了变革的两种范式，即平衡范式和冲突范式。学校组织变革的不同范式研究为描述和揭示学校组织变革的内在动力及过程提供了一种研究的视角和思考的途径。

1. 平衡范式

平衡范式包括不同的理论和流派，如进化主义、结构功能主义等学术流派。进化主义是建立在达尔文的生物进化理论——自然选择学说基础之上的，社会学家把生物进化理论引入社会学研究领域，进而形成了社会进化论，代表人物主要有孔德、斯宾塞、泰勒和怀特等。社会进化论者认为人类赖以存在的社会系统必定是一个随着时间的流逝而进化的系统，人类历史是社会进化的演进历程，教育作为社会系统的一个子系统，必然也会随着时间的流逝进行不断的历史进化。进化主义者将“发展”解释为一个从低级形式到高级形式的渐进过程。涂尔干认为学校教育是随着社会发展而完全自动发展的。如果把教育放在物种演化的进程中，根据“适者生存”和“用进废退”的生物学法则，学校教育发展与社会发展进程和阶段存在一致性的问题，学校组织变革是一个从低级形式到高级形式的演变过程。进化论的观点强调学校发展的自然选择，肯定了学校是在选择过程中实现进步与发展的，学校的发展与变革不可避免，学校的各个方面包括知识学习和能力提高，都可以通过“用进废退”的法则加以改进，但这种视角忽视了人的主观因素，忽略了发展的可控性，把竞争作为学校发展的动力，这是值得警惕的。竞争尽管对学校效能、资源配置起到过至关重要的作用，是学校发展的主要动力，但过于强调竞争会带来学校发展的异化，忽视合作的作用及集体的力量，不适合当前知识经济背景下学校发展的逻辑。

结构功能主义认为先天存在一种平衡的取向，社会系统外部压力和内部所产生的矛盾与不和谐导致了系统自身改进的需要，变革主要是通过各组织间功能的调整与妥协，使整个社会系统更加完善。教育变革也是一种系统调适，满足系统的结构和功能变化的需求。在结构功能主义者的视野中，教育变革就是教育系统部分功能的重新调整及信息或能量交换，学校组织变革就是对学校系统部分功能的调整或能量交换。帕森斯 AGIL 功能模式在学校组织变革中的应用就是通过适应（A）、目标实现（G）、整合（I）、模式维持（L）四个维度的作用，使系统以有机整体的形式存在，以确保教育系统能够从环境中获得需要的资源并在系统内加以分配，最终维持平衡。从学校组织变革的视角来看，过于强调学校组织结构的整体性和系统结构的功能，重视结构与功能之间的关系，容易忽视微观部分。关注平衡与和谐，忽视冲突的合理性存在，会失去变革与发展的动力。

2. **冲突范式**

马克思、齐美尔、科塞等人关于社会冲突的理论，包括阶级冲突、利益冲突、价值冲突、文化冲突乃至意识形态冲突等，都有一个核心假定：冲突是真实存在的，大多数社会结果都是由行动者的冲突行为所导致的。冲突论者以社会冲突为主线来考察学校中的矛盾和抵制，冲突是一种能够观察和感知的矛盾的外在表现形式，冲突理论将学校看作不断再生产社会不公平、阶级结构和维持现存生产关系的机构。学校可以说是一个小社会，社会上的各种冲突在学校里都会有反应。同样，学校也是一个缓和矛盾，调节冲突的“安全阀”。

学者柯林斯继承并发展了冲突论社会学鼻祖、德国社会学家韦伯提出的身份集团的概念和关于学校教育受制于社会统治集团利益的观点，认为学校的主要作用在于传授社会统治集团的身份文化，学校教育发展的动力来自不同身份集团之间的冲突。法国社会学家布迪厄认为，学校是通过传递某种文化才在社会阶级关系再生产中占据重要地位的，学校的作用在于通过“文化传递”和“符号暴力”来传递统治阶级的文化，贬抑或削弱其他阶级的文化，通过“霸权课程”进行“文化资本”的分配，从而保证统治阶级文化资本的合法化与再生产。因此，学校乃是不同阶级之间进行文化争夺的场所，学校教育强调价值观和信仰。达伦多夫认为，冲突的根源在于利益的对抗，强调利益与不平衡，认为冲突是由权力分配的不均造成的，权力和权威决定着命令与服从的关系，进而导致权力和权威成为稀缺资源。冲突能够直接导致变革，学校组织变革是权力和权威重新分配的过程，冲突的根源是权力分配的不均，这种视角更关注根源的探析而不关注冲突的后果。科塞认为，冲突是价值观、信仰以及对稀缺的地位、权力和资源的分配上的争斗，冲突的功能具有双重性，即建设性与破坏性，学校组织内部存在冲突是不可避免的客观事实，通过冲突既可以发生变革，也可以实现学校的融合与发展。冲突范式的共性是无一例外地强调变革中冲突的存在，正如富兰（2005）所说的“真正的变革，无论是不是预期的，都带着个人和集体的一种重要经历，而这种经历具有冲突性和不确定性的特征”。

“在社会科学中，范式更替的模式与库恩所说的自然科学并不相同。……只有是否受欢迎的变化，很少会被完全抛弃。社会学范式提供了不同的观点，每个范式都提到了其他范式忽略的观点，同时也忽略了其他范式揭露的一些社会生活纬度。……范式本身并没有对错之分，只有用处多少之别，最好是尝试去发现这些范式可能带给你的益处。”（巴比，2005）有关学校组织变革的已有研究呈现了当下学校变革的已有情境、发展趋势和主要类型，为我们后文分析学校组织场域变革奠定了重要的基础。

二、基于制度建构的组织场域研究

在深入推进教育综合改革的背景下，中小学办学自主权不断落实，推进“管、办、评”分离，构建新的治理机制受到广泛关注。对教育行政部门、中小学校、高校等几方行为主体新的组织关系及机理的探讨，变成一项重要内容。这实质上是基于制度建构的场域问题研究。关于制度建构的各种观点，大致可以归为两大类：自然主义的观点和以能动者为基础的观点。新制度学派的自然主义解释常常把组织描述为一种被动的反应实体，认为组织只有在受到其所处环境的影响时，才会被动地做出反应，这就是所谓的同构性变迁。如其所言，制度不是那些从利益出发的能动者的有目的行动的创造，而是面对各种相似环境的行动者集体意义建构与问题解决行为的产物。这种带有环境决定论色彩的理论遵循一种典型的刺激—反应模式（S—R），它回避了组织是有目的的理性行动者，组织会直接、有目的地指向自己的命运以及对自己的命运进行控制这种情况。相反，以能动者为基础的解释，则强调行动者的意图和自我利益在制度的创生中起了十分重要的作用。（周光礼 等，2011）

制度是关于人类互动过程中劳动分工和协调一系列社会技术的总称。（Nelson et al.，2001）在组织场域中，学者们倾向于用制度逻辑概念来概括与某一场域相关的正式或非正式的制度，它被定义为一种社会构建的、历史性的实践、假定、价值、信念或规则，通过它们人们能够生产和再生产物质、组织时间和空间以及为社会现实赋予意义。（Thornton et al., 1999）制度逻辑是一个综合的概念，既是物质的也是象征性的，为行动者的行动、互动提供正式或非正式的规则，这些规则指导、限制着行动者实现组织任务和获得社会地位、信用、奖惩的过程。

（一）组织社会学与新制度主义关于制度建构的研究进展

组织是社会运行过程中的基本功能单位。从某种意义上说，社会是由大量各种各样不同类型的组织构成的，研究组织即是研究社会本身。“制度”是政治学研究的重要议题，早期制度主义采用的研究方法有描述—归纳、历史—比较等，强调制度的重要性是其理论内核。

1. 新制度主义的兴起

塞尔兹尼克是早期组织研究制度“分析主义”的代表人物，他研究了理性组织实际运作中的非理性问题。当时，组织研究的基础是韦伯的理性组织模式。在这种组织模式中，组织有严格的组织目标，并按照理性的组织设计来实现。然而，他在 1949 年对田纳西河谷水利大坝工程进行研究后发现，这项看起来按照理性设计的工程在实施过程中产生了一个强大的利益集团，他们实际控制着整个水利工程，从而获得了巨大利益。组织原先设计的目标在实施过程中被代替了，甚至很多项目的目标与最初设计的目标背道而驰。通过这样的案例研究，塞尔兹尼克认为，制度化的组织是存在于具体的社会环境之中的，组织的发展演变是自然的过程，是不断与周围环境相适应的过程，而不是预先设计的结果。在其他的如《行政领导》等著作中，塞尔兹尼克探讨了组织领导的价值和重要性。由此，我们可以看出塞尔兹尼克的组织制度分析“就是要分析组织的制度化过程以及这样的制度化对组织特征、组织的专有能力和组织领导的影响。制度分析的基本假定是：组织的制度化过程是组织的自然适应过程，组织的变迁是有目的而无预期的后果，组织是演化而非设计的结果；组织在自然演化的过程中形成了组织的特征，同时也使组织具有独特能力；组织的这些特征和独特能力对组织的发展具有重要作用，也对组织的领导具有很强的约束力；组织的领导是组织在长期发展过程中形成的价值的集中体现，领导必须维护组织的这些价值，尤其是在关键时刻的重要决策要体现组织的价值”

（郭建如，2008）。当然，塞尔兹尼克的研究也有其局限性，他虽然意识到组织环境的重要性，把组织与环境的关系作为组织分析的切入点，但他当时没有对制度环境进行界定和系统的梳理。

20 世纪 70 年代，新制度主义思潮逐步在社会科学领域兴起。诺斯构建了新制度主义经济学，卡岑斯坦出版了历史制度主义名著《在权力与财富之间》，马奇和奥尔森发表了《新制度主义：政治生活中的组织因素》，开创了政治学领域的新制度主义。自此，新制度主义如雨后春笋般蓬勃发展起来。随着新制度主义研究领域和分析途径的拓展，越来越多的学者加入这一行列，形成了诸多理论流派，新制度主义阵营逐步得以壮大，但是这种壮大并没有带来其理论与方法的统一，相反的是一种内在的混乱和无序。于是，学者们从不同视角出发对新制度主义进行了划分，概括起来，主要有七分法、四分法、三分法和两分法。七分法的代表人物是彼得斯，他在《政治科学中的制度理论：新制度主义》一书中把新制度主义流派分为如下七种：规范制度主义、理性选择制度主义、历史制度主义、社会学制度主义、经验制度主义、利益代表制度主义和国际制度主义。（Peters，1999）这种划分方法比较详细地划分出新制度主义的流派，但该方法没有一套统一的划分标准，划分标准混乱。“规范制度主义与下面的六种制度主义之间是规范与实证的划分。理性选择制度主义、历史制度主义和社会学制度主义之间又是一种理论和方法论上的划分。经验制度主义与它们的区别在于纯粹的经验研究与理论追求之间的差异。利益代表制度主义似乎又代表着对非正式制度的集中研究。而国际制度主义又似乎只代表着一种研究领域上的独特性，其方法论基础与理性选择制度主义并无二致。”（豪尔 等，2007）基于此，采用同一标准的四分法出现了。雷奇在《制度主义的四副面孔》一文中从新制度主义的研究对象出发，阐述了四个公共政策研究领域：再分配型政策、管制型政策、现代化的政策和自由化的政策。这种划分方法比彼得斯的划分方法清晰，但它仅仅是从研究对象的角度进行的划分，这种外在的划分更多的是一种基于现象的划分，没有触及新制度主义的内在，不能算作一种科学的划分。克拉克则主张两分法，他认为按照严格的方法论标准，新制度主义可以划分为两种：以行动者为中心的新制度主义和以结构为基础的新制度主义。这种方法是一种比较彻底的划分方法，它体现了方法论个体主义和方法论结构主义的差异，但这种划分又过于宽泛，没有较详细地揭示出新制度主义各流派之间的显著差异。

1996 年，豪尔和泰勒在《政治科学和三个新制度主义学派》中，将新制度主义划分为理性选择制度主义、历史制度主义和社会学制度主义三大流派。（见图 2-8）这三个流派采用了完全不同的理论假设和分析路径，因此，这种划分被公认为是经典的划分方式。理性选择制度主义采用理性选择的固定偏好、效用最大化等假设，认为制度是为相关的行动者提供约束和激励机制，制度能否存续在于它能否为相关行动者带来最大的好处。历史制度主义认为，围绕着稀缺资源而展开竞争的各个利益集团之间的冲突，构成了政治过程的核心。它在一种更广泛的意义上探究了制度和个人之间的关系，强调制度运作过程中权力的非对称性，强调制度发展的路径依赖和政治生活的意外结果。社会学制度主义从广泛的意义上界定制度，认为不仅仅包括正式规则、程序和规范，还包括人的认知模式和道德范式。该流派主要研究制度的合法性、同构性以及制度化等问题。另外，有些学者更愿意使用组织分析的新制度主义来代替社会学制度主义，在此，我们统一采用社会学制度主义，并基本认同这种划分方法。

2. 社会学制度主义的不断成熟

1977 年，斯坦福大学社会学系的迈耶和罗恩联名发表了《制度化的组织：作为神话和仪式的正式结构》一文，开创了组织社会学的新制度主义学派和社会学制度主义的先河。他们认为当时的主流组织理论仅仅关注组织的管理、协调和控制，而忽视了韦伯所指出的组织正式结构的另一个来源：理性化正式结构的合法性。随着现代社会的发展，理性化正式结构根植于社会现实，并渗透到社会生活的方方面面，因此体现了高度理性的神话。由于产生正式组织结构的这种神话是理性的、非人格的，是高度制度化的，因此它在某种程度上阻止了个人和组织参与者的随意性决策，这些神话就被人们理所应当地认为是合法的。组织的诸多要素是理性的、适当的，组织必须把它们组织起来，以获得合法性。“组织通过制度化要素的整合，为其行为提供了一种合法性说明，并使组织的经营管理行为免受质

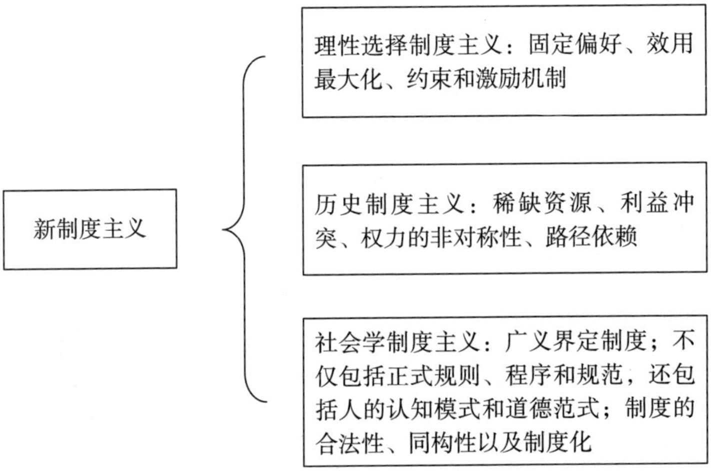

图 2–8　新制度主义三大流派

疑。这样，组织就拥有了合法性，并运用它的合法性来加强对它的支持和保障它的生存。”（鲍威尔 等，2008）[54]两位作者从制度学派的角度解释了组织制度的“趋同性”现象。组织的结构和要素构成了组织，组织在追求合法性的过程中，表现出与组织环境的一致性和同形性。在高度制度化的环境中，组织与环境实现了同形，就获得了合法性，从而可以生存下来。

早期的新制度主义组织社会学未能清晰地指出符号系统、文化制度以及心智模式等因素是通过何种机制限制或决定组织选择的。（陈学军，2008）迈耶和罗恩的理论在他们的学生迪马吉奥和鲍威尔那里得到了进一步发展，两位学者的基本理论思路是，趋同更多起源于组织面临的制度化环境。迪马吉奥和鲍威尔在《关于“铁笼”的再思考：组织场域中的制度性同形与集体理性》一文中探讨了组织的趋同性。他们从组织场域出发，认为组织场域一旦确立，多样化的组织和新进入的组织会出现趋同的现象，这是组织同质化过程的表现。他们把同形分为两种：竞争性同形和制度性同形。竞争性同形适合解释自由开放的竞争领域，制度性同形是对竞争性同形的一种补充，它具有三种变迁的机制。强制性机制，即制度环境通过国家法令或法律制度对组织施加的管制和压力。模仿机制是指组织模仿其所处领域成功的或更具合法性的组织的行为和做法，如各个学校组织模仿成功的学校组织的行为和做法，当学校外部的环境、条件不确定的时候，各个学校不知道怎样做才是最佳方案，就会模仿那些已经成功的学校的做法，以尽量减少不确定性，少走或不走弯路。规范机制是社会规范对组织个体所扮演角色和行为规范的约束，它主要来源于专业化进程。专业化一方面是专家提供的认知层面的合法化和正规教育，另一方面是跨组织的人才网络的拓展与完善。（DiMaggio et al.，1983）这两篇文章是社会学制度主义的奠基之作。迈耶和罗恩在宏观的制度环境中探讨了组织的合法性机制，制度化影响了个人和组织的行为方式，并导致组织的趋同性。迪马吉奥和鲍威尔则从中观层面，从组织场域出发，分析组织与组织之间的网络关系。他们提出了一些具体的可验证的命题，其分析性和操作性较强。他们的文章确立了社会学制度主义的基本思路，推动了这一理论的不断发展。

在此基础上，许多学者从不同的角度推动了这一领域的发展。斯科特指出，制度环境是那些以完备的规则和要求为特征的环境，在这种环境中，个体组织要想获得支持和合法性就必须遵守这些规则和要求。组织存在于制度环境中，是制度化的组织。组织的制度化就是组织或个人不断接受外在公认的形式、做法或“社会事实”的过程。如果组织或个人有悖于这些形式、做法或“社会事实”，就会出现合法性危机。制度的正式约束包括国家的规章制度、公正的决议及经济合约；制度的非正式约束包括社会所认可的文化和意识形态的行为规则。斯科特对组织的技术环境和制度环境做了区分，并根据这两种环境的组合关系把组织分为四类：强技术弱制度环境（如一般的制造业）、强技术强制度环境（如银行）、弱技术强制度环境（如学校）和弱技术弱制度环境（如饭店）。（斯科特，2002）例如，航空公司和银行这样的组织，既需要具有非常专业的技术，又需要遵守烦琐的制度，因此它们属于强技术强制度的环境。这样的组织往往会形成复杂精细的行政管理系统，也有可能会出现高水平的内部冲突。一般的制造业对技术要求比较高，相对而言，制度较弱并且变化不定。像学校这类组织，需要遵从较为严格的制度，对组织技术的要求相对较低，因此大多运行于弱技术强制度的环境中。对技术和制度要求都不高的组织有饭店、俱乐部等，它们主要运行于弱技术弱制度的环境之中。这种组织规模相对较小，生存能力也相对较弱。实际上，把环境分为制度环境和技术环境也是相对的，制度性程序往往模仿技术性程序，技术性程序随着时间的推移会逐步被制度化。这两种环境都会产生理性的组织形式，不过这两种理性的组织形式却是不同的，“技术环境强调的‘理性’整合了一系列规定和脚本，这些规定或脚本以有效地生产具有可预测特征的产品的方式，使各种手段和结果之间实现合乎逻辑的配置。制度环境的理性则是指前面‘理性’一词的同根词‘合理性’一词：提供一种使过去的活动能为他人理解和接受的说明，使组织对于其过去的活动可以进行说明”（鲍威尔等，2008）[135]。社会学制度主义者的这种划分可能过于简单，他们将制度与技术对立起来看待。后来，随着新制度主义的发展，学者们认识到制度并不必然与技术相对立，在一定程度上把二者结合了起来。

当然，这两种环境并不是相互排斥的，实际上是可以共存的。斯科特认为制度由三方面的要素组成：规制要素、规范要素和文化—认知要素。（见图 2-9）这些要素以不同的作用机制使各种组织行为结构化和模式化。从文化—认知的角度来看制度，由组织场域发展的一系列制度其实就是一套共享的符号意义系统，它解释了各种行为和现象背后的认知模板和符号概念。制度逻辑就是这样一套控制着特定组织场域中各种行为的信念系统。它为组织场域的参与者提供了如何行动的指南。研究者运用制度观点

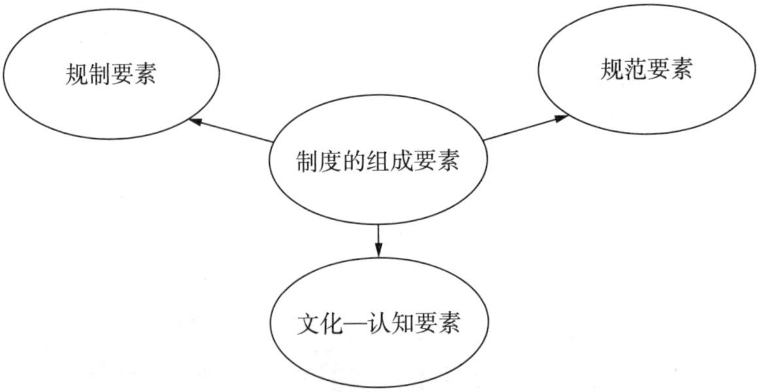

图 2-9　制度的三要素（斯科特）

来解释组织结构的特征，但制度观点是有差异的，这就导致研究者对制度因素的影响是怎样发生的，为什么发生以及在哪些层面发生等问题的解释是不一致的。斯科特对组织分析的经验研究总结了七种关于结构影响的解释，分别是组织结构的强迫接受、组织结构的合法授权、组织结构的诱导、组织结构的自致、组织结构的烙印、组织结构的融合以及组织结构的超越。1983 年，托尔波特和朱克研究了美国各城市采纳公务员制度的历史过程，提出了测量合法性机制的操作方法，即通过各个组织在不同时间采取某一制度的速度来测量合法性机制的演变和作用。一种制度被大家接受成为事实后，就会转化成一种重要的制度力量，迫使其他组织接受。当越来越多的美国地方政府采纳这一制度后，这一制度就成为被广为接受的理性组织形式，形成了一种制度观念的力量。他们用采纳公务员制度的城市的比例来测量这一制度的接受程度，以此来测量合法性机制。（Tolbert et al.，1983）周雪光（ZHOU，1993）在《职业权力、政府能力和美国各州职业许可证的扩散（1890—1950）》一文中，以行业制度形式的扩散为切入点，论述了职业许可证从最初备受争议到后来被广泛接受的过程。他认为嵌入到社会环境的法律规则和文化规则构建和约束着人们的社会行动。职业许可证的扩散过程与职业的专业化过程以及随之发生的社会事实之间是相互构建的关系，职业许可证的实施是制度环境下职业权力与政府能力之间博弈的结果。卡罗尔（Carroll et al.，1989）将这种合法性机制引入组织群体生态学领域，并将合法性机制和效率机制结合起来应用于实证研究。合法性是一种普遍的理解或假定，即一个实体的行为在某一社会结构的标准体系、价值体系、信仰体系内是可取的、正当的和恰当的。由此可见，所谓合法性机制就是指社会的法律制度、社会规范、文化观念或某种特定的组织形式成为广为接受的社会事实之后，成为规范人们行为的观念因素，能够诱使或者迫使组织采纳与这种共享观念相符的组织结构和制度。(周雪光，2003)。

3. **小结**

早期的新制度主义研究大多依循的是“自上而下”的视角，在斯科特看来，从突出制度力量的角度而言，这种视角是必要的；但“制度影响”

这一词汇的泛滥，也容易产生组织无能的误解。他指出，最近的研究从两个方面修正了单向模式的假设。一方面，制度环境并非整体性的，而是多样冲突的。这既源于规制、规范以及文化—认知等要素的非合作性可能，也源于组织领域边界的模糊性与虚弱性。另一方面，规则、规范和信念只是引导而不是决定行动者的行动，行动者既是被制度建构的产物，也具有重建规则、规范和信念的潜力。正是基于以上认识的转变，"20 世纪 80 年代中后期，理论语言逐渐从'制度影响'转向'制度过程'，出现了'主体''能动者'等推崇互动模式的概念"（陈学军，2008）[22-26]。

早期社会学制度主义大多从文化或认知角度研究宏观制度环境对组织的制约，忽视了组织内部的权力以及组织行动者的利益。随着制度理论的发展，社会学制度主义也日益显示其解释力的有限，遭遇发展的困境。为此，不少学者不断拓宽新制度主义的发展路径，赋予新制度主义新的视角与内涵，不断推动新制度主义的发展。迪马吉奥最先注意到制度理论忽略了行动者及其利益，他认为：一方面，组织研究的制度理论假定行动者不是试图追求自己的利益，而是强调了规范要素等，这使他们不可能认识到他们的利益或根据他们的利益去行动；另一方面，制度理论聚焦于限制约束行动者的选择，这使得行动者不太可能认识到自己的利益，即使这些行动者认识到他们的利益并且根据利益行动，但他们也不能有效地去获取利益。他认为如果不关注组织的行动者及其利益，就难以解释制度的产生及变迁，难以解释组织的发展动力等。所以，他提出组织变迁的利益视角与制度视角是一致的，可以相互补充。（DiMaggio，1990）

另外，早期新制度主义组织社会学的一个核心主张是：在生存和合法性的压力之下，组织往往出现趋同的现象。到 20 世纪 80 年代中期，组织同形的观点却受到各种质疑。其一，制度的合法性力量并不必然导致组织趋同。譬如，在分权制的环境下，组织之间可能表露出相似性，而在集权制的环境下，组织也可能呈现出多样性。其二，早期新制度主义认为营利性组织更多地表现出技术性特征，而非营利性组织更多地表现出制度性特征，这种观点也不再有效。组织出于技术和效率考虑就会表现出不同的形式。其三，组织能动性的发现也使人们意识到，组织并不会一味地顺从制度的力量，而是会根据环境的变化做出策略性选择，不同的策略有可能产生不同的组织形式。伴随着这些质疑的出现，最近的研究已越来越关注组织多样性。其四，从聚合性变革到断裂性变革。制度变革问题始终是新制度主义关注的一个重点，只是早期的研究所关涉的多是聚合性变革，侧重于分析既有制度模式与组织形式的扩散问题。然而，随着“制度过程”概念的提出，研究者们也认识到，聚合性变革所讨论的只是制度化过程的中间阶段，忽略了制度起源与制度衰败这两个阶段。有关制度起源的问题在迪马吉奥 1991 年的研究中得到了补充，在这篇文章中，他以“组织领域从何而来”为题，考察了美国艺术博物馆的形成。之后的研究则开始关注制度与组织的断裂性变革，考虑去制度化和组织衰败问题。各种研究表明，与其他系统一样，制度安排要避免衰弱也需要持续的能量与资源输入，而新的组织形式和领域既可能出现，也可能消失。（陈学军，2008）[22-26]

出于追求合法性的考虑，组织受到组织利益相关者的评判标准的影响。组织的这些利益相关者及其评判标准形成一个类似磁场之类的东西对组织施加影响，组织社会学的新制度主义学派将其称为“组织场域”，组织场域被定义为新制度主义学派的研究层次，是指那些由组织建构的、在总体上获得认可的一种制度生活领域，这些组织包括关键的供应商、资源和产品消费者、管制机构、生产相同产品和服务的其他组织。场域力量从两个层面来影响组织：一方面，场域中组织的行为无法用理性行为假设来分析，场域中企业行为在场域力量的压力下，出于合法性的考虑而趋同；另一方面，场域的力量也影响着组织的选择偏好，制度化的理性神话与制度本身的规范都以内生的形式构建理性行为的选择偏好，进而影响组织选择。（尚航标 等，2011）

组织场域一旦确立，会出现一种强大的不可抗拒的力量，影响场域中组织的行为。组织场域影响组织行为的理论逻辑在于制度化过程，通过制度化过程，产生了组织同形与合法性资源的获取。组织同形就是组织经过制度化过程吸收并同化制度规则，同一组织场域中的组织在一定时间内将逐渐同质，也有人称之为制度同形。合法性来源于组织所有利益相关者的评判，当组织将这些标准（规范、管制、认知）吸收内化到企业内部后，组织就获得了合法性。组织合法性的增加，使得组织可以接近和获得更多的资源，增加了组织生存的能力。

（二）聚焦场域：走向结构与行动的互动

组织观的变化与新制度主义的发展都呈现出了对场域的关注。在组织社会学的视角中，研究与分析的重点不再是正式组织与非正式组织，而是行动组织，是在具体的时间与环境之中展现的过程组织，是实际存在着的具体的行动体系，是构建局部秩序的游戏，是以权力关系为核心的、由具有行动能力的行动者不断建构又不断解构的行动组织及其诸种产物。（费埃德伯格，2008）[28]传统的新制度经济学认为制度变迁是新的制度代替了旧的制度，它是制度稳定性、环境变动性和不确定性及利益极大化追求三者之间持久冲突的结果。而新制度主义理论正在为审视制度变迁提供一个新的、有生命力的分析框架，即组织场域。组织场域是由构成制度生活的公认区域的组织之网构成的。

组织场域的概念同时在结构和象征性维度上引起了关注：在结构上，场域包含了相似组织之间的平行联系和相关行动者（如政府机构和专业团体）之间基于权力的垂直联系；在象征性维度上，场域是由构成身份认同的信仰系统或逻辑来传递文化信息的，场域说明行动的适当性，并提供指导解释的意义系统。一个组织场域的象征性维度构成了一种由一系列正式（法律法规）和非正式（文化规范、分类系统和适宜性逻辑）的规则组成的制度环境，而学校必须遵守该制度环境以维护其合法性。制度环境里的规则产生于一个领域中占主导地位的并能给予行动者以意义的信仰体系或逻辑。逻辑不仅仅指观念，还包括一系列捆绑在一起的实践和方法。

1. 结构范式与行动范式的二元对立

结构范式由孔德开创，其代表人物是涂尔干，斯宾塞等人也可涵盖其中。行动范式由滕尼斯开创，以韦伯为代表，还包括齐美尔等学者。

（1）结构范式

自 19 世纪以来，从宏观层面研究社会各种形式的结构主义和功能主义持续发展，“社会结构”成为社会学研究的主题。与之相类似的提法还有“社会系统”“社会性安排”“制度”“秩序”“网络”“整合倾向”等。结构范式一般以社会或结构为出发点考察人类行动，强调社会或结构对个体行动的制约性。结构范式遵循共同的逻辑，即“社会现象只能由抽象的、普遍的本质加以说明而不能归结为个人因素，行动并不表现为个体的主观选择，而是由社会结构所决定的”（张兆曙 等，2004）。在这样的逻辑影响下，学者们倾向“用一种社会物理学的方式透视社会：它将社会看作一种客观的结构，可以从外部加以把握，可以无视居处于其间的人们的各自看法而从物质上观察、测量和勾画这种结构的关联接合”（布迪厄 等，1998）[7]。显然，这种立场是客观主义的，忽视了个体的能动性。虽然结构范式将众多社会学家的理论囊括其中，但不同学者又有各自不同的理论表达。

孔德和斯宾塞是结构范式的先驱。孔德关于社会静力学与社会动力学的研究是其对结构范式的突出贡献。社会静力学着眼于社会结构的剖析，在个人、家庭、社会三个层面的社会存在中，孔德将家庭作为社会的基本单位，认为整个人类都可视为单个家庭的逐步发展。家庭是个人与社会之间的中介。个人通过家庭进入社会，社会通过家庭向个人提供统治、服从与合作的经验，“正是通过家庭，人摆脱了单纯个人的人格，并学会用另一种人格去生活”（于海，2010）[214]。社会不是个体的简单累加，行动也不是个体完全的利己行为，在个体之外，还存在家庭的共同利益，存在社会整体利益的印记。孔德没有选择个体而是选择了家庭作为社会分析的基本单位，就具有一定的结构范式的倾向。在此基础上，孔德进一步研究认为，社会动力学是关于社会发展与进步的理论，人类社会和人类理性的发展是由规律支配的，动力学从属于静力学。也就是说，社会结构处于支配地位，决定了社会过程和社会发展。虽然孔德最终以实证主义而非结构范式著称，但他的社会静力学和社会动力学理论长久地影响了欧洲社会学的结构主义传统。

斯宾塞的社会学被称作“社会进化论的社会学”。他将社会比作一个能够生长和发展的有机体，当社会有机体体积增大时，其结构会变得比较复杂和有所差别，结构的分化同时伴随着功能上的分化。随着社会结构和功能的不断复杂化，社会各部分的相互依赖和各种功能的配合协调更加密切，社会就会表现出超越个体的很多特征，变成个人谋取利益和幸福的工具，正如斯宾塞所说，“在一起生活比各自生活对个人更为有利，保持（个人间的）结合，就是保持已有的生活条件”（周晓虹，2002）[72]。斯宾塞通过结构功能的理论，把结构、功能、分化、整合等概念结合为一个有较高解释力的分析范式。但是，他并没有按照这样的思路连接社会的结构与行动的个人，而是认为“人类集合体表现出来的任何一种现象，最初都源自于人自身的某种性质”（Spencer，1954），从而表现出一定的还原论倾向。

涂尔干是结构决定论的典型代表，也正是他将结构范式推向极致。涂尔干从理论上重新确定了个人与社会的关系。社会是一个有机整体，是支配个人的道德结构，其各部分的功能不是同个人而是同整体联系着。人类社会的发展在于社会联结、聚合方式的不同。社会之所以发生变化，一方面在于动态密度的改变，另一方面在于集体意识的变化。这两个因素都是外在的，可以对个体行为发挥决定性的作用，而个体意识却对它们无能为力。此外，涂尔干还提出了社会事实的概念，并将其分为物质性社会事实和非物质性社会事实（这二者相当于后来社会学家所说的社会结构和社会制度）。涂尔干认为，社会事实对于个人而言是外在的、具有强制性的，它们决定了个体行为。

当然，结构范式的理论不限于上述几种。帕森斯的结构功能主义、列维-斯特劳斯式的结构主义、社会批判理论等都可以归为结构范式或客观主义的阵营，在此不再一一赘述。

结构范式或客观主义立场“有力地破除了‘社会世界透明性的幻觉’，并与常识理解划清了界限”。这种立场使人们有可能、有能力发现外在的决定关系，进而确定行动者所遵从的客观规律。但是，结构范式下无论提出何种理论，都不自觉地将“这些自己建构的各种结构看作自主实体，赋予它像真实的行动者那样‘行为’的能力，从而使抽象的结构概念物化了”（布迪厄 等，1998）[8]。而这种学究式的对实践的思考代替了行动者的立场，行动只不过是理论建构者所建构模式的执行操作而已。由此，行动者被“打发去度假”，成为消极的承受者，由客观结构所决定。（吴洪富，

2011）

（2）行动范式

与结构范式不同，行动范式反其道而行，认为具有资格能力的社会行动者通过“日常生活里有组织的、富于技巧的实践持续不断地建构他们的社会世界，而社会现实就是这些持续不断的权宜行为所成就的”（布迪厄等，1998）[9]。因此，行动范式将个人及其行为作为分析和观察一切社会现象的基本视角，认为“社会秩序和结构是社会行动的结果，行动的关键是个人的选择而不是宏观的结构情境”（张兆曙 等，2004）。在此，个人及其行动代替社会结构成为决定因素，“社会行动者持续不断地建构他们的社会世界，而社会现实就是这些行动所构成的，社会现实就像是从这些个人的决策、行动和人之中涌现出来的产物”（刘少杰，2009）。行动范式强调能动作用，世俗知识、主观意志和实践能力扮演了非常重要的角色。

滕尼斯是行动范式的代表人物。滕尼斯对社会有这样的论述：“我们所称之为社会的东西，都是从人的意志中发生出来的，都是从相互联系的意向即共处的意愿中产生出来的。”（周晓虹，2002）[294]在这论述中，滕尼斯赋予意志以绝对的重要性，认为人的意志“产生”了社会。滕尼斯还将人的意志分为两类：一类是来自人性自我的最深处，与生命、情感及全部的人类经验不可分割地联系在一起的本质的意志；另一类是独立的选择的意志。本质的意志产生社区，选择的意志产生社会。滕尼斯的两种意志以及社区和社会的概念为其赢得了在德国社会学界的巨大声誉，也为齐美尔、韦伯开辟了一条行动范式的道路。

德国社会学家齐美尔是以与社会实在论相对立的社会唯名论著称的，他的社会学也被称作形式社会学。齐美尔首先确定了社会学以社会交往为主题并着重研究社会交往的形式。齐美尔既不同意涂尔干、斯宾塞等人把社会视为物或有机体的观点，也反对黑格尔的历史哲学把社会说成是绝对精神的展现的唯心主义。在他看来，社会是由人们彼此之间不断的相互作用亦即互动的关系网络所构成的，“社会无非是由相互作用联结起来的大量人群的名称”（Simmel，1950）。齐美尔认为，外在的机构不可能决定或者控制个人的行为。如他所述，“一方面，我们面对（社会的）这个非人格命令唯有服从；但另一方面，它并非外在的控制力量，只有依赖我们个人的内在的激励力量才能为我们所遵循”（于海，2010）[206]。因此，社会学研究，应该把关注的重心放在人们的交往上，它是人们联系和相互作用的特定类型和形式，而不应把重点放在那些超人的结构上。（吴洪富，2011）

韦伯是行动决定论的代表人物。韦伯把社会学视为一种探讨个人主体的社会行动的理论，“他认为社会中的集体构造只不过是特殊行动的组织模式和行动结构，个人才是这些特殊行动唯一的承载者”（张兆曙 等，2004）。相应地，社会学的任务就是将国家、社团等概念“一律简化为‘可理解的’行动，简化为参与者个人的行动”（于海，2010）。正是在这一观点的基础上，韦伯将社会的发展归因为个人行动的结果。他指出，“现代资本主义的兴起源于资本主义精神的形成，而资本主义精神的形成则是新教教徒对其世俗生活所赋予的禁欲、节俭以及恪尽职守以获得上帝恩宠的特定意义的结果”（张兆曙 等，2004）。在此，个人行动影响、成就了社会发展，正如韦伯本人所说：“当社会中多数行动者互相考虑对方，并且指向彼此联系的行动时，许多单个行动者的社会行动就构成社会关系。”（谢立中，1998）韦伯非常强调理性，他称赞理性化的优势，也深切地了解到理性化的结果不仅是人对自然的控制，而且也会造成人对人的控制。因此，韦伯对现代人的处境得出相当悲观的结论，认为人必将生活在一个铁笼中。对此现象，韦伯提出责任伦理的处世态度，同时也盼望全能先知卡理斯玛的出现来突破僵化与如铁笼般的理性化社会。虽然卡理斯玛有一定的乌托邦倾向，但其中可窥见韦伯赋予行动者的主观意志对行动及社会的重大影响的价值。

行动范式强调行动者的主观能动性，但它“将社会结构理解为只是个人策略和分类的聚合，从而无法说明社会结构的韧性，亦无法说明这些策略所维系的或是加以挑战的那些自然而客观的构型”，同时，“也无法解释现实的社会生产过程本身得以被生产的缘由及其所遵循的原则”。（布迪厄 等，1998）[10]

总而言之，涂尔干等人的结构范式强调结构决定个体，社会秩序以强制性的威力、形塑规定着个人，涂尔干甚至说过自杀潮流选择自寻短见者；而韦伯等人的行动范式则抗议结构论对人主体性的抹杀，强调有意义的行动构建、维持和改变着社会。结构范式试图在个体之外寻找行动的根源，把结构作为深层秩序的规则总体和体系的潜在逻辑，过于强调结构对行动的强制性；行动范式过于强调行动者的能动性和对社会的影响力。在结构与行动之间，结构范式和行动范式各执一端，都忽视了社会实践过程中存在的日常生活实践的特征。无论是结构范式还是行动范式，不管是客观主义还是主观主义，事实上所遵循的仍是二元对立的思维范式，方法论上的一元论。

2. 走向结构与行动的互动

一种关于社会的总体性科学，既必须摒弃那种将行动者"打发去度假"的机械结构主义，又必须杜绝目的论个人主义。客观主义和主观主义，机械论和目的论，结构必然性和个人能动性，这些对立都是虚幻的，每一组对立中的双方都彼此强化。这些对立混杂在一起，掩盖了人类实践的人类学真相。（见图 2-10）为了消除社会学理论中主观与客观、整体与个体、结构与行动的二元对立，当代西方社会学家进行了不懈的努力，其中尤以英国社会学家吉登斯与法国社会学家布迪厄二人所做的工作最为引人瞩目。

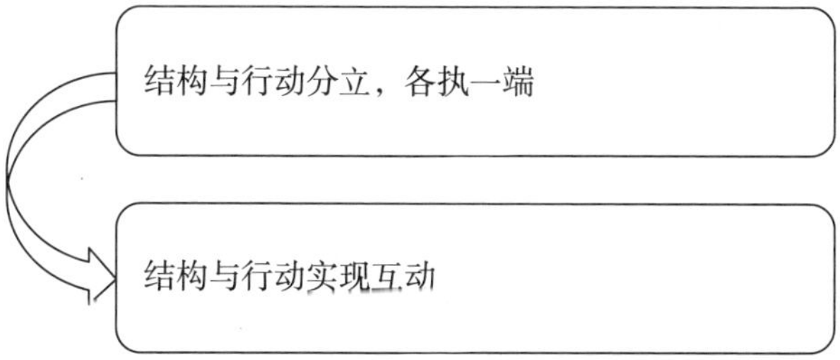

图 2-10　聚焦场域：走向结构与行动的互动

吉登斯认为社会科学和学科史中的任何研究全都关乎行动与结构的关系，这是社会学的经典问题。他认为无论是结构决定行动，还是行动构成结构都是没有意义的。针对客体主义的社会学理论立场，吉登斯（2003）指出："社会关注的不是一个'预先给定的'客体世界，而是一个由主体的积极行为所构造或创造的世界。”针对主体主义的社会学理论立场，他认为人类能动行为的领域是受到限制的。在此基础上，吉登斯建立了调和二者的结构化理论，即用结构的二重性重新阐释个人与社会、行动与结构的关系。结构的二重性是指，一方面个人主体的行动建构了社会结构，另一方面社会结构也是行动得以展开的条件。相应地，在结构化理论看来，“社会科学研究的主要领域既不是个体行动者的经验，也不是任何形式的社会总体的存在，而是在时空向度上有序安排的各种社会实践”（于海，2010）[385]。结构化理论的焦点不是大规模的结构，也不是日常的行动和互动，而是以既定形式的方式出现的社会实践。对吉登斯而言，能动性和结构不能视为分开的，它们是“双元体”，即“所有的社会行动都包括结构，而所有的结构也都包括社会行动”（瑞泽尔，2005）。吉登斯赋予主体以认识力与能动力。“在他眼中的主体，既可援引结构—规则与资源，促成行动，也能够发出行动—例行化、区域化的社会实践，成就结构。”（谭光鼎等，2008）结构既是行动的媒介，也是行动的结果。当然，吉登斯虽然凸显了主体的能动力，但他也中肯地指出，主体即使再谨慎小心，也无法避免行动的意外结果，正如吉登斯（Giddens，1984）所说：“人类意图性的行动创造了历史，但历史的发展却不是他们意图中的计划；人类不断地努力，想要将历史引导到特定的方向去，历史却另寻他途。”正是吉登斯颇具辨证的认识避免了无限凸显、放大主体能动性的可能，一定程度上避免了结构与行动、客体与主体的二元对立。

吉登斯做出了结构与行动互动的尝试，但他过分强调了认识力和能动力，甚至认为认识力与能动力可以穿透结构，促进行动，这让其理论又避免不了陷入过分强调主体、偏向行动建构论的境地。更为重要的一点是，吉登斯的理论中有一定的模糊和未加以阐释之处，这使得其理论的社会解释力受到限制。

布迪厄是当代法国著名的社会学家、人类学家、哲学家，被誉为自雷蒙·阿隆以来法国最有影响力的社会学家，致力于在超越主观主义和客观主义对立、微观分析与宏观分析对立的基础上研究社会及社会行动。布迪厄的基本立场是反对主观主义与客观主义的二元对立，强调社会的双重性，即社会结构与个体的双重建构。他自称为“建构主义的结构论”和“结构主义的建构论”。为了突显他的特殊的结构主义对创造性的重视，有时，他也把他的独具特色的结构主义称为“生成的结构主义”。他的社会学理论也被美国学者华康德称为“社会实践理论”。同时，他的理论反映了一种真正新颖的思维方式，即生成性的思维方式。

在方法论上，布迪厄既抛弃了方法论上的个体主义，又拒斥了方法论上的整体主义，以及以方法论上的情境主义形式出现的对二者的虚假超越。他将实践看作结构与行动之间辨证关系的产物，强调的是一种关系论的思维方式。在这一点上，他深受马克思的影响。马克思在《1857—1858年经济学手稿》中最简明清晰地表达了这一思想——社会并不只由个人所组成，它还体现着个人在其中发现自己的各种联结和关系的总和。布迪厄的独特之处在于，他持之以恒地热心推广这一观念。因此，在布迪厄看来，对社会的研究，不能采用个体主义方法论，而要研究处于特定社会结构之中的主体行动。但是，布迪厄也不赞成结构主义那种整体主义方法论，他认为要采取一种从“中间入手”（也就是从场域入手）的策略。由此，布迪厄构筑了一套包括场域、惯习、资本等概念在内的社会实践理论。一个场域由附着于某种权力（或资本）形式的各种位置间的一系列客观历史关系所构成，而惯习则由“积淀”于个人身体内的一系列历史的关系所构成，其形式是知觉、评判和行动的各种身心图式。（布迪厄 等，1998）

布迪厄的社会实践理论不是单独的一个概念，而是由场域、惯习、资本等众多概念连成的一个网络，这些概念从一开始建构就相互交织和相互制约，对其中一个概念的说明势必牵连其他的概念。社会场域可以描述成一种由各种社会地位所构成的多维度的空间，而每一个实际的社会地位又依据相互调整的多维度系统界定下来。每个场域都规定了各自特有的价值观，每个组织场域的亚场域都具有自身运作的逻辑或者规则，这些逻辑或规则会对每一个存在于该组织场域中的组织日常行动产生作用或影响，这些原则界定了一个社会构建的空间。在这样的空间里，行动者根据他们在空间里所占据的位置进行着争夺，以求改变或力图维持其空间的范围或形式。这些逻辑或规则可能来自政府、行业联盟施加的压力，可能来自社会性期望（规范、产业质量标准、环境要求等），或者来自行业自身的标准或规范。在组织理论中，这种逻辑规则被称为制度逻辑，它构成了某领域内“组织原则”的认知框架和基本假设，简单来说，制度逻辑就是特定组织场域中的一种游戏规则，它提供了不同行业操作稳定性和连续性的框架，并将不同的组织和组织场域区分开来。

布迪厄进行社会研究的基本出发点，就是把社会看作社会中的人及其文化的复杂交错所构成的有机生命体。他从一开始研究社会问题时，就明确地把握贯穿于人类社会生命体中的三大主要力量，即人与人之间的“力的紧张关系”“正当性”及“信仰”。这三大因素相互渗透，共时地来回内外穿梭于社会以及生活于社会中的人际关系之间。但现代社会已经发展成为以文化再生产为主轴的新型生命共同体。所以，一方面，现代社会是人与人之间、人与其创造的文化之间的复杂相互关系的产物，而这个复杂的相互关系，无非就是由各种象征性的权力网络为基干所构成的相互竞争的力的紧张关系网；另一方面，社会又是人与人之间的相互关系及其所创造的文化不断地进行更新和再生产的基本条件。人以其文化创造了社会，但社会也同时成为人生存和创造活动的基本客观条件，反过来制约着人的创造活动，成为人的生存及其创造活动的前提和出发点。人同他生活于其中的社会之间，始终处于紧张的互动之中。这样一来，人同其社会构成了一种双重结构，而组成这个双重结构的双方，一方面各自向对方施加各种影响，另一方面又深受对方的制约，使两者之间发生共时的双向互动和互制，从而实现了结构与行动的互动。（高宣扬，2004）[120-121] 近二三十年以来，学校变革深刻地体现了结构与行动双向互动的特点。

由此一来，制度的维系与演进就需要经由个体的生活和行动加以说明，此时制度分析要注意：不仅要关注大事件，也要关注日常生活过程；不仅要重视外部力量，也要解释外部力量与地方情境的交合；不仅要强调正式法规的约束，也要强调微观政治的影响；不仅要考虑利益关系的权衡，也要考虑情感因素的交织。因此，新制度主义教育组织分析在突出制度化的宏观过程与客观结构时，也要同等地关注认同、意义创生、类型形构、框定、范畴等关键的微观概念，注意语言、互动、仪式与分类的协调作用，从而真正地解释制度的动态发展，以及教育组织惯例与规则的发展、维持和消解。（陈学军，2008）

布迪厄是当代法国最有影响的社会学家之一，著述颇丰，在全世界都有广泛的影响。本书以布迪厄的思想作为主要依据形成分析框架，虽然已经尽力研究，但仍难免对布迪厄的观点做出草率的结论或化约式的解读，未来会持续加强对其思想的研究。

三、小结

当代的组织研究在探讨组织运作的动力机制及其表现形式方面，尽管没有出现类似前期的同样水平的创造力，但是，仍然表现出新特征。第一，确定的组织边界正被变化和无规则替代。组织分析的范围、成分、持续时间和实施机制发生了明显的变化，象征性的符号日益取代边界划分的物质主义方式。第二，与变化的组织边界观念密切相关的是，关于组织如何与其环境发生联系的观念发生变化——外部化战略取代内部化战略，对外在化和个体参与者的意义的考察已经成为中心问题。第三，组织运作和实施控制的机制和方式发生重大变化。当代的研究对组织运作的权力基础进行了重新解读，强调了在所有权缺位情况下契约和水平化控制方式的重要性。总之，当代的组织研究出现了类似于埃米贝尔所阐述的那样，处于依赖于实体主义的结构模式向依赖于关系的结构模式的转变之中。将组织视作为一种关系或者过程，而不再是实体，已经成为当代研究的一个重大取向。（张银岳，2007）后文重点讨论的一体化学校、教育集团等，鲜明地体现了这一取向。

第二节　组织场域：理论体系及框架

前文已谈到，组织场域是介于组织与社会之间的社区，是制度理论研究中分析制度与组织关系的基本单位，是组织制度主义的核心概念之一。组织场域界定了组织作用的边界，使得组织研究可以与部门层次、社会层次以及国际层次的环境联系起来，对于组织战略和行为的研究有着重要的意义，（斯科特，2010）[68-70]有利于社会建构惯例的传播和再生产。一些学者呼吁，相关的研究应更多纳入组织场域中进行分析。总体而言，组织场域一经提出，就得到了学者越来越多的关注，被广泛应用于专业协会和商业组织等领域的研究。

社会学制度主义将组织场域作为研究对象，迪马吉奥等（DiMaggio et al.，1983）认为，组织场域是指“那些由组织构建的、在总体上获得认可的一种制度生活领域，这些组织包括关键的供应者、资源和产品消费者、管理机构以及提供类似服务或产品的其他组织”。组织场域是社会学制度主义者研究的分析单位，它使研究者能从一个整体性的层面关注相关行动者，因此，确定组织场域的结构就显得尤为重要。所谓组织场域的结构化，是指一系列组织的集体身份认同得以形成（这些组织通过正式与非正式的关系连接在一起），以及为此提供物质支持、安全保护或制定政策的组织的出现。迪马吉奥（DiMaggio，1991）认为，组织场域的结构化过程包括四部分：组织场域中组织之间互动程度的增加，组织之间明确的支配结构和联盟模式的出现，场域中的组织必须得到足够的信息量，共同参与某项任务的组织内部的参与者之间相互了解或达成共识。社会学制度主义从组织场域的视角来研究组织，这样就通过正式与非正式的关系把一系列相关的组织联系起来，建构了组织场域。

对“场域”问题本身做出较为系统阐释的当推法国著名社会学家皮埃尔·布迪厄。布迪厄提出，可以把场域设想为一个空间，在这个空间里，场域的效果得以发挥，并且由于这种效果的存在，对任何与这个空间有所关联的对象，都不能仅凭所研究对象的内在性质予以解释。场域的界限位于场域效果停止作用的地方。尤其要关注的是，即使人们在构建一个场域时不能不借助个体，社会科学的真正对象也并非个体。场域才是基本性的，必须作为研究操作的焦点。个人确实存在，不过是以行动者——而不是生物性的个体、行为人或主体——的方式存在着，而行动者的特有观念是从这种观点或位置中构建出来的。

学校作为一个组织，生存于特定的组织场域中，其场域就是由政府、教育行政部门、中小学、社区、家长群体、大学、科研部门等组织所构成的一个关系系统。

一、场域：社会实践的空间

组织场域是一个多层次的概念。（见图 2-11）迪尔凯姆（1999）是较早使用“场”概念的学者。他认为任何事物都必须在一定的“场”中才能存在和表现出来，社会现象的“场”就是社会环境，因此，必须把社会现象放在整个社会生活的背景中去做综合的考察，去发掘存在和影响它们的各种社会联系。场域是布迪厄理论体系中一个非常重要的概念，他在《实践与反思——反思社会学导引》一书中专门论述了这一问题。在谈及“场域”的概念时，布迪厄主张将其作为一种开放式概念使用，并认为只有将其置于关系系统中，才能获得概念的真正含义。场域是布迪厄探讨行动主体和结构之间关系的基本分析单位，也是其用来联结宏观社会与微观个体的中介。正是场域这一概念的独特作用和价值，才使得布迪厄对其倾注心血，从不同角度不断阐释和完善这一概念。

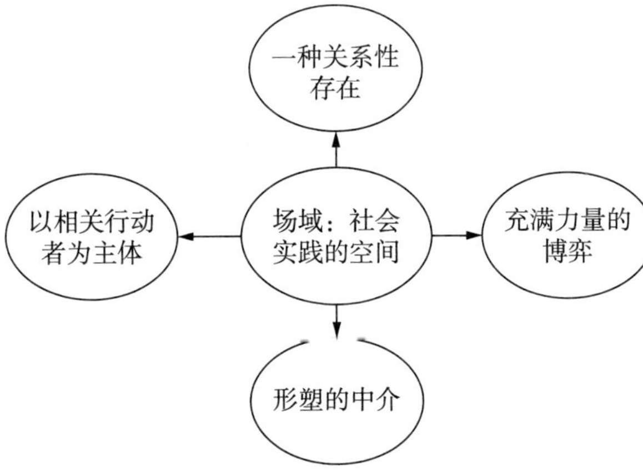

图 2-11　场域：社会实践的空间

场域概念是布迪厄于 20 世纪 60 年代开始提出的，最初提出时，这一概念具有一定的含糊性和不精确性，但还是逐渐被人们所接受和认可。目前，人们说到场域的概念，较多引用布迪厄的定义：“从分析的角度来看，一个场域可以被定义为在各种位置之间存在的客观关系的一个网络，或一个构型。”（布迪厄 等，1998）[133-134]网络是场域理论的基本概念，场域首先表现为各种形式的社会网络，是场域中的社会行动者、团体机构、制度和规则等因素构建起来的社会网络。构型则是指场域有自身的结构和运动逻辑，各种进入场域的关系和力量必须经过场域结构调整后才能发挥作用。场域概念的最基本的因素，是多面向的社会关系网络。而且，这些多面向的社会关系网络，作为场域的基本构成因素，不是固定不变的架构或形式，而是历史的和现实的、实际的和可能的（潜在的）、有形的和无形的、固定下来的和正在发生（进行中）的，以及物质性的和精神性的各种因素的结合。(高宣扬，2004)[自序3]

在当今高度分化的社会里，多个有着自身特定逻辑的场域共存，场域有很多类型，包括艺术场域、宗教场域、经济场域、政治场域、学校场域等，这些构成了人们的实践场所。权力场域是一种元场域，它影响其他一切场域。

（一）场域：一种关系性存在

布迪厄将场域定义为“在各种位置之间存在的客观关系的一个网络”，这一论述将场域与传统社会学理论中的“社会结构”区别开来，也厘清了场域的性质——一种客观关系的网络，它是关系性存在而非实体性存在。纵观布迪厄的研究，关系在其理论中占据了重要位置，在某种意义上甚至可以说，布迪厄的研究具有方法论上的关系主义的色彩。他甚至改黑格尔著名的公式“现实的就是合理的”为“现实的就是关系的”，提出在社会世界中存在的都是各种各样的关系——不是行动者之间的互动或个人之间交互主体性的纽带，而是独立于个人意识和个人意志而存在的各种客观关系。(布迪厄 等，1998)[133]从分析的角度出发，布迪厄认为一个场域就是在各种位置之间存在的客观关系的一个网络或一个构型。关系性思维在布迪厄的理论建构中发挥了重要作用。正是强调方法论上的关系主义，布迪厄才用“场域”取代“社会”进行社会学研究，场域可以被理解为一种“流动的社会”。在布迪厄看来，各种场域都是关系的系统，场域是一种关系性存在。(吴洪富，2011)

理解场域是一种关系性存在，要关注两个要点。第一，不能只停留在对场域中看得见的各种力量间的关系的理解，必须深入分析与这些有形的力量关系相关并深深地隐藏于其中的精神力量关系，也就是在场域中的各个社会群体和个人的惯习及其动向。第二，在场域中所表现的行动者之间的相互关系，虽然同行动者所处的不同社会地位密切相关同时受其影响，但单纯的不同社会地位，只能呈现不固定的和不确定的关系架构和形式，并不能形成实际的场域。(高宣扬，2004)[136-137]在不同地位所展现的各种力量对比起作用以前，这些关系架构和形式，只能作为一种空洞的和抽象的框架而存在，并没有场域的实际意义。场域的灵魂是贯穿于社会关系中的力量对比及其实际的紧张状态。场域始终都是具体的实际活动的场所，既体现了实际活动的动力和基础的力的相互关系，又体现了过程和结果的相互关系。

(二) 场域：以相关行动者为主体

场域是特定社会空间中各个行动者建构的相互关系网络，任何场域的存在，主要决定于在其中活动着的行动者在行动过程中所形构的关系网络。场域是以相关行动者为主体的，伴随行动者的实际行动而存在，受到行动者在行动中所呈现的要素特征影响的网络，如行动者的行动意图、产生行动意图的社会背景和社会地位、贯穿在行动规划和程序中的各种策略原则、表现在行动过程中的行动者本身特质及其与相关的其他行动者的权力关系，以及在行动过程中所表现出来的各种现实的、历史的和潜在的社会动向，等等。(高宣扬，2004)[139-140]也就是说，围绕相关行动者可以形成一个变动不居的关系网和力量场，不同的行动者其关系网、力量场的情况不一，这也从另一个角度验证了场域不具有固定不变的社会结构。

组织场域为相关行动者相互竞争提供了必要的场所，也就是说，为成员交互作用提供了稳定的制度环境，制度环境界定了组织场域的边界、标准以及成员的行为规范；同时，场域的存在也要依赖其中的行动者反复交换、相互竞争，场域是相关行动者竞争的结果，也是相关行动者交互作用的生动体现。行动者和行动参与者群体都是依据他们在行动的社会空间的相关位置（或地位）来界定其本身的特质的。依据相关行动者在历史积累、原有资本及当下所拥有资本的性质、类别和总量等的差别，我们将其分为参与者和关键行动者两类。

在经济领域，场域内的参与者不仅包括行业内的竞争者，也包括顾客、供应商、中介组织、专业协会、金融机构和管制机构等，涉及所有的利益相关者。在研究中，需要特别关注具有同样特征的参与者和与其竞争同样资源的参与者以及他们间的彼此影响（斯科特，2010）[190]，成员之间存在错综复杂的关系，形成了制度性社区。关键行动者是持有具有竞争优势的关键资本的个体行动者或集体行动者，在竞争和互动中占据主动的社会地位，实际活动能力较强，在一定程度上，对于其他参与者的资本再分配具有主导权或关键影响作用。当然，无论是普通参与者还是关键行动者，场域内的所有参与者都会受到场域中制度环境的影响，必须遵守制度环境的规定，其行为和战略必须与制度环境相匹配才能获取合法性。在学校场域中，高校支持中小学发展中的高校、城乡一体化学校中的资源输出校、教育集团中的龙头校等，都是关键行动者的代表。

（三）场域：形塑的中介

布迪厄认为，实践理论研究的任务就是揭示不同社会实践中的那些隐藏最深的社会结构，同时揭示那些确保这些社会结构得以再生产或转化的机制和逻辑，这实际上，就是形塑机制。

前文已经谈及，场域是社会行动者的实践与周围的社会经济条件之间的一个关键性的中介环节。对置身于一定场域中的行动者来说，场域会产生外在决定性影响，但这种影响并不直接作用在行动者身上，而是通过特有形式和特定中介环节，预先经历一次重新形塑的过程。在政治、经济等场域与社会空间的结构之间，可以观察到不同场域各自呈现的完整的结构上和功能上的同源性特点：它们各自都有统治者与被统治者，都有为侵占和排斥而进行的斗争，都有再生产的机制等。例如，政治场域是靠在特定的社会空间中所表现出来的人与人之间的权力关系网络来维持的；经济场域是靠在某一个特定社会空间中的人与人之间的经济利益关系，靠他们之间的金钱和各种商品往来关系来维持的。

场域的形塑机制是如何起作用的？各种场域都是关系的系统，这些关系系统独立于这些关系所确定的人群。这样，一方面社会行动者在某种意义上是场域作用的产物；另一方面又并非被外力机械地推拉扯去的“粒子”，相反，因为它们是资本的承载者，依据它们的轨迹和它们自身所有的资本数量和结构在场域中所占据的位置，直接的或单一的权力被隐匿起来，它们可以通过行动维持或改变已有格局。

需要再强调的一点是，每个场域都具有特定的逻辑。这种特定逻辑表现为特定的利益形式和特定的游戏规则。布迪厄指出：“决定着一个场域的，除了其他的因素以外，是每一个场域中的游戏规则和专门利益。这些游戏规则和专门利益是不可化约成别的场域的游戏规则和专门利益的，而且，这些游戏规则和专门利益亦是不可能被那些未进入该场域的人们所感知到的。”（高宣扬，2004）[138-139]每一个场域有其自身独特的利益和游戏规则。一方面表现为对进入该场域的实践主体的要求：他们具有某种确定的、心照不宣的“信念”，并自愿以这种信念投身于场域之中。也就是说，每一个场域内的实践主体都了解该场域的游戏规则，认可并愿意追求该场域的独特利益。比如，北京市所有“扩优”项目的行动主体都应明确认识到，优质教育资源的均衡发展就是这一场域的主要游戏规则。另一方面表现为每个场域都规定了各自特有的价值观并界定了一个社会建构的空间，“场域是诸种客观力量被调整定型的一个体系（其方式很像磁场），是某种被赋予了特定引力的关系构型，这种引力被强加在所有进入该场域的客体和行动者身上。在这样的空间里，行动者根据他们在空间里所占据的位置进行着争夺，以求改变或力图维持其空间的范围或形式”（布迪厄 等，1998）[20]。在这个意义上可以说，场域的存在就决定了该场域中的实践主体会按照该场域的特殊规则行动。

场域间的关系并非一劳永逸，而是随历史的演进不断改变的。因此，如果不对场域的结构进行共时性的分析，就不能把握该场域的动力机制；不对结构中各种位置间的张力以及这个场域和其他场域尤其是权力场域间的张力进行一种历史分析，也就是生成性分析，就不能把握这种结构。考察场域的一般规律和一般结构，不是为了将这些一般规律和一般结构绝对静止化，也不是像传统社会理论那样，是为了化约出某种适用于任何场域的逻辑规则，而是把场域当作具体运作并具有不可化约的特性的各种实际活动场所。

（四）场域：充满力量的博弈

场域中存在着积极活动的各种力量，它们之间不断博弈，这不仅使场域充满活力，而且使场域类似于“游戏”。在布迪厄那里，场域与阿尔都塞的“意识形态国际机器”不同。“意识形态国际机器”强调从客观主义的立场、从局外审视社会结构及其规则程序，它是僵化的结构。“机器是一种残酷无情的机器，它不管具体的时间地点场合，只按照预定的程序，努力完成某个确定的目标。”（布迪厄 等，1998）[140-141]场域则是游戏者的游戏空间，是一个动态的竞争场所，是“一个冲突和竞争的空间”，甚至可以“类比为一个战场”。所有行动者在场域中相互遭遇，他们依据不同的位置而使用不同的手段进行争夺。

场域中相互面对的各种特殊力量之间的距离、鸿沟和不对称关系所造成的彼此间的差距是场域的动力机制。组织场域内部各行动者组织处于不同的位势与结构，具有差异性，需要不断通过战略决策行为进行重构并形塑场域的制度与结构，从而使自身处于更加有利的位置并获得持续竞争优势。

场域存在着力量的差异与对比，包含正在活动的和潜在的各种力量，体现了力量的维持或争夺。究其根源，这种力量的争斗源自场域中的不同位置以及占据不同位置的行动者所拥有的资本的差异，这些不同和差异导致了力量间的争斗，由此可能产生支配、屈从、结构上的对应关系，正是这些关系维系着或变更着场域中力量的构型，又形塑着场域。所有这一切，决定着场域本身是具有生命力的，而且始终处于各种力量博弈的紧张状态中。场域的相互关系网络，在社会生活中，主要是靠行动者的不同社会地位，靠各个行动者所握有的资本力量和权力范围，靠行动者所赋有的各种精神状态和精神力量，靠由各种象征性符号系统所表现出来的文化因素，以及靠行动者在实践中所接受的历史条件及其未来发展趋势的因素组成的。（高宣扬，2004）[138]由此可见，场域是生成的、动态的。

每个场域都具有特定的逻辑。这种特定逻辑表现为特定的利益形式和游戏规则。布迪厄指出："决定着一个场域的，除了其他因素以外，是每一个场域中的游戏规则和专门利益。这些游戏规则和专门利益是不可化约成别的场域的游戏规则和专门利益的。"（高宣扬，2004）[138-139]每一个场域有其自身独特的利益和游戏规则，场域的存在就决定了该场域中的实践主体按照该场域的特殊规则行动，"场域是诸种客观力量被调整定型的一个体系（其方式很像磁场），是某种被赋予了特定引力的关系构型，这种引力被强加在所有进入该场域的客体和行动者身上"（布迪厄，1998）[17]。

总而言之，场域是关系的存在，对于场域的分析与研究，要从场域内主体之间的位置及其关系入手。

(五) 场域的主要类型

在组织场域的研究过程中，因为制度和规则存在差异，参与者的行为和研究的落脚点也会存在差异，所以，学者们依据研究的主题从成熟度、透明度和强弱性对组织场域进行了分类。

1. 新兴场域和成熟场域

一些学者从场域成熟度出发，将组织场域分为新兴场域和成熟场域（David et al., 2013），或称之为新场域（Marcus et al., 2010）和已建场域，还可称之为动荡场域和稳定场域。其中，成熟场域也可看成高度制度化的组织场域。相对而言，新兴场域和成熟场域的分类得到了学者更多认可，在制度创业研究中得到了较多关注。(见表 2-2)

表 2-2　新兴场域和成熟场域特点对比

新兴场域	成熟场域
流动性较大，边界不清晰	稳定性较好，边界比较清晰
制定惯例标准	惯例合法化
制度和规则认可度较低，主导结构未建立	制度和规则认可度高，主导结构已建立
参与者等级不明晰，成员关系不确定	参与者等级分明，成员关系相对稳定

一般而言，新兴场域往往是即将建立的场域，参与者流动性较大，稳

定性较差（Purdy et al.，2009），场域边界不清晰；而在成熟场域中，参与者较固定，稳定性较好，场域边界比较清晰。在新兴场域中，组织形式往往是专业化的；而在成熟场域中，由于交流的时间较长，组织形式实现了多领域交融。就组织惯例而言，在新兴场域中，需要制定惯例标准，并出现了惯例（David et al.，2013）；而在成熟场域中，惯例往往实现了合法化，参与者需要按照既有惯例开展业务。在新兴场域中，制度和规则刚开始展现（Boutinot et al.，2013），参与者对其认可度较低，多种逻辑和规则进行竞争以期望获得主导地位，主导结构还没有建立；而在成熟场域中，制度和规则已经建立起来（David et al.，2013），场域成员往往都愿意遵守，主导结构已经形成。由此，新兴场域的参与者往往等级不明晰，成员关系也不确定。而在成熟场域中，参与者等级分明（Boutinot et al.，2013），哪些占据既定的场域位置，哪些不占据；谁是中心成员，谁是边缘成员；谁是正式成员，谁是临时成员；谁是参与者，谁不是参与者，都有着明确的界定，成员角色是相对稳定的。此外，参与者的关系在两种场域中也存在差异。在新兴场域中，参与者之间的关系并不稳定（David et al.，2013），他们很少协同行动；而在成熟场域中，参与者之间具有稳定的关系，成员之间的交流也较稳定。

2. 透明场域和模糊场域

依据场域透明度，有学者认为组织场域可以分为透明场域和模糊场域，二者的区别主要在于因果复杂性、惯例多样性和行为隐蔽性方面。当场域中的因果复杂性、惯例多样性和行为隐蔽性低时，场域呈现出透明性；当观察者难以区别已有惯例的特征，难以建立政策和结果之间的因果关系，难以测量政策执行的精确结果时，模糊性就会存在。在模糊场域中，“手段—目的”去耦化得以广泛传播，因果关系难以理解并刻画。场域缺乏透明性将驱使参与者采用强激励策略去创造和维护具体和独特的规则，并传播适合的惯例以确保采纳者遵从。

3. 强场域和弱场域

安德尔森等（Marcus et al.，2010）依据场域的强弱性，将组织场域分为强场域和弱场域。在强场域中，关键利益相关者往往掌握了重要资源，具有较大影响力，场域成员间地位和权力的差距也较大，且制度和规则具有强制性。强场域中的参与者，尤其是处于弱势的参与者必须满足关键利益相关者的要求，遵从这些制度和规则才能在场域中发展下去。而在弱场域中，重要资源的集中程度不高，参与者可以从多个渠道获取资源，场域成员的地位和权力较为平等，且制度和规则不具有强制性。弱场域中的参与者可以根据自身情况满足利益相关者的合理要求，对一些制度和规则也不是必须遵守。

分类研究将有助于我们构建有针对性的学校组织场域框架，我们将在后文展开深入研究。

二、惯习：实践的内在机制

Habitus 是布迪厄场域理论中的关键概念，对于它的中文译法，不同研究者持不同的观点。大部分研究者将之译为“惯习”，也有研究者在与布迪厄本人数次沟通后，将之译为“生存心态”（高宣扬，2004）[自序2-3]。他认为，惯习的译法过多凸显了被动累积构成的个体习惯或停留在行动者内心精神世界的单纯心理因素，更多是一种单一内在化过程的静态成果；而生存心态的译法体现了社会客观制约性条件和行动者主观的内在创造精神力量的综合结果，伴随着生活、行动的始终，并同时实现内化和外化双重过程，完成主观和客观、个人与社会两方面双向运动的相互渗透过程，是“建构的结构主义”或“结构的建构主义”理论特征的集中表现。从中文表达的角度讲，“生存心态”或许比“惯习”增加了主动性、建构性、创造性，当然，将 Habitus 译为“惯习”的研究者，同样也在强调主观与客观同时作用的复杂互动状态，为了考虑理论理解的延续性，本文仍将 Habitus 译为“惯习”，但不会忽视原词所表达的含义。

社会生活为什么具有规律性和可预见性呢？如果说外在结构并不机械地约束着行动，那么又是什么赋予了行动以行动的模式呢？布迪厄通过惯习这一概念给出了部分答案。布迪厄等（1998）[172]谈道：“社会现实是双重存在的，既在事物中，也在心智中；既在场域中，也在惯习中；既在行动者之外，又在行动者之内。”作为外在结构内化的结果，惯习以某种大体上连贯一致的系统方式对场域的要求做出回应。

惯习概念集中体现了布迪厄的社会现实观：既存在于个体身体上和心灵中，也反映了社会结构的特征，是一种社会化了的主观性。惯习观既克服了主观主义与客观主义的对立，也克服了实证主义唯物论和唯智主义唯心论的对立。客观主义把行动理解为“没有行动者”的机械反应，主观主义把行动描绘成某种自觉的、有意识的理性算计与合目的性的筹划，而布迪厄超越二者，把实践行动看作一种实践感的产物。与实证主义唯物论不同，我们在理论上把实践作为实践来看待，认为知识的对象是被建构出来的，而不是被消极被动地复制下来的；与唯智主义唯心论不同，惯习观提醒我们注意，这种建构的原则存在于社会建构的性情倾向系统里。也就是说，实践并非是一种严格的合逻辑的行动，而只是一种内在的莫名的“秉性”，这种“秉性”即惯习。同时，也正是惯习，成就了布迪厄颇具辩证意味的“建构的结构主义”和“结构的建构主义”。虽然惯习具有如此重要的价值，但是，惯习可能是比场域更具歧义的概念，惯习所产生的行动方式并不像根据某种规范原则或司法准则推演出来的行为那样，具有严格的规律性，布迪厄说“惯习是含混与模糊的同义词”。（布迪厄 等，1998）[19]

什么是惯习？布迪厄等（1998）[214]强调，惯习首先体现了一种组织化行动的结果，其含义与结构之类的用语相近；它还意指某种存在方式，某种习惯性状态（尤其是身体的状况），还包括了其他许多方面，特别是某种性情倾向、某种趋向、某种习性或是某种爱好。

惯习不等于长期被动累积的、固定不变的、复制性的习惯，其具有生成能力，具有某种创造性，它是一种同时具有“建构的结构”和“结构的建构”双重性质和功能的“持续的和可转换的秉性系统”。惯习具有稳定性与生成性、社会性与个体性、被建构性与建构性共存等一系列特点。(见图 2-12)

稳定性与生成性共存主要是因为惯习是实践主体在各种不同的情境中采取行动时出现的，具有一定的弹性与可调整性，这种生成性中又有固有的稳定因素“实践逻辑”的身影。惯习包含着对世界的认识和理解，但绝

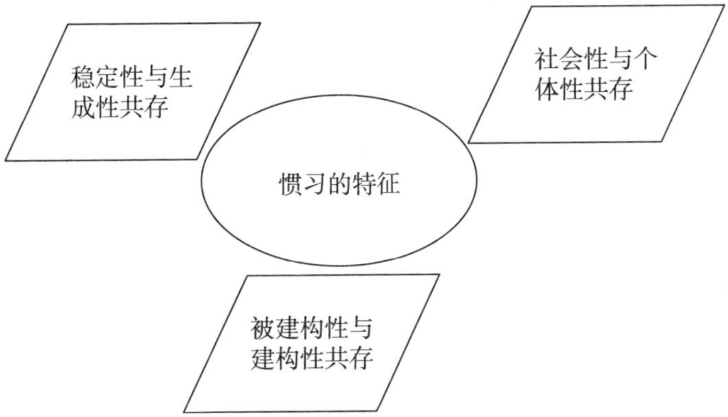

图 2-12　惯习的特征

不仅仅是对这一世界的真实反映，它更是一种建构力量。因为世界是发展的，所以惯习也是不断变化的。布迪厄指出，惯习的变化是朝向试图与物质条件相妥协的方向的。惯习是主体想象力和创造性的表达，同时受到主体活动的场域结构的限制。因此，惯习游走于稳定性与生成性之间，稳定于结构，生成于行动。（吴洪富，2011）

社会性与个体性共存是指惯习是一种社会化了的主观性。一方面，人类的思维是受社会限制的，是由社会加以组织、加以构建的。惯习具有社会性，总是为同一阶级或群体的所有成员共有，是体现在同一场域内不同个体身上的集体倾向系统；另一方面，惯习具有个体性，经过个体的内化，惯习在同一场域内不同个体身上表现出一定的差异。在同一场域内，不同实践主体所处的位置不同，所拥有的力量不同，实践主体进入该场域的奋斗历程或人生经历也存在差异，所以场域内每个实践主体的惯习也不尽相同。归根结底，差异是相对的，相似是绝对的。在某一场域内，实践主体总会拥有一些相同的惯习，正是它们维持了场域的运行和独立存在。

被建构性与建构性共存。社会结构影响着惯习，同时惯习又形塑着结构，惯习具有主动的建构性和被动的被建构性。惯习作为一套性情倾向系统，通过个人的社会化而实现社会结构的内化，这种内化的社会结构，在特定场域内的主体身上表现为一致的系统反应，这种反应是主体应对场域要求而做出的可预见和有规律性的集体行动。这种建构的原则存在于社会建构的性情倾向系统里。这些性情倾向在实践中获得，又持续不断地旨在发挥各种实践作用；不断地被结构形塑而成，又不断地处在结构生成过程之中。在这个意义上，惯习是被建构的。同时，惯习又是“生成策略的原则，这种原则能使行动者应付各种未被预见、变动不居的情境……（就是）各种既持久存在而又可变更的性情倾向的一套系统，它通过将过去的各种经验结合在一起的方式，每时每刻都作为各种知觉、评判和行动的母体发挥其作用，从而有可能完成无限复杂多样的任务”（布迪厄 等，1998）[19]。布迪厄不厌其烦地使用“结构”一词，拗口地创造出“被结构化的结构”“起着结构化功能的结构”“结构的建构”“建构的结构”等短语，其用意仍是强调惯习调和主观与客观、协调个人与社会的独特价值。

总体来说，布迪厄用惯习和场域之间被建构的关系，来取代行动者和结构之间似是而非的表面关系。惯习和场域之间的关联有两种作用方式。一方面，这是种制约关系，场域形塑着惯习，惯习成了某个场域（或一系列彼此交织的场域）固有的必然属性体现在身体上的产物。另一方面，这又是种认知建构的关系。惯习有助于把场域建构成一个充满意义的世界，一个被赋予了感觉和价值，值得你去投入、去尽力的世界。（布迪厄 等，1998）[172]当惯习所“遭遇”的客观条件正是产生它的客观条件或者类似于那些客观条件时，惯习总能很好地适应场域，两者效应彼此重合；而当客观条件变化非常，以往结构形塑成的心智结构就变得不合时宜，从契合到脱节，需要主动进行目标调试、行为调整等，形成新的契合关系。

三、资本：实践的动力学原则

在布迪厄看来，资本是一个非常重要的概念，它决定了能否按照社会实践的真实灵动状态分析社会实践，决定了能否按照行动者真正的行动逻辑分析行动。布迪厄对资本并没有给出明确的定义，而只是给出了一些描述，如“资本是积累的劳动（以物化的或‘具体化的’‘肉身化的’形式），当这种劳动在个体性即排他性的基础上被行为者或集体占有的时候，他们就能够以具体的或活动的形式占有社会资源”“资本是一种镶嵌在客体或主体的结构当中的力量，也是一种强调社会世界内在规律的原则”（布迪厄 等，1998）[3-22]。显然，我们无法仅从这些描述中把握资本的内涵，相比较而言，布迪厄对资本的分类可能更有助于我们对这一概念的理解。（见图 2-13）

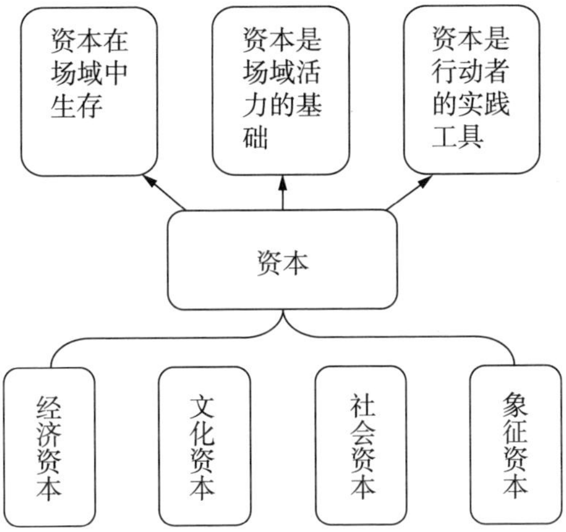

图 2-13　布迪厄的资本概念

不可否认，布迪厄的资本概念与马克思的资本概念有相似之处，但马克思所强调的是经济资本，布迪厄则不仅仅局限于对经济资本的分析，他认为不同的场域、不同的实践主体可能拥有不同类型的资本。布迪厄等提出了几种根本的资本类型，即经济资本、文化资本、社会资本以及象征资本（或符号资本）。通过对经济资本之外其他资本形式的研究，布迪厄将资本概念进一步深化。经济资本是由生产的不同因素（诸如土地、工厂、劳动、货币等）、经济财产、各种收入以及各种经济利益所组成的。经济资本是其他形式资本的根源。相对于经济资本而言，文化资本是布迪厄资本思想的重要核心，也是一个内涵异常丰富的概念。文化资本也可称作信息资本，是指世代相传的文化背景、知识、性情倾向与技能，同时，个体的语言能力、行为习惯以及对书籍、音乐和美术作品等的品位也属于文化资本。它本身的存在形式有三种：身体化的、客观化的和制度化的。社会资本是指“某个个人或是群体，凭借拥有一个比较稳定又在一定程度上制度化的相互交往、彼此熟识的关系网，从而积累起来的资源的总和，不管这种资源是实际存在的还是虚有其表的”。也就是说，社会资本是实践主体的社会关系网络，是实践主体有意经营的结果，如布迪厄所言，社会资本“作为社会投资策略的产物，它是通过交换活动而实现的……这些交换，借助于某种炼金术之类的手段，能够转变那些交换物以示确认”。象征资本“是用以表示礼仪活动、声誉或威信资本的积累策略等象征性现象的重要概念”（高宣扬，2004）[150]。布迪厄（Bourdieu，1977）在《实践理论大纲》中说：“象征资本是一种转化了的，因而是伪装了的物质的‘经济’资本形式，它只有在掩盖以下事实的情况下才能生产出效果，这个事实就是：它产生于资本的‘物质’形式，这种物质资本归根结底同时也是它的有效性的来源。”可见，象征资本具有较强的伪装性，它也是所有资本中最隐秘的一种形式，所以被某些经济学家称为“被否认的资本”。虽然布迪厄将不同的资本形式进行了区分，但他同时认为，不同资本形式之间是可以相互转化、相互兑换的。也正是资本之间的可转换性，保证了资本的再生产以及社会关系、社会地位的再生产，因为“资本的不同形式的可转换性，构成了行动者策略的基础，这些策略的目的在于通过转换来保证资本的再生产以及在社会空间中不同地位的行动者的社会关系、社会地位的再生产”。当然，各种资本之间并非简单、对等的兑换，而是具有不同兑换比率的复杂的问题，然而这不是本研究的重点，我们更多将资本作为一个整体来研究。

资本在场域中生存。一种特定的资本总是在给定的场域中有效，资本只能在一定的场域中存在。布迪厄等（1998）[139]指出，“只有在与一个场域的关系中，一种资本才能得以存在并且发挥作用”。这表现在两个方面。一方面，场域决定了资本的价值。离开了特定的场域，资本就是没有价值的，甚至是不复存在的。资本与场域相依共存，“资本的价值取决于它所处的场域，行动者使用资本的策略也决定于行动者在场域中所处的位置；反过来，场域也离不开资本，场域只是一种网络结构，如果没有资本，空洞的结构也是没有意义的”（宫留记，2010）。可见，资本是否有价值，取决于其存在的场域。同时，场域不仅决定了资本是否有价值，也决定了资本价值的大小，资本的相对价值会随场域的不同而不同。另一方面，场域是资本的力量空间，为各种资本提供了相互竞争、比较和转换的场所。相比于资本形式的静止不动，布迪厄更重视资本本身所具有的产生利润和复制自身的潜在能力，更重视不同资本类型及不同资本总量之间的相互转换和比较，将其看作资本再生产和社会关系及社会再生产的保证。但资本间的竞争、比较和转换，处于场域内，也只有在场域内才能实现，离开了场域，资本间的竞争和转换将无从谈起，资本的再生产和社会关系及社会的再生产也将不复存在。

资本是场域拥有活力的基础，没有资本，场域有可能变为僵死的结构。“资本赋予了行动者某种支配场域的权力，赋予了某种支配那些体现在物质或身体上的生产或再生产工具（这些工具的分配就构成了场域结构本身）的权力，并赋予了某种支配那些确定场域日常运作的常规和规则以及从中产生的利润的权力。”（布迪厄 等，1998）[139]这里所说的权力其实也就是场域中的位置及各位置占据者所掌握的资本。行动者根据两个原则被分配到场域的不同位置：一是行动者的资本总量；二是行动者拥有的资本结构，也就是他们的总资本中各种不同资本的比重。由此可见，资本是场域中位置及其资本结构的决定性因素。

资本是行动者的实践工具。布迪厄认为，日常生活实践的行动者都可以成为资本的主体，任何一个日常生活实践的行动者都拥有资本，包括经济资本、文化资本、社会资本和象征资本，只是他们拥有的资本数量和质量有差别。社会行动者拥有了资本就拥有了争斗的力量，就具备了参与“游戏”的资格。对于各个行动者来说，重要的问题，不只是在于这些行动者手中掌握多少已有的现成资本，而是在于如何面对场域所呈现的行动者之间的相互关系网络，如何把握在这些网络中的不同社会地位的行动者的资本走向，如何调动行动者手中所掌握的资本。可见，资本就是实践者手中的武器和工具，因为资本的存在，场域内的争斗才有可能发生。

四、场域、惯习、资本的关系

正如我国学者高宣扬（2004）[前言2]所言，“布迪厄的任何一个重要概念，并不是各自孤立的，而是在同其他重要概念的相互关系中，呈现其实际意义、反思性及其整体性”。从上文对场域、惯习、资本等概念的阐释中，也可以看到它们交织在一起，相互解释，共同揭示处在现实生活中行动者实践的情形。因此，对于这些概念，以关系的视角分析它们之间内在的联系比关注概念本身更有价值，场域、惯习、资本共同构成了布迪厄社会实践理论的基石，它们是布迪厄分析社会实践的工具。

那么，场域、惯习和资本是什么关系呢？社会是由不同的场域构成的，每个场域都有自己特定的运行逻辑和资本，具有某种惯习的主体在场域中占有不同的位置，而这些位置拥有不同的资源，是客观结构和个人史结合的产物，主体为争夺这些资源而斗争，这种斗争推动场域的发展或者解体；场域形塑着惯习，惯习构建着场域，它们是一种本体论的契合关系或者错位关系；拥有某种惯习的行为者在场域中占据不同的位置，形成社会轨迹，这条轨迹是由场域的作用力和它自身的惯习所决定的。惯习为实践提供了原则和规则，而实践在变化的客观条件中又能产生新的原则和规则，从而通过感知作用于惯习。这样，惯习就具有了一种调节性的建构能力，处在不断的调整中。惯习的调整又是和资本密切相关的。资本是稀有的，是值得在某种特定的社会形式中去追求的。资本存在于场域中，又与个体的惯习相整合，共同构筑着人们的实践。在布迪厄的社会实践理论中，场域是一个空间或场所，惯习和资本在其中发挥作用，最终成就了实践行动。

布迪厄在谈及场域的动力学原则时，特别强调根源于场域中相互面对的各种特殊力量之间的距离、鸿沟和不对称关系，认为正是在场域中积极活动的各种力量，造成了场域中至关重要的差异——确定了特定的资本。场域的特定资本造成了场域的差异，兑换各自不同的资本，改变差异的程度和不同组合，成为场域不断生成发展的动力。

布迪厄在具体研究中，是将这三个中心概念互相联系起来的。他从阶级惯习与流通资本之间的关系这个角度，把社会实践看成在特定场域的特别逻辑之中实现的东西。一个行动者的资本本身就是习性的产物，就像场域的特性就是一个客观化的历史，这一历史使在那个场域中操作的行动者的惯习得以具体化。该实践模式把行为看作惯习、资本以及场域之间关系的结果，而不是其中任一概念的结果。布迪厄曾警告说，实践既不能被还原为现存的条件，也不能被还原为产生习性的过去的条件……（而是产生于它们）之间的关系。（斯沃茨，2006）场域是不断变化的。场域的变迁必然伴随惯习的更迭。

正如布迪厄等（1998）[139]所说，社会学的任务就是去开辟、去创生，如果不能形塑，至少也要培养一种新的关注方式，一种社会学的眼光。

第三节　学校组织场域变革的特征和研究框架

就整个教育系统而言，各个学校分别是以一个完整组织的形式出现的，各种不同类型的学校和行政管理机构共同构成教育组织体系。为什么要以场域作为框架来分析学校组织变革？组织场域作为一个基本分析单位，它所具有的优势不是对当事人——单个行动者的分析，而是对整个相关行动者的分析，其突出对相互关联性和结构性的分析，因此组织场域作为联结组织层面和社会层面的一种关键性分析单位出现，其目的在于更好地研究和理解组织、产业、社会以及共同体的变化过程。组织场域一旦确立，会出现一种强大的不可抗拒的力量，影响场域中组织的行为。组织场域影响组织行为的理论逻辑在于制度化过程，新场域的实质就是制度关系。

一、学校组织场域变革的特征

组织场域不仅是一种物理空间，而且是一种意义空间。从当前基础教育学校组织发展的趋势来看，组织场域已经作为联结组织和社会的关键性分析单位出现，分析学校组织场域变革特征，可以更好地理解学校变革本身。同时，任何场域都有自己的边界，只是这种边界较模糊，其运行逻辑只有在边界内才有意义。在不同的场域，行为主体会表现出不同的社会轨迹，这种轨迹是由场域和个体的惯习决定的。当前学校组织场域变革的主要特征包括：指向生命成长，权力博弈，多元主体，差异性关系。（见图2–14）

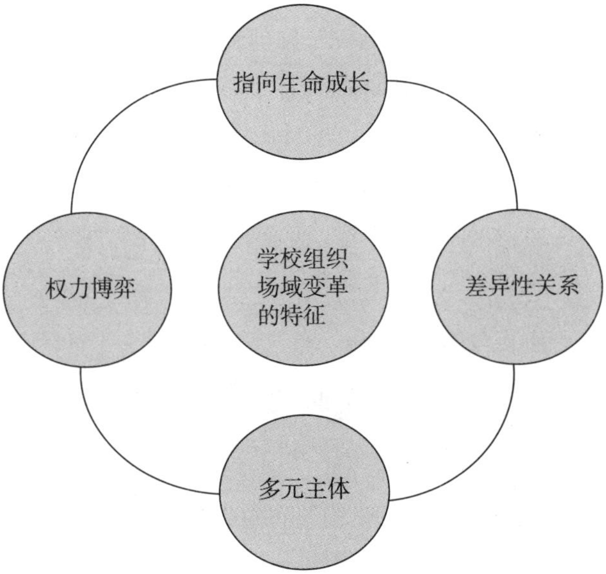

图 2-14 学校组织场域变革的特征

（一）核心逻辑：指向生命成长

开展有关场域的研究，首先要研究场域是如何构成的，效用限度在哪里，哪些人卷入了这些世界，哪些人则没有，以及它们到底是否形成了一个场域。场域不但包括物理空间，而且包括社会空间，它不但包括物理空间，而且包括该物理空间中的价值观与运行逻辑。随着社会分工的深入，社会不断地分化为各个不同的社会领域，这些领域具有相对的独立性，都有一套自己独特的价值观和运行逻辑。在学校组织变革场域，当我们的研究视角超越单体学校和简单的要素时，建构场域发展的核心逻辑是什么？

“无论是组织还是个人，在决定要做什么之前，首先应该确定到底想要什么。”（Handy，1997）学校最主要的组织特征即生命性组织，要把生命的本质、特征和需要体现在教育过程之中，使教育尊重生命的需要、完善生命的发展、提升生命的意义，因此学校变革的目标通常具有模糊性，过程具有不确定性，没有固定的模式，需要在实践中探索。

指向所有人的生命成长应该是学校场域区别于其他场域最主要的“游

戏规则”，教育不是“贴标签的手段”，不是“满足某些特定群体需求的工具”，不是“指向某些量化指标的增长而忽视内在幸福感提升的策略”。学校应该增进学生和教师的幸福感及其获得幸福的可能性，然而我国大部分中小学校的现实恰恰与此相反。一种工具主义的价值观主宰了人们的变革思路，认为有用即真理。“学校的快速发展带来了学校发展的不适应问题。对学校办学价值和意义的理解受到了各种思潮的影响。人文精神被科学主义遮蔽，理想主义被现实主义遮蔽，超越精神被实用主义遮蔽，功利主义的利益效应和效率意识充斥在学校的各个角落。”（孟繁华 等，2011）[1] 学校虽以育人为目标，但因为学校组织并不像工商企业组织或行政组织那样具有明确一致的目标以及清晰可分的工艺过程（克拉克，1994），在工业化社会背景下，基于标准化特征和工业流程的思维定势，很多时候对学校目标的评价就简化为考查学生的学业成绩及学校成绩排名，很多学校片面追求升学率，教师、学生片面追求分数，分数至上、唯成绩论主宰了中小学的发展。

学校必须变革，而且必须进行整体范式的变革才有可能实现其独特的教育使命，“学校必须是有助于成长的教育组织：促进成员的学习进步和个人的成长与发展，鼓励不断成熟，增进自信和自尊、满足感、主动性和对自己行为的责任感”（欧文斯，2007）[17]。人的生命成长是教育的本真目的。这决定了变革的各项工作都是为了人更好地成长而不是其他。不管是学校课堂教学还是思想教育，不论是学校组织结构的优化还是日常管理的调整，也不管学校领导与外部环境如何互动以及学校文化如何重塑，学校所有这些变革的根本目的是育人，是为了学生更好地成长，为了教师更好地发展。当然，这样一种核心使命仅仅通过学校组织或者仅仅通过单个学校几乎无法实现，这也是本书建构场域视角的主要原因。

生命具有完整性。就个体的生命而言，现实的人都是完整的人。他们有躯体也有思想，有物质需求也有精神追求。人是一个复杂的生命体，既有自然生命，也有超自然的精神生命和社会生命，是自然生命、社会生命和精神生命的统一体。生命的完整性是人存在的一个基本特征，舍弃任何一部分，都会造成生命的缺失。

生命具有自主发展性，也就是说，生命具有发展的本质要求和自身规律。人生下来是一个不成熟的个体，具有无限不确定性。相应地，每个生命都具有一种天然的、内在的、超越的冲动。因此，生命的生成性不是被动的外塑，而是主动的自我生成。生成是自主、自由的以及具有自身发展规律的，各种强迫是对生命的压抑。

生命具有独特性和多元性。虽然每个人都具有发展潜能，但是每个人的发展潜力以及发展方向是不同的。由于遗传因素以及早期环境的差异，每个人会有不同的发展和个性。

参与到教育过程中的人首先是鲜活的生命体。叶澜教授曾经对“教育”二字做出过如下解释：教，是教天地人事；育，就是育出人的生命自觉。因此，关注人的主动性和潜能是非常重要的。当然，对人的生命关怀不代表知识学习不重要，知识毕竟是学生在学校里学习的主要内容，只是在教育过程中应该以人的成长和发展为本，两者是相辅相成的。美国教育家柯尔伯格（2003）曾指出：“学校的隐蔽课程必须体现某种更重要的目的而不仅仅是体现学校本身的目标和社会秩序。”实际上，柯尔伯格这里强调的“更重要的目的”就是教育目的，也就是使学生成为什么样的人。学生应该成为什么样的人呢？全面发展，有浓厚的学习兴趣，善良，正直，充满好奇心，善于选择并能承担选择的结果，有团队精神和合作意识，会学习，关爱他人，能发现问题并解决问题，等等，这才是我们的学校应该培养的人。由此，基于学校的教育性特征，学校应成为充满人文关怀、以育人为核心的教育组织。

总体而言，保证学校的核心工作——育人，保证学校的本质属性——教育性，是学校场域变革的出发点和旨归。学校教育的内容也需要我们思考和审视，对此，学界仍有争论。有学者认为，随着工业革命的完成，学校教育的工具价值备受重视，使学校教育越来越偏离其本原价值。事实上，学校教育的本原价值只是在培养学生读、写、算的能力方面具有重要意义，它在其他方面的作用在某种意义上说确实非常有限。（娄立志，2002）而与此针锋相对的观点是，传统的教育唯一重视的就是认知，任何人，不管是否有专攻学院研究的倾向，都无从收益。学校生活应该有一半花在学习生活中“关怀”的一面，包括关怀自己、关怀他人、关怀动物、关怀环境，当然一定要把这种学习跟学术科目多多联系。应该说，我国学校教育的成绩是有目共睹的，但其存在的问题也相当严重。存在的问题主要表现为教育的不全面，过度关注“实质性知识”，因此在一定程度上忽视“方法论知识”和“价值性知识”，问题之症结是对人的认识的偏差，学校教育缺乏的是全面和完整的生命关怀。未来学校教育的方向何在？学校应该有更有效的学习生活。重视学生对于课程内容的参与，设定有趣的课程来实现学生的参与，重视对学生成长的全面关注，使其与现实世界建立联系。

（二）权力博弈

场域存在着力量的差异与对比，包含正在活动的和潜在汹涌的各种力量，体现着力量的维持或争夺。这在学校组织场域中非常明显。权力是指特定主体因为拥有一定的资源或者资本而得到的支配他人或者影响他人的力量。这些资源或者资本可能是经济的，也可能是政治的或者文化的，它们的不同也导致权力的不同。我们可以从两个要素出发来把握权力：第一，权力是以某种形式潜藏着或显示出来的力量，这种力量反映了它所代表的主体的能力、能量的大小；第二，权力存在于人们的社会关系之中，它是特殊的人际关系的表现。

权力的基础是资本，不同的场域里存在不同的资本形态，导致这些场域具有不同的权力形态。在学校场域中，存在着社会资本、经济资本、文化资本等多种形态的资本，不同主体通过占有不同资本来获取不同形态的权力。场域中具有不同利益的个体或群体，由于既有位置之间客观关系（如支配与等级关系）的改变，往往会进行资本或策略的争夺。资本竞争的胜利意味着一种资本被判定为比其竞争对象拥有更多的价值，且影响着其权力的大小。例如在学校组织变革过程中，城乡学校一体化中的资源输出校与输入校、教育集团中的核心校与成员校、高校支持附中附小发展中的高校与中小学等，都体现了不同的权力博弈。以此为参照，在学校组织场域变革权力分配的活动中，各种权力的影响范围和影响程度表现出很大的不同：行政权力表现出控制和受控的双重性与偏重刚性的科层化特点；

经济权力表现出相对依赖的影响性与控制的单极性特点；文化权力表现出相对式微的自主性与不易觉察的内隐性特点。在学校变革场域，起主要作用的是行政权力与文化权力，它们彼此间互相博弈与竞争，共同作用于场域中的行动者。

1. **组织场域变革中的行政权力**

行政权力主要是指学校变革中的政治权力，即在学校场域变革中为实现变革目标，依据一定的规章制度影响变革的权力。行政权力是一种职务权力，是国家法律、政府意志和规章制度所赋予的，这种权力具有强制力，它自上而下形成一个权力体系，贯穿于学校变革过程的始终。行政权力可以分为外部行政权力与内部行政权力，外部行政权力主要是指学校与政府的关系，内部行政权力是指学校组织场域内部各层级之间的关系。在学校变革中，从行政权力的配置结构及配置走向来看，对于各个行动者来说，重要的问题不只是在于这些行动者手中掌握多少现成的资本，还在于他们如何面对场域所呈现的行动者之间的相互关系网络，如何把握在这些网络中不同社会地位的行动者的资本走向，如何调动行动者手中所掌握的资本。

外部行政权力的实质是处理好学校与政府的关系，其目标是在政府和学校之间达成权力的平衡，其行动者主要指政府和学校。学校对政府的依赖导致其在变革过程中追求合法性，学校组织场域的变革也是如此，政府对权力的垄断使学校听命于政府，学校缺乏办学的自主权与变革的积极性，这主要表现在政府对学校的管理过细过多。“教育行政管理部门对学校事务进行具体的干预，行政审批事项过多过细，办事程序过于烦琐。”（吴景松 等，2003）这样，政府在行使教育职能的过程中容易发生越位、错位、缺位等现象，容易造成自身角色的偏离，这样会对政府与学校产生不良影响，主要表现在这样几个方面：“（1）政府干预过多，造成政府精力分散，负担过重，不可避免地出现忽视大局、决策失误、行为渎职、政策失灵、效率低下等问题。（2）压抑学校的办学活力，滋长学校对政府的过度依赖。（3）导致政府垄断教育，挤压各种社会力量参与办学的空间，阻碍各种教育中介组织的发育与成长。”（褚宏启，2004）这些不良影响的根源在于政府与学校的关系，这需要我们对政府的角色进行重新思考与定位，重新审视政府与学校的关系，转变调整政府原有的教育管理职能与权限，赋予学校更多的自主权，实现管办评分离，推进现代学校治理体系的建设。

学校内部行政权力包含在组织变革中形成的教育集团、教育集群、教育联盟等新的组织形态层面的权力分配，这是在不改变学校公办性质的前提下采取更为灵活的形式开展的制度创新，是在学校与教育行政部门之间构建的新的治理层级。组织就其本质而言，是个协作系统，是利益相关者之间利益协调的中介。由于其开放的特性，组织常常倾向于同利益相关者形成联盟以实现共同的目标，以此建立并维持合作关系使所有利益相关者的利益最大化，降低环境的不确定性。

组织场域变革的进行以及新的治理层级的出现就是教育行政部门与中小学、高校、社会之间权力重新分配的产物。当代的政府组织已经不可能直接通过法律或其他命令的方式来施行其公共计划方案，相反，政府在实施其政策和提供公共服务时必须事先与社会进行磋商。“政府越来越不可能仅凭借法定方式和必要时的强制手段来将其意志强加于民”（彼得斯，2001）[9]，而是需要与许多对政策具有影响力的自利性团体达成共识，提高管理者的自主权，当然管理者仍有义务遵守与他们管理方案有关的法律，之后才能够进一步制定并执行政策。这无疑带来了更多自行处理问题的空间。教育民主化运动与自下而上的改革都提倡给予公众更大的开放度和更实际的选择权，这在教育治理改革的发展历程中已经得以展现。在这个过程中，权力的变迁分为两个方向，一个是自上而下授权，另一个是权力的转移。教育行政部门要遵循简政放权的思路将办学自主权还给学校，同时在新的治理层级间及学校内部，学校、家长、社区等群体的权力转移也是一个重要方面。

2. 组织场域变革中的文化权力

文化权力的基础是文化资本。文化资本可以有三种存在形式：（1）具体的状态，以精神和身体的持久‘性情’的形式存在；（2）客观的状态，以文化商品的形式（图片、书籍、词典、工具、机器等）存在，这些商品是理论留下的痕迹或理论的具体显现，或是对这些理论、问题的批判等；（3）体制的状态，是以一种客观化的形式存在的，体制化的文化资本是文化能力经过文化体制的资格授权后的存在形式，基于此，文化资本的拥有被合法化。我们可以把文化资本这三种形式分别称作文化能力、文化产品和体制化状态的文化。教育场域的资本主要为文化资本，“教育活动的各个要素及它们之间的联系，基本上都是通过知识而实现的。显然，教师是通过知识的组织和讲授而与学生互动的；而学生也是通过对知识的学习而实现与教师及其他教育者的交往的；教育管理者的活动也是通过对知识的组织、控制和评价等形式来实现的……我们甚至可以认为，教育活动、教育制度与其他社会活动、社会制度之间的关系，从根本上看，也都是通过知识而完成的”（谢维和，2000）。由此可见，在教育场域，知识是教育活动的主要媒介，各种教育活动都是通过知识讲授得以完成的。而知识是文化的载体，因此，文化是教育场域的主要纽带，文化资本是教育场域的主要媒介资本。

文化权力是在文化资本基础上知识和权力的联姻，它使知识的力量得以凸显，是文化的支配性在权力中的具体呈现。由于教育场域是一个文化场域，因此，在学校变革中，拥有文化资本的行动者就会拥有文化权力。该场域内不同行动者（教育者、受教育者、管理者）之间“发生互动的前提和中介以及互动的背景、互动得以展开的形式和途径，甚至互动过程的反思和意义投射等，无不跟知识与文化紧密相连；互动主体彼此间的影响和作用无不是知识和文化上的；互动的过程和结果，如视野之拓展、经验之积累、知识之增加，亦无不是知识与文化上的”（刘生全，2006）。由此可见，教育场域内不同行动者之间互动作用的权力属于文化权力范畴，这种基于文化资本的文化权力表现为教育管理权力、施教权力和受教权力诸种具体形态，并在各种教育互动之中得以产生并实现再生产。正是文化权力的这些具体形式，编织了教育活动的互动之网，使教育场域得以产生并实现再生产。在学校变革场域中，行动者对文化资本占有程度的不同造成其文化权力大小的差异，变革场域中的行动者包括高校、中小学、社区、教育行政部门、家长群体等，由于他们所拥有文化资本量与质的不同，其在变革场域中的位置就各不相同，进而形成了权力的差序格局。谁拥有更多的文化资本，谁就可能占据差序格局中更有利的位置，反之亦然。

（三）多元主体

场域中的行动者虽然有着各自的权力诉求和利益需要，但其获得的机会和拥有的能力各不相同。为了更好地解决学校组织变革场域中的权力分配和关系构建问题，必须分析场域中的主要行动者。行动者是场域的核心要素，对学校组织变革场域中的行动者进行划分，是更好地理解合作中权力实施、能力提升以及资源分配的基本前提。在这一过程中，涉及的主要行动者包括中小学校、教育行政部门、大学、专业机构和家长群体，多元主体在场域的形成与运动中共同发挥作用。

早期的新制度主义学者们强调，制度环境制约组织结构及其活动的各种方式。（Meyer et al.，1983；Dimaggio et al.，1983）近年来的研究出现一个转向——从强调制度对行动者的影响转向强调行动者对制度的影响。换言之，学者们开始关注制度变迁问题。例如，有学者指出，无论是在稳定的还是在不稳定的制度背景下，行动者并非简单地受到其组织场域中制度逻辑的控制；相反，他们通过运用社会技术来重塑制度。（Fligstein，2001）前文已谈及，组织场域与多元行动者之间的关系是共生关系，行动者的行动与组织同时出现，组织既不是一种自发的产物，也不是一种先在的设计和筹划的关系系统，而是一种刻意的、有意为之的适时建构，由于共同利益的存在，有着共同的利益目标，人们才进行这种人为的建构，建立起合作关系，利用集体的力量，来解决共同面对的问题，实现共同的利益目标。当然，多元主体也期待在实现共同目标的同时，通过组织来实现自己的利益目标。

组织场域中的行动者并非消极的顺应者与遵从者，并非只是受利益动机驱使的行动单元，也不仅仅是制度环境塑造的对象与规则的顺应者，他们更是组织的建构者、积极的行动者，是能动的、自由的。（费埃德伯格，2008）[7] 组织，作为一种行动领域，既对行动者进行种种限制，也为行动者提供诸种机遇。行动者在参与完成组织共同目标的同时，也在利用组织提供的机遇和有利条件，最大限度地获取权力，获取优势地位，调动可供使用的资源，进而获得其希望得到的收益。（张月 等，2008）行动者并非简单地受到场域结构和客观位置的控制，还可以凭借结构所赋予的资源和自身能力再生产场域，从而使得在学校组织建设和发展的同时，整个组织场域也得以不断更新和改进。行动者能动作用的发挥不仅取决于能力的强弱，还受到其所拥有的资源的影响。资源作为结构得以存在和运行的基础和载体，行动者也会对资源进行重组，使他们对于资源的利用得以优化并充分发挥资源效益，从而更好地推进学校组织场域变革。能力与资源紧密相连，资源的配置、获得、开发和利用反映出行动者能力的高低。

在组织场域研究中，有研究者用中心—边缘结构来描述场域中的等级关系。也就是说，任何一个组织场域都存在中心组织和边缘组织，无论是中心组织，还是边缘组织，都希望在制度化过程中嵌入自身利益，但由于利益诉求不同，制度化过程最终演变为各方为了自身利益而互相博弈的过程。至今为止，推动新的制度化的行动者到底产生于中心组织还是边缘组织仍是一个谜。（Greenwood et al.，2006）中心组织虽然拥有资源推动变革，但因为既得利益而缺乏变革动机；反过来，边缘组织拥有变革动机，但缺乏推动变革所需要的资源。有学者指出，边缘组织更加可能成为制度创建者，因为它们受到压迫，更可能通过集体行动发动“革命”。（Seo et al.，2002）

以教育集团为例，每个场域中行动者不同，能力各有差异，其所获得和可供支配的资源也不相同。政府是公共教育的举办者和提供者，专家是教育发展的智库，两者可以为学校组织变革提供必要的条件和支持，而学校是进行组织变革合作的能动的有机主体。同时，家长的行动者角色也发生了变化，家长作为学校的合作伙伴和利益关系的代理人，由学校变革中的“局外人”变为“局内人”。教育集团的发展和演化最终来源于集团内的“中心组织”还是“边缘组织”，还要根据具体情况来判断。

（四）差异性关系

关于组织的知识图谱，早期单一的、清晰可辨的和稳定的描述，迅即被复杂性、多元化和异质性所取代。在目前的社会情境下，组织呈现出了新的特征："象征性的符号日益取代边界划分的物质主义方式"，"外部化战略取代内部化战略"，"组织运作和实施控制的机制和方式发生重大变化"，"在所有权缺位情况下合同和水平化控制方式的重要性"，"依赖于实体主义的结构模式向依赖于关系的结构模式转变"。（张银岳，2007）这些都形成了学校组织场域变革的差异性关系。组织，作为行动者系统在运作过程中所表现出来的一种局部秩序，相比较于传统组织分析所描述的稳定的、可预测的状态，被迅速碎片化，组织的运作表现出明显的政治性和权变性的特征。

协调是通过规则实现的。任何行动领域都存在着一定的规则，规则制约着人们的行动，意味着行动的秩序。在韦伯的定义里，组织更多是一种相对"封闭"的社会关系，只限于特定的个人能接近，在行政人员协助下的长官或主管来实行这一限制。随着开放系统观念的出现，组织与环境的交换及依赖被重视起来。由此，组织场域变革也形成了多种概念并研究了不同的指标，包括行动者（独特的角色、成员资格标准、身份认同）、关系（互动频率、沟通模式、网络）、活动（任务、日常工作、交谈）以及规范和法律标准（所有权、合约、合法权威）等。组织边界已经变得更加可渗透和更加灵活：终身制的工人被临时的、兼职的和合同制的雇员所取代；团队和项目小组经常包括多个彼此独立的企业的成员；组织压缩、增加并廉价出售其组成部分；组织与其交易伙伴及竞争者结成联盟。组织的边界并没有消失，但是组织的范围、成分、持续时间和实施机制上发生了变化（斯科特，2006），同时，随着组织面临对它们机能的重大挑战，组织结构发生重大转变，合并资源投入，"外部化"倾向明显。长期以来作为组织特征的极端典型的一元化的层级制正让位于更加分权化的和水平化的系统，这种变化形成了多样化的差异性关系。在经济领域如此，在学校领域也是如此。

社会场域可以描述成为一种由各种社会地位所构成的多维度的空间；而每一个实际的社会地位又是依据相互调整的多维度系统而界定下来。从分析的角度来看，不同位置的存在以及分配结构中实际的和潜在的处境，占有的不同资本形成了不同位置之间的客观关系，如支配关系、屈从关系、结构上的对应关系等差异性关系。当下的学校组织变革中，城乡学校一体化中的学校之间、教育集团以及教育联盟的学校之间、高校支持附中附小建设项目中的大学与中小学以及中小学之间形成的新的组织形态，正是这种场域差异性的体现。

二、本研究的理论框架

依托组织社会学的新制度主义理论，从“宏观和中观的”“外部的”“关系的”“结构的”视角分析当前学校组织场域的变革，非常契合当前学校变革的整体趋势，更有可能深入地指导实践。社会科学的对象既不是方法论个人主义所推崇的个体，也不是单个的、追求私利的个人聚合而成的群体，而是场域。它是联结宏观层面的制度与微观层次的行动者组织的媒介，也是社会发生转化的过程。在场域中决定各种位置的是行动者在不同类型的权力（或资本）分配结构中实际的和潜在的处境，以及它们与其他位置之间的客观关系。

从场域角度进行分析有几个必不可少并内在关联的环节。第一，需要勾画出行动者所占据的位置之间的客观关系结构；第二，要分析行动者的惯习，即差别化的性情倾向系统，行动者通过将一定类型的社会条件和经济条件予以内化的方式获得这些性情倾向；第三，辨别行动者在场域中运作的各种特有的资本形式。

场域间的关系并非一成不变，因此，如果不对场域的结构和模式进行共时性的分析，就不能把握该场域的动力机制；不对结构的构成、不对结构中各种位置间的张力以及这个场域和其他场域尤其是权力场域间的张力进行一种历史分析，就不能把握这种结构。位置的把握非常关键，位置不是指物理空间中的位置，而是关系网中的位置。如果说场域是一张社会之网，那么位置则是这张网上的各种网结。占据不同的位置，就会有不同的资源，从而发挥不同的作用。具体来说，位置有以下三层含义（戴烽，2010）[32-33]：①位置是客观的，它是场域中各种关系交织而成的网结，在人们的主观意愿和行为选择的关系中，位置起着客观前提和社会规定性的作用；②位置含有社会资源和权力资本，社会成员或社会团体因占有不同位置而获得社会资源和权力资本，他们只有获得某种社会资源和权力资本才能占有某种社会位置；③因为位置中含有资源和权力成为场域内矛盾冲突的焦点，在复杂的社会斗争中，位置处于持续的变易之中。

基于前面对场域及其内在关系的分析，基于场域构成的模式和类型，在此构建本研究的理论框架。

（一）按生态位及其关系划分：均势场域与非均势场域

特定的组织场域可能包含各种不同的参与者和行动主体，如企业组织、政府、关键的交换伙伴或资源提供者、专业机构、特殊利益集团、消费者等。组织场域中相互竞争的主体通过采取行动，为关系主体创造出多种可获得的选择来展示自己，并取得他们的关注、赞许和资源。关系主体在对各竞争成员及其提供的物质的选择过程，决定了特定战略的成功程度，以及他们所获得的竞争优势的大小。换言之，战略决策不仅取决于组织自身的目标，更重要的是取决于各种关系主体如何理解并对他们的业务做出选择。因此，组织外部的这些关系不能仅仅描述为传统意义上的产业，而应被描述为一种特定的组织场域。这种组织场域包含了各种行动者之间持续不断的互动、信息交流、相互信任、相互协调和理解等复杂的关系，这种复杂的相互关系不仅要在特定的企业（行动者）交换背景下理解，而且还要放在组织场域和社会网络结构背景下来考察相互关系的嵌入性。这就是场域关系的根本。

学校组织场域变革主要包含的行动者包括教育行政部门、中小学校、大学、科研机构及专业组织、社区、家长等，根据场域的具体情况不同而不同。如，在城乡学校一体化建设中，主要的行动者包含输出校、输入校以及市教委、区县教委等；在教育集团改革项目中，主要的行动者包含集团内的全部学校、区县教委等；在大学支持中小学发展项目中，主要的行动者包含大学、中小学以及市教委、区县教委等。从行动者的角度看，制度建立不完全是一个自上而下的过程，而是自上而下与自下而上相结合的过程。制度创建常常被认为是政府自上而下的刻意安排，这种理解有一定的解释力，毕竟政府具有合法性强制能力，是一种独特的行动者，它具有界定各种行动者性质、能力和权力的特权，能导致新制度形式的产生；但过于强调政府的作用，也会得出与事实不相符的错误结论。实际上，所有的行动者都有意无意地参与了社会制度的生产与重构。

在学校组织场域变革中，根据主要行动者之间的生态位及形成的场域关系，可以将场域划分为均势场域（见图 2-15）和非均势场域（见图 2-16）。在一个组织场域内，主要行动者因人力资源、权力资源、声誉资源和物质资源几个方面占有情况的不同，可以划分为关键组织、弱势组织及均势组织。人力资源包含社会组织所吸引的社会成员的素质和数量两个方面，权力资源是指社会组织通过社会的制度安排所获得的权力，声誉资源是指社会组织在长期发展过程中获得的名望和认可，物质资源是指组织所占有的全部物质的价值总和。所谓关键组织是指在社会的组织格局中相对于相同组织类型内的其他组织个体的大多数，在人力资源、权力资源、声誉资源、物质资源四个方面的占有中至少有一个方面具有绝对优势。与之相应，弱势组织是指在几方面都处于相对劣势的社会组织个体，而均势组织是指在几个方面都不存在明显优势也不存在明显劣势的社会组织个体。

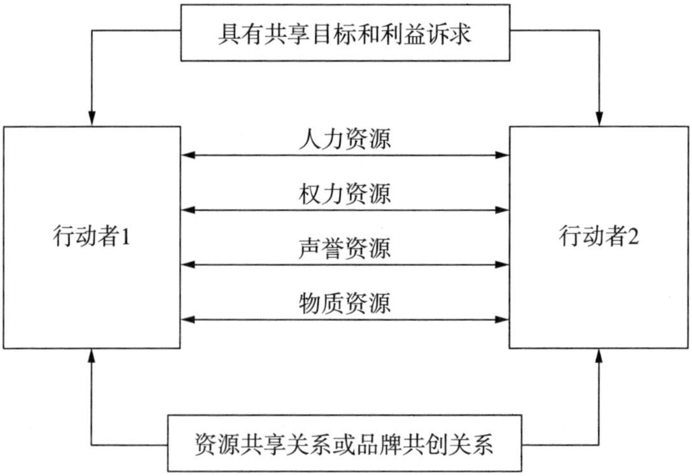

图 2-15　均势场域

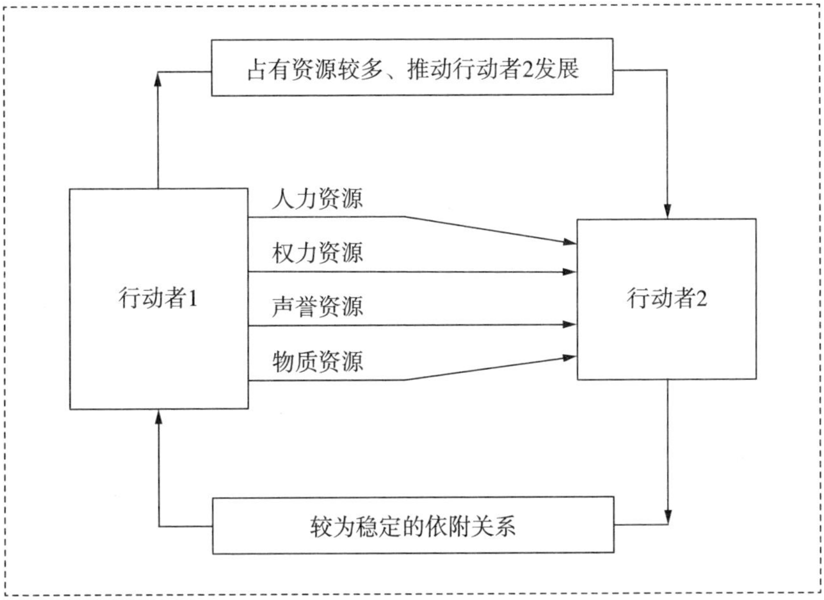

图 2-16 非均势场域

场域中充斥着权力的博弈，可以通过关键组织、弱势组织及均势组织的分布及互动来表达主要行动者间的力量博弈关系（见图 2-17）。在组织场域中，主要行动者之间在各自占有的人力资源、权力资源、声誉资源、物质资源等差距较大的，我们称之为非均势场域，反之为均势场域。实力越强的组织个体在多组织合作中的选择机会也越多，它们在建构场域的过程中居于主动地位。弱势组织出于保护自身的完整性和独立性的需要，往往希望通过制度化的措施来稳固自己在组织合作中的位置，（赵孟营，2007）因此它们愿意积极参与合作关系的建构，以期通过在组织生态中占据一席之地的方式赢得自己的生存和发展空间。在这个过程中，长效合作机制建设是重点，权利义务约束和评价机制建设跟进。应该尽可能在组织间合作中建立开放、互动的工作方式，实现每个学校的成功，采取共同的、有效的方式回应新的挑战。

弱势组织拥有独立的组织目标、权威机构以及一定的发展资源，但它并没有足够的能力独立实现发展目标，需要借助外在力量驱动与激活。关

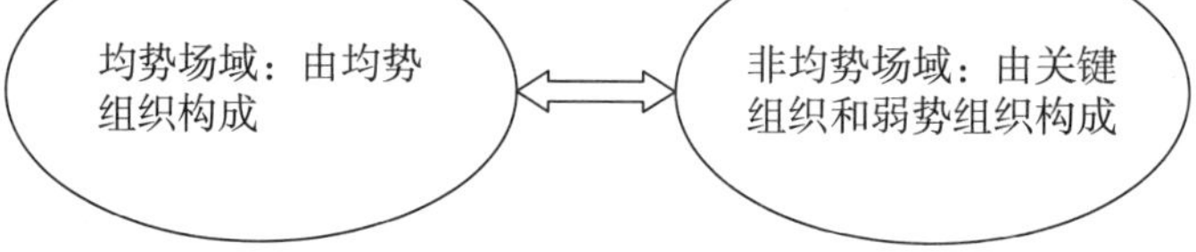

图 2-17　按生态位及其关系划分：均势场域与非均势场域

键组织常常就起到这样的作用，以先进的理念、丰富而有弹性的资源体系、完善的制度框架等推动弱势组织的发展。在这一过程中，弱势组织不得不通过让渡一部分组织的自主性和独立性的方式从关键组织那里换取。组织间形成较为稳定的依附关系。此时还可以分为两种情况。如果弱势组织是由关键组织派生的，其组织目标、组织权威结构均由关键组织规定，通常依从于关键组织的组织目标和权威结构；其组织资源是由关键组织从自身资源中分割并与之共享，关键组织也能够随时收回这些资源；它的生存周期和发展方式也由关键组织控制。比如，名校办分校过程中由名校直接派生的新建分校，就具有这样的特点。还有一种情况是虽然弱势组织不是由关键组织派生，是由弱势组织的成员自主建构起来的，但只能够维持生存，其发展所需的资源全部来自关键组织，不过它从关键组织那里获得资源的方式比较灵活，既可以由关键组织主动出让一部分资源，也可以以特殊的方式主动享用关键组织的资源。

在均势场域中，主要行动者之间在人力资源、权力资源、声誉资源、物质资源等方面不存在显著的差异，组织合作的目标不是一方为了依附另一方获取资源，而是组织间具有共享目标和利益诉求，在此基础上建立资源共享关系或品牌共创关系。此时行动者之间较为平等，双方或多方互有需求，在结构上相对独立。以教育集团为例，均衡型教育集团通常是基于人才培养衔接或共创优质品牌等需求诱致形成。

（二）按场域的成熟度差异划分：新兴场域和成熟场域

按照场域的演化逻辑及成熟度的不同，场域可以划分为新兴场域和成熟场域。新兴场域是指制度尚未完全固化，在稳定性和均衡性方面相对不成熟，合法性亟待建立的场域。在新兴场域中，宏观文化话语和制度构建会起到重要作用，“制度化过程需要让参与者认为所建立的原型和共享的逻辑是理所当然的，而且需要将逻辑和惯例转变成组织形式”（Purdy，2009）。在场域构建与发展的过程中，制度构建者需要说服各种利益相关者认同新场域的必要性，即采用话语战略，以塑造场域中参与者的价值观念，进而塑造场域中参与者的交互行为，增加场域的明晰性，使得利益相关者理解场域该如何运营以及怎样运营，（Marcus，2010）将新组织形式合法化的过程，不仅需要实践，同时需要建基于新的逻辑形式，形成有关范围、结构和评价方法的解释方案。因此，理论化工作是非常必要的，同时还需要进行集体行动，并与关键利益相关者建立依附关系，甚至与场域外的旁观者建立联系。

成熟场域通常是指组织场域发展到了一个相对成熟的状态，组织形式相对固化，具有一定的稳定性，惯例已经形成并起到较大的作用。一般来说，形成一个新组织形式需要参与者首先破除当前形式中存在的信仰、规范和价值观，建立体现新信仰、规范和价值观的新形式。（Walker，2012）在成熟场域面临变革时，取消和替代旧的惯例通常要面临更大的困难。有研究者指出，成熟场域中的制度变迁需要经历六个阶段，即突然震荡、去制度化、前制度化、理论化、扩散化和制度再生。首先，受到外部事件（如社会变动、技术革新或规制变迁等）的影响，现行制度可能会发生“突然震荡”的情形；其次，制度创业者在去制度化过程中需要打破场域现有结构，往往需要采用去耦化方式；再次，制度创业者进行自主创新，寻找技术活性高的方案，为理论化做准备；接着，进行理论化，需要对抽象分类进行说明，并清楚阐明事件的因果关系，可以通过话语战略，详述一般性的组织失灵并证实抽象的可能解决方案；然后，在场域中扩散化新惯例；最后，新惯例得到认知性接受，并被认为是理所当然的，新制度再生。通过这样一个过程，再生的制度获取了实用、道德和认知合法性，组织场域也发展到一个新的成熟状态（见图 2－18）。（Greenwood et al.，2002）

图 2-18　新兴场域与成熟场域

（三）按场域形成的制度化过程划分：制度同构场域和制度创建场域，即同构模式和创建模式

卢卡奇曾言，让思想回归故里。研究者必须把事件放入历史背景和宏观环境中进行分析，因为只有理解制度所运行和演化的环境，才能更好地理解制度。组织场域的形成是场域内组织通过协商、谈判、合作、竞争，构建场域制度生命，制定制度规则，定义场域边界，规范场域成员行为恰当性的过程。在面对制度压力时，组织场域的行动者有着不同的回应，归根结底包括遵从和破坏这两种方式（Boutinot et al.，2013），对应着组织场域研究中的两种制度逻辑。一方面，场域的参与者要遵从场域内的既有规范和价值观，这会导致制度同构的发生（DiMaggio et al.，1983），这时的组织场域是固化的，属于被动性制度逻辑；另一方面，场域的参与者可以操控或破坏既有制度，将会导致制度变迁或去制度化（Boutinot et al.，2013），与制度创建相关，这时的组织场域是演化的，属于主动性制度逻辑。这两种逻辑，即制度同构和制度创建，基于此，我们可以把场域划分为同构模式和创建模式（见图 2-19）。

1. 同构模式

场域中的组织为什么如此相似？场域同质性是由什么造成的？这些问题与组织场域中的制度同构密切相关。制度同构是参与者改变自我范式以遵从环境中的制度从而实现场域同质化的过程。（Quirke，2013）也就是说，场域中的行动者通过遵守场域中的规则实现自身的生存与发展。因

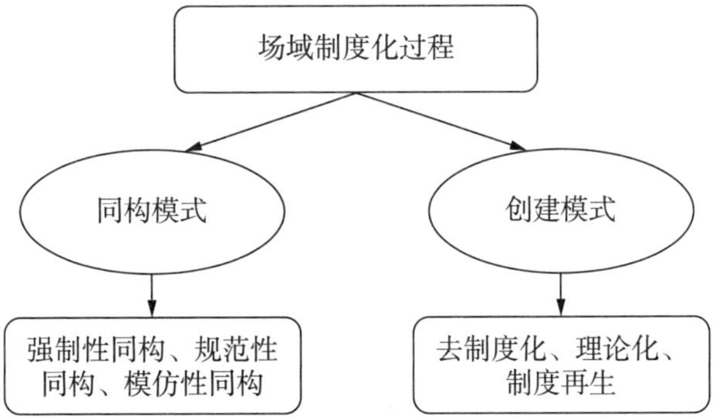

图 2-19　按照场域形成的制度化过程划分：同构模式和创建模式

此，行动者需要改变自身，通过强制输入、要素整合或其他方式来适应场域中的制度和规则。

在由利益相关者构成的组织场域中，组织受到外界相似制度环境的影响，会日益趋同。迪玛吉奥（DiMaggio et al.，1983）指出，制度同构可以分为强制性同构、规范性同构和模仿性同构（见图 2-20）。强制性同构起始于组织所依赖的组织场域中有影响力的其他组织对其施加的正式和非正式的压力，以及由其所运行的社会中存在的文化期待对其施加的压力，这种压力可能被组织感知为要求其加入的强制性、劝服性力量。规范性同构主要源于专业化进程，专业化可以通过两种方式形成同构：一是基于专家所制定的、认知性的、文化的合法性制度；二是跨组织的并且使新模式能迅速扩散的专业网络之间的合作。模仿性同构意味着在面临不确定性时，该组织会以场域中其他相对成功的组织为参照模型，模仿其行为以降低压力。（DiMaggio et al.，1983）通过这三种方式的同构，场域的行动者和参与者就可以获取实效合法性、道德合法性和认知合法性。

实效合法性又称为交换合法性，是建立在组织的最直接评价者的自利性算计基础之上的，本质上产生于组织与这些评价者的直接利益交换，也可产生于由直接交换引申的更加广泛的政治、经济或社会利益的交换，组织活动可以带来哪些“利益”是核心问题。道德合法性又称为规范合法性，不是基于组织活动是否有利于评价者个人的利益，而是基于是否符合

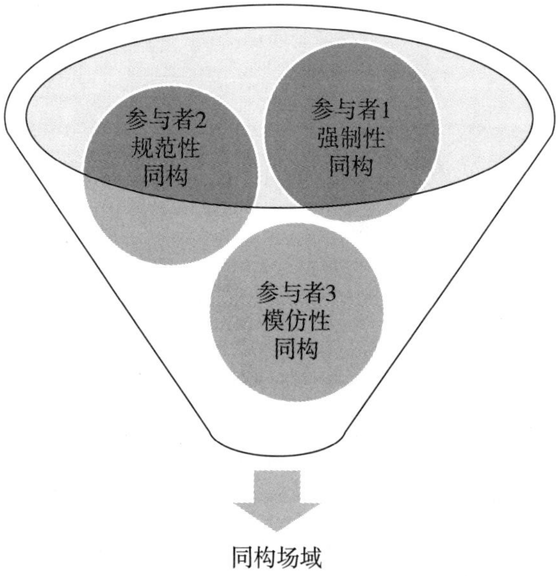

图 2-20　同构场域

社会建构的规范、标准和价值系统。认知合法性是基于认知而产生的合法性，与社会已经承认的社会事实和思维模式相联系，而不是基于直接的价值判断和利益算计。一方面，认知合法性强调"理解"在形成合法性中的作用，理解赋予组织活动以可预测性和意义，防止误导和宣传迷惑。另一方面，认知合法性强调"理所当然"。"理所当然"以一种组织及其活动固有的属性，以一种认知的"外在性和客观性"，来消解对组织合法性的异议。三者既相互支持，又相互冲突。如若只空洞地倡导道德合法性，忽视交换机制与规则的建立，就会导致行为缺乏实效。

2. **创建模式**

组织场域如何演化？什么造成了组织场域的异质性？制度从哪里来？创建模式将行动者的主观能动性引入制度分析中，为观察制度变革和场域演化提供了有价值的视角。（Garud et al.，2007）制度创建是指有目的地创造新制度或改变现有制度的过程。（Ojha et al.，2014）行动者通过改变制度范式，可以实现场域的异质性。（Quirke，2013）制度创建的过程涉及制度变迁，作为制度创建者，参与者的制度创建行为促进了场域的演化，因为场域也由制度构成，制度发生改变，组织场域也会发生变化。

制度创建依据场域成熟度的差异而不同。在新兴场域中，规则和惯例往往未得到很好建立，场域结构也未得到明晰界定，首先需要的是占据合适位置。（Maguire et al.，2004）新兴场域中的制度创建往往是制度从无到有的过程，制度创建者需要在场域中进行准确定位，以占据有利位置，进而采用理论化和制度化战略以及相应策略实现制度从无到有的产生，使新场域向成熟场域过渡。

而在成熟场域中，存在既有的规则和惯例，首先需要去制度化。成熟场域中的制度创建往往是制度从旧到新的过程，体现了一个成熟场域向另一个成熟场域的演化。制度创业者需要去除既有制度的合法性，实现去制度化，然后采用理论化和制度再生以及相应的策略实现制度从旧到新的转变。

那么，在什么情境和影响因素下，参与者选择制度同构，实现场域的同质性？在什么情境和影响因素下，参与者选择制度创建，实现场域的异质性？行动者选择的标准是什么？行动者是否非要二者选其一，参与者是否可以同时进行制度同构和制度创建？在此过程中，如何既能实现组织自身发展，又能实现制度变迁和场域均衡发展的目的？这是围绕制度同构与制度创建的实践必须要进一步思考的问题。

（四）按场域行动者影响媒介划分：知识扩散模式和权力影响模式

在组织场域变革过程中，场域中各行为者通常可以通过“知识扩散”（Boisot，1998）机制和“权力影响”（Child et al.，2012）机制影响制度化过程（见图 2-21）。

图 2-21　知识扩散模式与权力影响模式

1. 知识扩散模式

知识扩散模式源自博伊索特知识资本理论中的社会学习周期。在知识资本理论中，博伊索特提出一个知识空间框架来分析信息经济中知识资产对企业核心竞争力形成的作用。具体看，个体的新知识在两个因素（可编码性和可抽象性）的影响下，通过社会学习周期进行动态扩散。在这一周期中，个体特定知识经过努力构建，会去掉默会的具体细节并获得一般性，于是可以由其他人来分析和使用，而一旦这种知识扩散受到其创造者的控制，就成为一种专有的资产，能够带来竞争优势。（苏郁锋 等，2015）

社会学习周期实际上反映了个体与其他个体之间基于知识扩散的互动。在市场交易中，存在一系列关于行动者如何行动的非正式、不明确的规范，或者是一系列明确界定的合约、法律或规制，或者是两者的结合（即制度逻辑）。个别行动者会尝试提出一些能够降低交易成本、提高产能、提供更多交易机会的替换性交易规则（如新的产品架构或商业模式），这种交易规则以知识的形式存在，一旦成功扩散，就可能逐渐固化下来成为一种制度。

根据博伊索特的框架，交易规则的扩散程度取决于它的可编码性和可抽象性。编码是行动者运用一些常识框架对他们经历过的某些现象进行概念的分类架构以及分组。如果一个规则所包含的知识更加具有可编码性和可抽象性，即更加清晰和具有适应性，那么这些规则的扩散速率将会更快，被制度化的可能性也更高。（苏郁锋 等，2015）

在新交易规则的扩散过程中，不同行动者对规则会有不同的解读。个体行动者可能以特殊方式理解它，并将已经被抽象和编码的规则与某些特殊情形结合，导致一些规则在特定情景中发生变化。换言之，新规则是在一个从特殊到一般、再从一般到特殊的演化过程中扩散的。随着不同行动者接触到这些新规则，某些规则最终会被社会整体认为是高效率的，并得以结构化。这些结构化了的规则反过来会制约、改变个体的行为。值得注意的是，知识扩散也可能遇到有意识的阻碍。（苏郁锋 等，2015）具体而言，由于知识扩散过程中存在被其他个体行动者重新解读的可能性，这些行动者可能有意识地对该知识进行加工，也就是说，在新规则的制度化过程中嵌入自身的利益考虑。替代性的交易规则往往会触及既得利益者的核心竞争优势，因此他们主动限制知识扩散的可能性更高。

举例来说，高校支持附中附小建设的高校与中小学联盟，通常更是一种“弱型治理”，必须强化价值认同。与主要依靠激励和强制执行的正式规则的治理方式相比较，高校与中小学联盟是一种更加依赖道德约束、以非正式制度安排为主、治理强度相对较弱的治理模式。作为一种弱型治理，影响高校与中小学联盟治理绩效的主要因素不但包括治理结构和外部环境等，而且包括价值认同、符号和意识形态等。唯有形成共同的价值认同、理念认同才能充分发挥高校与中小学联盟的治理功效。

2. 权力影响模式

权力资源是行动者影响制度环境的基础，拥有更多资源的行动者在政治上更加活跃。凡是有社会关系和社会力量存在的地方，就有权力存在，就有权力发生作用。权力并不局限于政治领域，也不单纯表现为国家的政权。权力作为一般的社会关系和社会力量，可以是政治性的、社会性的、经济性的或文化性的。根据弗伦奇等的归纳，权力有五种来源：①拥有用于奖赏的物质资源；②拥有实施或取消奖赏的强制力；③拥有其他行为者所认同的合法性；④拥有其他行为者认同的权力相关性；⑤拥有能够令他人信服并接受的专业性。在布迪厄和其他后结构主义者看来，权力不是单维度和单向性的，也不是某种实质性的因素，而是一种力的关系，是在各种不同的社会关系网络中存在的多维度力量。决定着权力的性质的，是组成特定相互关系的各个社会地位上的行动者所握有的实际资本的力量总和。(高宣扬，2004)[75]

行动者可能在同一时间拥有不同来源的权力，但是拥有权力资源不等于拥有影响力。权力影响指的是行动者运用权力资源，通过动员更多行动者参与游说或建立合法性的方式来影响监管者对相关组织场域的政策制定过程。首先，行动者可以基于共同利益诉求动员其他行动者形成集体行动。有研究者认为，现有制度安排较多反映关键行动者和利益集团的诉求和目的，而难以反映权力较小的普通参与者（包括个人和集体）的利益诉求，因此会产生制度矛盾。在这种情况下，处于弱势的行动者就会有变革意识，会引导众多有共同利益诉求的行动者参与制度变革实践。此外，行动者可以通过构建合法性来影响政策。合法性是一种社会认知或假设，是在一个由规范、信仰及价值观组成的社会系统内，某一实体的行动被其他社会行动者认为是正确、适当以及需求的。除了本身具有的自洽合法性（教育背景、资历、认证、市场地位）之外，行动者可以通过资源获取、网络构建、组织治理等组织行为努力赢得战略合法性。

（五）按场域治理模式划分：科层主导模式、专业主导模式、利益主导模式、个体主导模式、文化主导模式和模糊模式

在学校组织变革过程中，通常会形成新的组织形态或增加新的管理层级，按照场域治理模式不同，场域可以划分为科层主导模式、专业主导模式、利益主导模式、个体主导模式、文化主导模式和模糊模式（见图 2-22）。

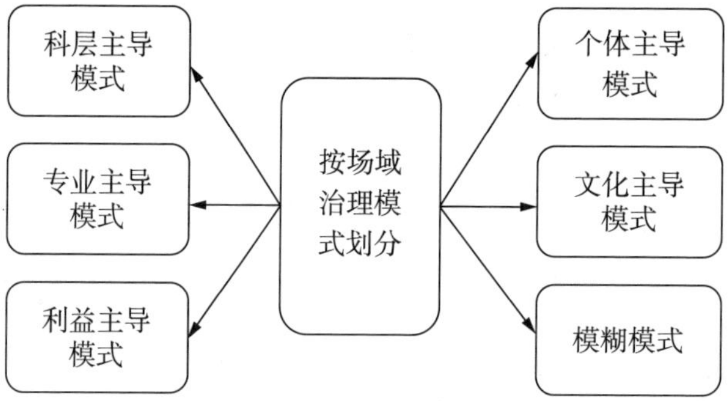

图 2-22　按场域治理模式划分的框架

科层主导模式强调场域的领导权威及等级关系，强调通过理性的方法寻求场域目标，重视场域目标和行动者目标的一致性。场域中等级体系相对鲜明，强调系统、正式结构、目标、等级制、理性过程、权威和效能责任。行动者间垂直的组织结构突出了结构中领导的权威及各行动者、参与者之间正规的关系和相应的责任。结构相对固定，目标相对稳定，分工相对明确，线条相对明晰，决策相对单一、刻板，对环境的反应不够灵敏。这种模式更像是一种正规的、传统科层制学校的结构复制，优点是权责相对明确，但可能不够适应多个学校构成的、组织结构复杂的横纵关系以及灵活的场域目标。

专业主导模式认为，组织结构是横向的，所有行动者在组织结构中是平等的，强调集体协商、共同决策，体现了高度的民主性，重视目标的一

致性。此时在场域中，各行动者间具有共同的价值观，重视专业权威，具有规范性，强调意见一致。专业主导模式在一定程度上排除了权威的压力，将决策权交给了拥有丰富专业知识和技能的专业人员，尊重专业权威，重视权力的下放。此时领导者扮演的角色是协调者和促进者，促使大家意见一致，避免矛盾和冲突，调动行动者的积极性。专业主导模式较为强调广泛民主和意见一致，所以决策的过程可能相对漫长，共同的价值观是重要的，但是完全一致的意见不大可能在场域的所有层面实现，亚场域中可能有一套自己的评价体系，冲突也并非可以或者需要完全避免。

利益主导模式认为，场域是政治性的结构或权力斗争的结果，在场域中自始至终都存在着利益的矛盾和冲突，不同的利益群体或行动者在场域形成的过程中也存在着因为追求自身利益而必须要达成的决策的权衡。场域的总目标是不稳定的、不明确的和有争议的，存在着个人、组织、场域之间的目标分歧。利益主导模式关注利益、利益群体、群体行动、冲突、公共目标、协商和谈判等概念。利益的冲突要通过权力、政治的途径实现协调和谈判，决策是协商的结果。利益主导模式把冲突看作是组织中普遍存在的现象，管理就是通过协商、谈判、协调缓解各行动者之间的冲突关系，平衡利益矛盾的过程。利益主导模式过于强调场域中冲突的存在，降低了公共目标达成的可能，仅把组织和组织场域看作争夺权力和利益的地方，在一定程度上消解了学校组织场域的价值、法则、学术性等。组织场域是被行动者以一种理性的和目的性的方式创造和实施的。历史背景和宏观环境在场域的建构中发挥了重要作用。任何场域都被嵌入更大的社会历史背景中，场域是由其所处环境中的现象建构的，并倾向与这些现象同形。由利益共同体走向价值共同体才意味着制度化的最终实现。

个体主导模式认为，组织场域是由不同的个体形成的关系型结构及在此基础上产生的关系体，因此非常强调个体的经历、价值倾向在组织、组织场域中的作用。个体主导模式的场域强调价值观、背景和经历、个体存在、意义、动态结构和目标的生成性。该模式尊重个体的价值观，重视以个体的经历和背景为基础形成的具有不确定性的个体含义的治理模式，强调行动者的目标，否定组织目标。不关心组织与外部环境的关系，认同个体成员的价值观、信仰与外部环境之间的关系。这在一定程度上消解了领导者的权威性，对领导者的素质提出了很高的要求。个体主导模式下的组织场域显得相对松散，在一定程度上没有统一观念，同时更依赖个体行动者的活力，可能会忽视场域其他行动者的利益，各行动者更容易从自己的视角出发对问题做出解释、形成判断，但如何形成统一的决策，如何协调个人目标和组织目标、个体组织目标和场域目标，仍比较困难。

文化主导模式认为，组织是由正式组织和非正式组织构成的，看重组织的非正式方面，因此非常重视场域中的文化存在，重视信仰、价值观等要素。文化主导模式强调共享规范和共享认识观念的形成。场域中的每个行动者都有自身独特的文化，每种文化体系都是长期积淀形成的共同认可的价值观和信仰体系，并形成共享的规范和认识观念，通过一定的形式、仪式和典礼表达出来。重视文化的复杂性有助于场域构建时自下而上力量的形成，有助于以柔性的方式形成弥散的影响。文化的惯性力量有可能形成路径依赖，其长效性和稳固性有可能使得场域转型发生困难。

模糊模式认为，场域是不稳定的、复杂的、松散联结的系统。在模糊模式的场域中，场域目标并不明确，手段和程序也不甚清楚，组织结构不确定，参与者流动性强，计划性不强，依赖环境的变化做出反应。环境和情境的多变性和偶然性、管理的复杂性、参与决策者的不稳定性和组织结构的松散性等造成了组织目标的不确定、过程的变化和无序以及结果的不可预测，场域中少有固定的规则和秩序，需要对现实的情境做出即时的反应，场域目标是模糊的。这种模式反映了外部环境对场域的影响，拓展了场域治理的方式，但模糊模式过于夸大环境的不确定性和复杂性、目标的不确定性等，容易造成权责不明，场域的发展很难达到成熟状态。

在本研究中，场域领导者该如何有目的地建立和创生制度，这种制度反过来又如何支配和控制组织的行动？这里的主要关注点不在于单个的组织，而是关注组织场域层次的集体行动和制度的建立过程。在组织场域中，规则系统主要不是由外部权威建立的，也不完全是从更大的文化系统中引入的，而是由场域参与者和行动者系统建立的，并引导行动者追求集体的目标。

第三章

实践视角：学校组织场域变革的案例分析

“思路决定出路”，这一判断对于一项研究同样适用。“思路”是指研究的理论视角和分析框架。“理论框架就是认识世界的窗口。框架过滤出某些事物，同时也很容易地将其他的事物排除掉。框架帮助我们安排和管理这个世界，并帮助我们做出决策。”（布什，1998）“出路”就是基于研究思路的论证过程以及研究结论。

选择合作已成为组织的一项重要的“战略决策”和“行动逻辑”，成为教育组织间合作的一种重要类型和方式。这种合作是组织的一种制度建构。组织结构是个体或群体的利益行动所发生的情境。只有在开放系统模型出现之后，组织本身才成为研究的主题，被看成是由环境所塑造的反应性系统，看成是塑造它们自身情境的集体行动者，或者看成是在更大、更广阔系统中的成员行动者。（斯科特，2006）可见，组织研究的重心逐渐由聚焦组织内部转移到关注环境影响因素下的组织行为，而在这些环境影响因素中，制度是一个重要的方面。

北京市正在深化基础教育领域综合改革，此次改革在指导思想上主要强调公平、均衡和质量，其实质是基础教育基本公共服务模式的转型升级，是消费观引导下的广义教育资源供给即“供给侧”的结构性改革和整体变革，面对基于“供给侧”结构性改革的基础教育改革，学校需要对资源、环境、服务等方面进行重构与调整，“穿越”边界。（李奕，2016）市级层面推进城乡教育一体化、高校支持附中附小建设，各区县在市级引领下，通过学区制、联盟校、教育集团、教育集群等多种方式，增加优质学位，横向扩展优质教育资源；通过新建九年一贯制学校、九年一贯对口直升等方式，纵向拓展入学新通道，缓解择校热。总体而言，北京抓住增加优质教育资源和新教育服务产品供给这一切入点，统筹解决教育资源配置，努力推进教育资源的高效治理与应用，打通原有教育链条，增加基础教育末端选择的灵活性，为学生提供跨越空间和时间限制的优质教育资源服务，从而促进教育质量提升，最终实现基础教育的优质均衡发展。前文已经谈及，这是一种典型的组织场域变革。下面将选择城乡学校一体化、教育集团及高校支持附中附小发展三个典型案例从组织场域的视角进行分析。

第一节　城乡学校一体化管理改革

“十一五”期间，北京市在加快学校标准化和规范化建设，均衡配置义务教育资源，探索优质教育资源共享和辐射机制方面成绩较为显著。然而，从整体上来讲，北京市当前基础教育领域优质教育资源还不能满足需求，校际、城乡间优质教育资源分布不均衡。城乡合作办学是增强优质教育资源辐射力的重要途径。实际上，北京市开展的“手拉手”“名校办分校”等多种城乡学校合作办学形式已取得了一定的成绩，积累了比较丰富的经验；然而，问题也比较突出，制度保障不力，体制障碍难以突破等致使部分合作流于形式。因此，创新薄弱学校与名校合作办学方式，创新优质教育资源辐射机制，促进城乡教育一体化，实现首都基础教育从基本均衡向优质均衡转变非常重要。

一体化源于政治和经济领域，是指多个原来相互独立的主权实体通过某种方式逐步结合成为单一实体的过程。一体化过程是政治、经济、法律、社会、文化的全面互动过程。由于它涉及主权实体间的相互融合，并最终成为在世界上具有主体资格的单一实体，所以它不同于一般意义上的国家间合作，涉及的也不仅仅是一般的国家间政治或经济关系。一体化的基本特征在于自愿性、平等性和主权让渡性，其核心是：国家主权的让渡是一个长期的、渐进的过程，在这一过程中制度化和法律化就成为实现一体化的基本前提和保障。

为了推进北京市优质教育资源实质性增长，促进教育公平，北京市教委于 2011 年下半年开始启动城乡新区一体化学校管理改革试验。该项试验是在落实《北京市中长期教育改革和发展规划纲要（2010—2020 年）》（以下简称《北京市教育规划纲要》）、《北京市“十二五”时期教育改革和发展规划》的基础上，具体依据北京市与教育部签署的《关于推进义务教育均衡发展备忘录》《北京市中小学建设三年行动计划（2012—2014 年）》（以下称《三年行动计划》）而制定的一项重要改革举措。城乡新区一体化学校建设的目标是通过引入优质教育资源，在农村、城乡接合部和城市发展新区建设一批标志性的优质中小学，加快实现基本公共教育服务均等化。第一批 15 所项目校既有新建校，也有改建校，还有从名校办分校模式调整而来的续建校（见表 3-1）。学校类型涵盖了小学、中学、9 年制校及 12 年一贯制校等多种建制。北京市教委统筹协调，分别对输入校和输出校给予相应的财政专项补贴，在人事编制等方面也配套一定的优惠政策。2012 年 12 月，北京市教委正式公布《北京市城乡新区一体化学校建设管理办法》，对该项目的组织分工、经费管理、管理体制机制、教育教学等方面的工作内容做了具体的规定。2013 年，城乡一体化学校新增 30 所（见表 3-2），主要位于学位紧张、优质资源紧缺的城乡接合部、中心城市人口疏解区及城市功能拓展区。2014 年，增加的城乡一体化学校为 20 所（见表 3-3）。这样，从 2012 年到 2014 年，北京市城乡一体化学校达 65 所。

表 3-1　2012 年北京市城乡新区一体化学校一览表

序号	合作项目名称	优质资源输入区县	优质资源输出校	优质资源输出区县
1	北京第二实验小学朝阳学校	朝阳	北京第二实验小学	西城
2	北京十一学校亦庄校区小学部	大兴	北京十一学校	海淀
3	北京市第二中学通州分校	通州	北京市第二中学	东城
4	首都师范大学育新学校回龙观校区	昌平	首都师范大学育新学校	海淀
5	东交民巷小学马坊分校	平谷	东交民巷小学	东城
6	光明小学怀柔分校	怀柔	光明小学	东城
7	首都师范大学附属中学永定分校	门头沟	首都师范大学附属中学	海淀
8	北京市第四中学顺义分校	顺义	北京市第四中学	西城
9	中国人民大学附属中学永宁分校	延庆	中国人民大学附属中学	海淀
10	北京小学万年花城分校	丰台	北京小学	西城

续表

序号	合作项目名称	优质资源输入区县	优质资源输出校	优质资源输出区县
11	铁路第二中学长阳校区	房山	铁路第二中学	西城
12	密云县第四中学	密云	北京交通大学附属中学	海淀
13	景山学校远洋分校	石景山	景山学校	东城
14	中国人民大学附属中学第二分校	海淀	中国人民大学附属中学	海淀
15	北京师范大学燕化附属中学	燕山	优质教育资源本区扩展	

表 3-2　2013 年北京市城乡新区一体化学校一览表

序号	合作项目名称	优质资源输入区县	优质资源输出校	优质资源输出区县
1	东城区东四七条小学	东城	史家胡同小学	东城
2	光明小学城南校区	东城	光明小学	东城
3	清华大学附属中学永丰学校	海淀	清华大学附属中学	海淀
4	翠微小学温泉校区	海淀	翠微小学	海淀
5	府学胡同小学朝阳学校	朝阳	府学胡同小学	东城
6	北京师范大学三帆中学朝阳学校	朝阳	北京师范大学三帆中学	西城
7	陈经纶中学保利分校	朝阳	陈经纶中学	朝阳
8	北京市第八十中学实验学校康营分校	朝阳	北京市第八十中学	朝阳
9	中国人民大学附属中学朝阳学校	朝阳	中国人民大学附属中学	海淀
10	芳草地国际学校丽泽分校	丰台	芳草地国际学校	朝阳
11	北京市第十二中学科丰校区	丰台	北京市第十二中学	丰台
12	丰台区第二中学小屯校区	丰台	丰台区第二中学	丰台
13	丰台区第五小学鸿业兴园校区	丰台	丰台区第五小学	丰台

续表

序号	合作项目名称	优质资源输入区县	优质资源输出校	优质资源输出区县
14	北京市第九中学分校	石景山	北京市第九中学	石景山
15	首都师范大学附属中学大兴南校区	大兴	首都师范大学附属中学	海淀
16	大兴区兴华中学金地仰山校区	大兴	大兴区兴华中学	大兴
17	大兴区第一中学兴康家园校区	大兴	大兴区第一中学	大兴
18	顺义区仁和中学	顺义	顺义区第一中学	顺义
19	顺义区杨镇第二中学	顺义	顺义区杨镇第一中学	顺义
20	房山区石楼中学	房山	广渠门中学	东城
21	房山区岳各庄中学	房山	育才学校	西城
22	房山区葫芦垡中学	房山	北京市第三十五中学	西城
23	首都师范大学附属中学昌平分校	昌平	首都师范大学附属中学	海淀
24	北京市第十五中学昌平陈庄（南口）分校	昌平	北京市第十五中学	西城
25	怀柔区第六小学	怀柔	西城区育民小学	西城
26	怀柔区北房镇中心小学	怀柔	北京第二实验小学	西城
27	怀柔区杨宋镇中心小学	怀柔	北京第一实验小学	西城
28	中国人民大学附属小学京西分校	门头沟	中国人民大学附属小学	海淀
29	北京师范大学附属平谷中学	平谷	北京师范大学附属中学	西城
30	延庆县十一学校	延庆	育英学校	海淀

表 3–3 2014 年北京市城乡新区一体化学校一览表

序号	合作项目名称	优质资源输入区县	优质资源输出校	优质资源输出区县
1	清华大学附属中学朝阳学校	朝阳	清华大学附属中学	海淀

续表

序号	合作项目名称	优质资源输入区县	优质资源输出校	优质资源输出区县
2	中关村第三小学万柳新校区	海淀	中关村第三小学	海淀
3	北京市第十八中学西马分校	丰台	北京市第十八中学	丰台
4	北京市京源学校分校	石景山	北京市京源学校	石景山
5	北京市第八中学门头沟校区	门头沟	北京市第八中学	西城
6	北京市第四中学南校区	房山	北京市第四中学	西城
7	房山区长沟中学	房山	中央工艺美术学院附属中学	东城
8	大兴区采育中学	大兴	北京市第三十五中学	西城
9	北京市第二中学亦庄学校	大兴	北京市第二中学	东城
10	清华大学附属小学回龙观学校	昌平	清华大学附属小学	海淀
11	未来科技城第一小学	昌平	北京师范大学实验小学	海淀
12	潞河中学附属学校	通州	潞河中学	通州
13	首都师范大学附属中学通州校区	通州	首都师范大学附属中学	海淀
14	史家胡同小学通州分校	通州	史家胡同小学	东城
15	育才学校通州分校	通州	育才学校	西城
16	顺义区澜西园小学	顺义	顺义区第一中学	顺义
17	北京市 101 中学怀柔分校	怀柔	北京市 101 中学	海淀
18	平谷第十小学	平谷	北京第一师范学校附属小学	东城
19	密云镇中心小学	密云	朝阳实验小学	朝阳
20	延庆县第二小学	延庆	史家胡同小学	东城

学校一体化管理是在北京市城乡新区一体化学校建设的背景下提出的一种新的管理概念，它是城乡教育一体化发展的一部分，是从管理体制机制上对城乡教育一体化发展的实践探索。依据《北京市城乡新区一体化学

校建设管理办法》，学校一体化管理体现了一体化概念中主权让渡、单一实体、制度化保障的理念，采取两个校区“一个法人、一体化管理”，由政府统筹协调，经费实行市级引导、优质资源输入区县为主负责筹措，输入和输出双方区县教委签订输入学校托管协议，输入学校和输出学校实行一个法人代表，校长在两个校区拥有同等的人事、财务、教育教学安排、校园文化建设等各项权力，实现两个校区校园设施、办学经费、干部教师、教育教学、课程资源、教研培训、文化建设的一体化管理。城乡学校一体化管理形成了由资源输出校、资源输入校等主要行动者及区县教委、市教委、家长、社区等行动者构成的组织场域，制度创新是推进城乡学校一体化的必然选择。

一、制度创新：推进城乡学校一体化的必然选择

20 世纪七八十年代以来，各国纷纷出台教育改革方案，依托制度创新推动学校改革。从调整局部，调整人，再到调整学校，最后调整整个系统。(Sashkin et al.，1992）以优质教育资源的辐射推动薄弱学校发展正是着眼于整个教育系统的。另外，强调制度创新，这与近年来教育领域的三个显著变化——教育服务提供从单一走向多元，教育系统结构从松散变为紧密以及教育制度重要性的增加（迈尔 等，2007）具有明显的内在一致性。

制度创新是深入推进城乡教育一体化，实现首都基础教育优质均衡的必然选择，这是由制度的内涵和特征决定的。制度是什么？新制度主义者斯科特认为，制度是由社会符号、社会活动和物质资源构成的多层次的、稳定持久的社会结构，由文化—认知、行为规范和法令规章三要素构成。(Scott，2001)[52]康永久（2003）认为，制度是社会的“游戏规则”或“契约”，是人们创造的用以约束人们相互交流的行为框架。社会学制度主义学者在更为广泛的意义上来界定制度，他们所界定的制度，不仅包括正式规则、程序、规范，还包括为人的行动提供“意义框架”的象征系统、认知模式和道德模板等。(豪尔 等，2007）制度可以支持并约束人们的行为，为组织和社会生活提供意义与秩序基础。(吴重涵 等，2010)

深入分析制度的定义不难发现，制度可以为组织活动提供稳定性，因此制度化的组织间合作关系更具有常态意义。同时，制度化的过程可以赋予组织合作以意义，而非简单的技术任务，很显然，纵使制度最初似乎是为了实现某种目的的工具，最终也会伴随组织的进程变成确定、捍卫价值观的意义事件。

当既有制度无法有效解决重复发生的问题时，促使制度创新的动力机制产生了（见图3-1）。行动者针对问题提出各种具体的解决方案，在这个过程中实现集体理解，乃至将之理论化，提出一般性解释，因此制度创新发生。制度创新是自上而下与自下而上相结合的过程。创设北京市城乡学校一体化管理制度的过程再一次验证了制度创新的逻辑。

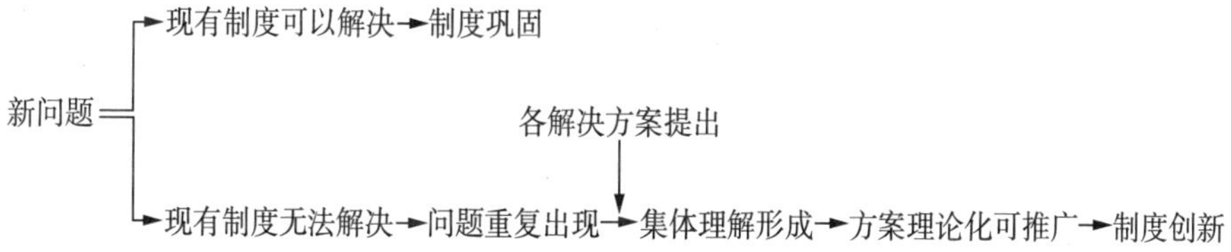

图3-1　制度创新的动力机制

需要重视的一点是，很多学者在研究制度时特别强调制度对于行为的控制与制约力量，制度通过界定法律、道德与文化的边界，而对行为施加严格的制约，并把合法的活动与非法的活动区分开来。然而，更为重要的是，我们应认识到，制度在对行动产生禁止和制约作用的同时，也会对行动者及其活动产生支持和使能作用，因为制度可以为行动提供导引与资源。虽然规制概念难免使人想到压制和约束的情景，但是很多规制性规则对于行动者及其行动具有使能作用，如许可某些类型的行动者采取行动、获得特殊权力和收益等。（斯科特，2010）我们研究的目的就是构建一种制度，以界定行动者可能的行动模式，使得行动者的行为发生，问题得到解决。

总之，推进城乡一体化必然需要进行制度创新，通过制度安排对多对组织间的一体化进行模式化，推动一体化进程深入、有效的开展。

二、从异形异构异质模式走向特色优质模式：城乡学校一体化的发展路径

模式是组织系统的运作方式，是组织系统内部各要素之间相互联系和重新组合的动态过程中形成的相对稳定的结构。模式是理论和实践的中介，任何管理都无法摆脱模式，教育管理离不开教育管理模式的创造、选择和合理应用。进行城乡学校一体化管理改革试验研究，必然要通过研究一体化模式来把握变化发展及其运行规律，实现教育管理的科学化。

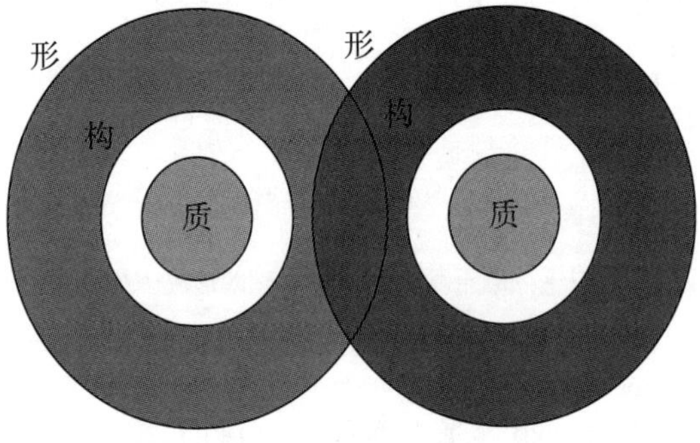

图 3-2　学校一体化模式的要素分析

形、构、质是城乡学校一体化管理模式的核心要素（见图 3-2）。形主要指校名、符号、人工器物和活动，通常表现为外显的层面，易于观察、把握和交流；构主要指学校惯例、组织结构、管理制度，处于中间层；质主要指办学水平、学校声誉和精神文化，具有较强的稳定性，通过浅层次的交流很难触及和提升。三者辩证统一，构成了学校一体化的完整序列，具有一定的层次性。学校一体化的实现必然是形、构、质三者统一的一体化。

城乡学校一体化的过程，也是两所学校从异形异构异质走向同形同构同质的过程。同形始于两所学校签订协议，开展一体化进程之时，通常表现为学校更名，并在学校建筑、教育教学设备、标识、物质文化、行为活动层面呈现一体化特点，干部教师交流、学生交流等活动

不定期展开。

同构主要指学校在惯例、组织结构和管理制度层面的一体化，因为“构”处于中间层，因此同构通常发生在同形之后，当然不排除在一体化进程开始之初某些局部的结构或制度的调整，但总体来讲系统的同构发生在一体化之初并不具有代表性。组织结构是为针对不同任务而进行的劳动分工方式以及随后要进行的各种协调工作的总和。组织结构决定人们惯常的行为方式，而人们惯常的行为方式反过来也会形成组织的结构或对组织进行重构。学校管理制度在此处主要指学校内部管理制度，主要包含了领导体制和以人事制度、岗位责任制与分配制度为主的其他内部管理制度。同构通常表现为两所学校在组织领导、人事管理、工资待遇、教师标准、课程体系、教学研究等方面体现的一体化特征，当然，同构绝不是一些文本或标准、行为的简单模仿。

同质是指一体化过程中输入校达到与输出校相类似的优质水平，这样的学校通常遵循以人为本的理念，其出发点和落脚点以学校内部行为主体（教师和学生）的成长和发展为本，尊重个体需求，遵循发展规律，以学生的发展和教师的成长带动整个学校的进步。学校办学理念鲜明，文化联结紧密，办学水平较高，学校声誉良好。输入校达到优质发展水平往往需要一段时间，而且通常是在学校具有现代化的教学设施、合理的组织结构和科学的管理制度之后，因此，同形、同构与同质具有一定的逻辑顺序。当然，需要再次强调的是，我们所追求的学校同质发展并不是追求千校一面的同质化、均等化发展，而是同等质量水平。

根据形、构、质三个核心要素的协调以及一体化发展的基本规律，一体化可分为五种模式，即异形异构异质模式、同形异构异质模式、同形同构异质模式、同形同构同质模式、特色优质模式。北京城乡学校一体化的过程，是从异形异构异质走向特色优质的过程。（见图 3-3）

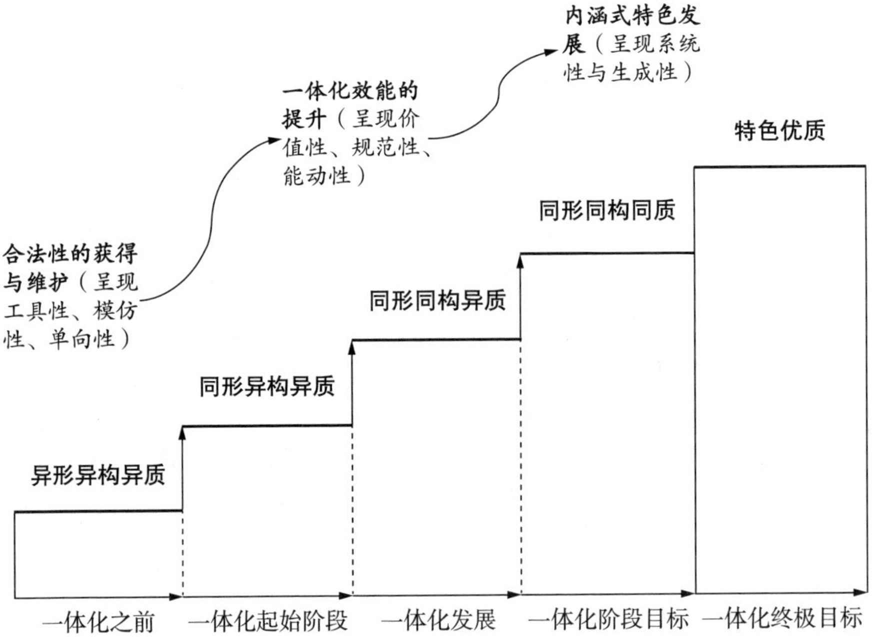

图 3-3　北京市城乡学校一体化管理发展模式

（一）各种模式的内涵和表现

异形异构异质模式是在一体化之前没有合作关系的学校呈现的特点，输入校和输出校在“形、构”方面没有内在联系和一致性，学校发展的“质”差异较大。2012 年北京市政府重点支持的 15 所输入校都已经挂牌更名，开展了不同程度的合作活动，不再属于异形异构异质模式。

同形异构异质模式指一体化开始后，输入校在校名上与输出校保持一致，在一些外显层面开始与输出校一体化，诸如改善学校基本办学环境，完善教育教学设施，借鉴输出校布局特色、办学理念的表述、校服校歌校徽等，不定期参与输出校干部教师培训活动和学生活动，输出校干部教师开始对输入校展开指导，但没有形成日常制度，这种一体化仍然以学校发展外显层面的交流为主，双方能够认识到一体化的重要性，但比较松散，偶然性较大。工具性、模仿性和单向性是其主要特征，输入校往往更看重输出校在其提升办学水平过程中的“工具价值”，将其为我所用，一体化活动以输入校的模仿和输出校的单向帮扶为主。这种情况可能发生在一体化开始之初的过渡阶段，在正常情况下一体化学校会较快完成同形异构异质模式，向下一个模式转换。但当输入校与输出校的一体化“名义化”“形式化”时，亦不排除一体化一直停留在同形异构异质模式上。

同形同构异质模式通常由同形异构异质模式转化而来。此时输入校除在外显层面与输出校表现出明显的一体化特征之外，制度层面和组织结构层面的一体化也已展开，输入校借鉴输出校较为先进、完备的管理制度和组织机构设置，根据学校具体情况逐步实现在组织领导、人事管理、工资待遇、教师标准、课程体系、教学研究等方面的一体化，合作双方对于一体化工作的进展有明确的计划和制度安排，稳定而深入。需要说明的一点是，因为开展城乡学校一体化管理改革的时间有限，因此目前大部分学校仍属于同形异构异质和同形同构异质模式。

同形同构同质模式是一体化进程的阶段性目标，通过在输入校和输出校间建立“一个法人、一体化管理”的制度安排，通过“同形”“同构”逐步实现输入校达到与输出校同等的优质发展水平。此时，输入校办学水平稳步提升，干部教师队伍梯队合理、素质高，生成鲜明优质的学校文化，学校声誉良好，成为本地区的优质学校典型，输入校与输出校一体化协同发展。此处需要强调一点，同质主要指两所学校的同等质量水平，而非在办学理念、思路、路径方面简单的复制、模仿、缺乏特色与同质化。

首师大附属育新学校和育新学校回龙观校区一体化水平较高，目前已处于同形同构异质向同形同构同质转化的过程中。两所学校的一体化进程验证了我们提出的一体化路径。回龙观校区在硬件建设上起点较高，育新学校提出“一个管理体系，两个优质学校，三个特色校区”，在建设回龙观校区的思路上遵循“高起点、高标准、高效益、高质量”，“现代化、和谐化、特色化、国际化”。通过大规模、长期性教师互派和交流实现教师管理、研修一体化，这种从形到构的深度一体化，使得回龙观校区在短短半年的时间里，办学水平有较为显著的提升。景山学校与景山学校远洋分校的一体化管理改革成效也较为显著，目前远洋分校已经成为本地区较为优质的学校。

特色优质模式是学校发展的终极追求，因为学校可持续的发展必然是自主生成的、有特色的，学校必然要走内涵式发展之路。内涵式发展之路的本质特征是生成，是在创造各种条件的基础上，使学校发展的因素从无到有，从小到大，从而形成学校发展的动力、氛围、态势和成果。因此，输入校若要实现可持续的“优质”，必然要从组织内部寻找支配组织发展的关键要素，通过对学校发展的要素进行系统分析，探索学校发展的内在运行机制和发展逻辑，寻找学校发展的内生机制，这就是特色优质模式。

（二）城乡学校一体化的发展路径

在一体化起步阶段，即从异形异构异质走向同形异构异质阶段，主要包含两种类型——供给主导型和需求诱致型，其重点在于一体化合法性的获得（新确立合作关系的学校）和维护（原先已有合作关系的学校），特征为工具性、模仿性和单向性。一体化过程开始后，在异构向同构、异质向同质的发展过程中，一体化效能是重点，特征为价值性、规范性和能动性。一体化的终极目标是实现学校发展的特色优质，从同形同构走向内涵式特色发展，其特征为系统性和生成性。

1. 异形异构异质—同形异构异质：合法性的获得与维护

在异形模式向同形模式转化的过程中，合法性的获得与维护是关键要素。合法性是一种普遍化理解或假定，即由某个实体所进行的行动，在社会建构的规范、价值、信念和身份系统中，“被认为是合乎需要的、有价值的、适当的假定”（斯科特，2010）[68]。每个组织都是更大的社会系统中的一个子系统，这种更大的社会系统就是组织的“意义”、合法性之根源，是使组织目标的执行得到可能的更高层次的支持根源。（斯科特，2010）[31]简而言之，合法性解决的是能否获得认同的问题。

城乡学校一体化进程的开始，必须要解决合法性的问题，即如何让输出校与输入校的一体化管理获得认同。如果行动已经大体被认可了，那么投入很多精力去赋予其合法性就没有必要。如果从事一项新的实践活动，则赋予其合法性就变得相当重要。进入一体化管理进程的合作双方有两种，有些学校前期已有合作（原来是手拉手或名校办分校），有些学校在一体化之前没有合作，前者大体上属于需求诱致型，是行为主体为确立预期能导致自身利益最大化的制度安排和权利界定而自发组织实施的自下而上的行为活动，要解决的问题是合法性的维护（如巩固已经获得的合法性，选择调整新的需求导致的制度安排）；后者主要是政府主导，由政府借助行政、经济、法律手段自上而下组织实施的行为活动，要解决的问题是合法性的获得。在这一过程中，主要行动者包括市级政府、区县教委以及输入校、输出校，其中市级政府是关键。

鉴于合法性的内涵，赋予和维护城乡学校一体化管理合法性的工作主要包含三个层面，即实效合法性、道德合法性和认知合法性。（Suchman，1995）实效合法性又被称为交换合法性，建立在组织的最直接评价者的自利算计基础之上，本质上产生于组织与这些评价者的直接利益交换，也可产生于由直接交换引申的更加广泛的政治、经济或社会利益的交换，组织活动可以带来哪些“利益”是核心问题。道德合法性又被称为规范合法性，它不是基于组织活动是否有利于评价者个人的利益，而是基于其是否符合社会建构的规范、标准和价值系统。认知合法性是基于认知而产生的合法性，与社会已经承认的社会事实和思维模式相联系，而不是基于直接的价值判断和利益算计。认知合法性一是强调“理解”在形成合法性中的作用。理解赋予组织活动以可预测性和意义，防止误导和宣传迷惑。二是强调“理所当然”。“理所当然”以一种组织及其活动的固有属性，以一种认知的“外在性和客观性”，来消解对组织合法性的异议。三种合法性一旦建立，就更能自我保持。三者既相互支持，又相互冲突。赋予城乡学校一体化管理合法性既要确立严密、刚性的规则和秩序，保障行动者的交换利益，又要从社会规范、标准和价值系统赋予“正当性和价值”，同时从认知层面解决学校一体化管理活动的“理所当然性”。这三者若处理不好会产生冲突。比如若只空洞地倡导道德合法性，忽视交换机制与规则的建立，会导致行为缺乏实效。

一体化的名义化是此阶段容易出现的问题。名义化是指一体化学校之间的合作关系仅仅在名义上存在，实际上组织间没有建立真正的、制度化的合作关系。名义化出现的原因有很多，如一体化双方对制度安排不满，因此采取不进行实质性合作的办法，导致一体化的名义化；或者一体化双方愿意开展合作，但有资源障碍很难逾越，导致一体化很难深入进行；等等。

2. 同形异构异质—同形同构异质—同形同构同质：一体化效能的提升

在一体化管理的合法性问题解决后，即在同形范畴内，一体化模式进入从异构异质向同构同质转变的过程。此时，一体化效能的提升是关键。模式转化的过程体现了价值性、规范性和能动性特点，输入校逐渐认识到与输出校的一体化不仅仅是为了实现获得为我所用的资源的特定目的，而是共享一种学校发展的精神追求和价值导向，此时单纯意义的模仿无法满足输入校的发展需求，借助专业力量，借鉴输出校做法，结合学校自身需求建立发展思路更为重要，而在这一过程中输入校的能动性非常重要。

学校作为一个组织，生存于特定的组织场域中。“学校中出现的问题”不等于“学校的问题”，从更为宏观的背景和政策环境中去考量学校非常重要，这也是我们研究学校组织变革场域的缘由。由此，在一体化效能提升的过程中，与一体化相关的诸多场域均承担着重要责任。

(1) 市级政府：统筹协调、科学评价、专业支持

在制度建立过程中，政府（在法定的各种专门职业的支持下）具有界定各种政治、经济行动者，以及各种集体行动者的性质、能力和权利的特权。(斯科特，2010)[107]在前面已经谈及，市级政府在赋予和维护城乡学校一体化管理的合法性过程中举足轻重，而在提升一体化效能的环节，市级政府也将起到关键作用。主要包括：在资源配置和制度安排方面加强重点内容统筹，督导各区县一体化进程；建立绩效评价体系；成立专家团队为输入校、输出校提供专业支持和引领。

(2) 区县政府：加大投入、政策倾斜、协调支持

调查发现，区县政府投入力度大的输入校一体化进程明显较快，因此，鼓励区县政府明确认识、加大投入，在政策、经费和人事编制、考试评价方面给予充分的倾斜和保障意义重大，输入校所在区县政府可以围绕输入校展开的一体化活动调整本区县教研活动，共享优质资源；输出校所在区县政府应在市级政府统筹安排的基础上给予输出校以倾斜，保障输出

的可持续性。

（3）输出校：意义建构、深度共享、制度保障

在城乡一体化项目建设推进过程中，资源输入校是显而易见的获益者，市教委、区县教委以及资源输出校力图从不同层面向这些学校提供资源，推动输入校实现切实有效的发展。然而在这一过程中，输出校的动力机制是什么？为什么愿意投入人力、物力甚至财力去推动“他者”的发展？“一个法人”身份是否是解决本校校长对分校怀有责任感的核心所在？经过调研与访谈，输出校校长的教育情怀、社会责任感是首要原因。他们能够深刻认识到名校所肩负的社会责任，希望通过自身的努力发展公共事业，实现优质教育资源的辐射作用。其次，输出校校长遇到合适的事业伙伴，才有可能推动工作深入开展。也就是说，输入校所在区县以及学校自身要对输出校理念、品牌有充分的认同与合作的预期，并开展扎实有效的前期工作，这是合作能够深入进行的保障。在这个过程中，输出校校长“对教育事业的情怀和名校的社会责任感”在学校内得到充分的认同是非常重要的，因为通常一体化活动的参与者是干部教师，如果他们不能认同仅仅是应付差事，那么效果会大打折扣，建立完善的制度保障输出校教师的投入非常必要。

（4）输入校：自我认同、改革导向、内部激活

在城乡学校一体化管理改革过程中，输入校是最大的受益者，也是最主要的行动者。现阶段学校改革通常存在这样一个问题：学校组织变革的动力多放在……政府决策机构身上，由他们制订变革方案，并通过他们控制的资源和权力，保障方案的执行，至于学校内部的变革能量并不受重视。（操太圣 等，2006）这是一个核心问题。因此，在一体化改革过程中，输入校首先要对自身有清晰的认识和明确的定位，同时建立自我认同，在此基础上，改革创新，激活内部动力，才有可能实现质的飞跃。在调研中，一些教师抱怨学校生源差、教师流动性大，很难跟城里的学校比，所以很难发展起来，这种思路是有问题的。另外，当输入校通过自己的力量或政府的推动与输出校建立一体化合作关系后，因为明确地看到一个更为成功的组织，就会主动模仿，而在模仿的过程中如何处理自己与他人的关

系值得深思。

3. 同形同构同质—特色优质：超越一体化

学校发展的最终动力来自学校内部，因此大多数优质学校的生成并非来自一体化，只是就北京基础教育的现实需求而言，城乡学校一体化管理有助于更好地增加优质教育资源的辐射力度，改善薄弱学校，推动优质均衡的实现，所以，“捆绑是为了更好地松绑”是非常有价值的。在一体化发展到一定阶段，输入校已经实现同形同构同质模式后，特色优质成为学校发展追求的终极目标。此时输入校面临两种选择，继续保持一体化或解除一体化。不管选择哪种，走内涵式特色发展之路是非常关键的，系统性和生成性是其特征。

在这一过程中，如何利用“别人的”生成“自己的”，应该是所有参与城乡一体化建设项目的学校都应该思考的问题。无论是新建校还是续建校，都面临着如何对待输出校文化、特色、理念和办学行为的问题。在合作的最初几年，学习输出校的先进理念、实践、优秀经验在所难免，但在这个过程中，无论是输出校校长还是输入校校长都应明确认识到，不加甄别地复制一所学校的成功几乎是不可能的，每个学校都是一个鲜活的组织，必然有自己独特的内涵式发展之路，沉下心来，依托优质资源，借鉴先进理念与做法，结合本校特色，抓住核心工作，关注学生成长，走一条适合本校的发展之路是最为有益的。

三、城乡学校一体化组织模式

随着城乡学校一体化改革的推进，制约改革持续深入进行的问题也逐渐显现出来，试验学校一体化管理水平整体层次不高且不平衡，角色定位单一，长效机制不够健全。不同学校一体化进程不同，重点不一，因此，根据不同模式把握工作节奏和关键点，有针对性地推进一体化工作的实现，分类处理、分步骤推进变得非常重要。在这种思路下，追根溯源，城乡学校一体化改革形成了哪些不同的组织“模式”成为研究的聚焦点。

虽然在政策中的约定是“一个法人，一体化管理”，但从调研中我们发现，目前一体化过程中实际存在的组织关系可以分为两类：一类是完全遵照一体化政策设计的组织关系，另一类是因为各种现实条件限制虽然启动了一体化工作但没有完全遵照一体化政策设计形成的组织关系，前者以新建校为主，后者以续建校和改建校为主，而且在2012年的项目学校中以后者为多。那么，这两种不同的组织关系各自呈现了什么样的特点？

城乡学校一体化建设的意图是通过引入优质教育资源，在农村、城乡接合部和城市发展新区建设一批标志性的优质中小学，解决优质教育资源总量不足和结构性失调的问题。在一体化开始之初，通常情况下教育行政部门的作用比较突出，政府作为重要的制度代理人，通过创设新的制度关系，为组织形式的改变提供合法性、资源和社会支持，形成新的组织形式。当组织一体化的合法性问题解决后，学校一体化问题的重点就凸显为学校间的组织关系。此时，这种组织关系主要表现为两种模式，分别为复杂同组织模式和组织链模式。（见图3-4）

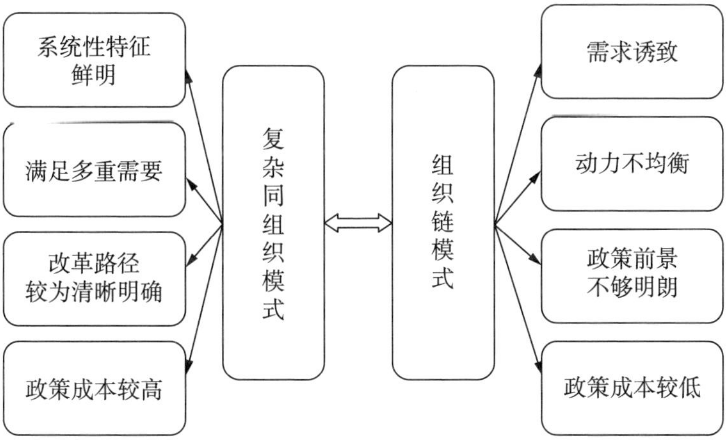

图3-4　学校组织关系的两种模式

（一）复杂同组织模式

复杂组织模式主要是指在一体化过程中严格遵照政策设计，落实“一个法人、一体化管理”的学校所形成的新型组织形态。资源输出校校长同时是输出校和输入校两个学校的法人和校长，资源输入校校长主要由总校长在输出校选拔指派，也有一部分校长由资源输入校所在区县推荐，但要经过总校长认可。从2012年和2013年北京市展开试验工作的45对学校来看，完全落实“一个法人”的学校以新建校为主。

在这一过程里，原来的资源输出校和输入校已经逐渐打破边界，作为单独组织个体而存在的学校组织其完整性或独立性已经消解，多组织间合作逐渐演变成一个新的复杂组织，一体化前多组织的组织间关系变成了同一复杂组织内不同部门的关系，如同一学校不同校区的关系。同时伴随改革的深入进行，新的复杂组织在组织结构设计、文化凝练、干部教师队伍建设和资源供给等方面逐渐呈现出同一组织特征，不同校区的教育教学质量基于同构逐渐趋于均衡。

复杂同组织模式的起点是“一个组织”，不同学校个体通过一体化过程形成的复杂同组织具有如下特征。

1. 系统性特征鲜明

对于资源输出校校长来说，“很难决定是否要去另一所学校当法人，把那所学校和自己绑在一起”①，一旦做出这样的决定，也往往意味着这个校长非常想做事。通过调研我们发现，通过一体化过程形成复杂同组织模式的一个显著特点就是系统性强，这种系统性体现在突出顶层设计，改革往往从系统改进入手，改革实践的起点较高，尤其是资源输入校以转型性变革为主，致力于学校整体面貌、内在基质和实践形态的有结构的变革，统整学校发展的价值观与目标重建，学校组织、制度和文化的更新与重建，学生学习方式与教师专业成长方式重建，学校德育或课堂教学重建，以此实现学校的根本转变。

2. 满足多重需要

政策、资源、高素质的干部教师队伍、先进的办学理念……，一体化带给资源输入校的“好处”是显而易见的，而对输出校来说他们的动力在哪里？形成复杂同组织模式的一体化对输出校来讲显然是具有吸引力的。绝大部分优质的学校都集中在中心城区，城市学校办学空间有限，随着生源的增加，办学空间的局限性日益突出，影响日常教育教学工作的开展，

---

① 来自项目对资源输出校校长的访谈原始资料。

也不能保障学生综合素质的培养。“增加一个校区”显然对有教育理想和社会责任感同时希望拓展办学空间破解资源困境的校长非常有意义，“一个组织”的定位有利于驱动一体化双方的深度投入。当然，发展一个学校，仅有校长的深度投入是不够的。如何让原本是两个学校的教师彼此认同、包容？如何保障组织成员共同创造优质的教育实践？如何实现单一校区的资源配置向多校区的资源统筹转换？这些都是关键问题。

3. 改革路径较为清晰明确

复杂同组织模式的形成，有助于组织成员看到一段时间内组织发展的未来，稳定性较强，改革路径比较清晰明确，结果可预期，因此学校领导团队在制定学校发展的整体规划时，更有可能尊重教育规律和学校发展规律，从真正有益于学生发展的要素入手，从干部教师队伍建设的关键环节入手，从根源上解决学校发展问题，不虚浮，不冒进，不追求一时之效果，有利于长效发展。

4. 政策成本较高

“中小学校长和大学校长不同，中小学校长需要每天都长时间与老师、孩子们在一起，走进课堂、走进班级、走进孩子的社团，走到学校的每个角落看大家学习和工作的状态。如果校长兼任法人过多，势必可能出现的情况是因为精力过于分散哪个学校都没办好，因此名校校长兼任法人的数量最多不能超过三个。”① 因此，完全依赖名校校长担任法人形成复杂同组织这样的方式来发展的学校是有限的，政策成本较高。

（二）组织链模式

组织链模式主要是指在一体化过程中，资源输出校和资源输入校遵照政策设计进行一体化建设所形成的一种组织间形态。因为各种原因的限制（诸如资源配置、人事制度等），输出校校长并没有担任输入校法人，输入校校长既是学校行政负责人，同时是学校法人代表。两个学校虽然可能进行深度合作，但仍属于边界清晰、彼此独立的组织个体，“这些社会组织个体按照某个特殊的纽带依次结成环环相扣的合作链条，而每个社会组织

① 来自项目对资源输出校校长的访谈原始资料。

个体都是链条中的一环”（赵孟营，2007）。

输入校与输出校间的关系是组织间合作关系，而非组织内分工关系。组织链的形成有可能是基于组织个体的自主性行为（如原来的手拉手学校或名校办分校产物），也可能是依赖于外力的驱动（主要表现为行政力量的驱动）。两个或多个学校组织通过合作关系形成了一个有机关系体，在组织链的关系体中，每个学校都是链条中的一环，这也意味着每个组织个体都具有存在的特殊意义和价值，每个组织个体都是独一无二的。它既不同于组织间的松散联盟和临时合作关系，也不同于已经整合为一体的组织，通过保持每个学校组织个体的独立性维护了组织的多样性，从学校发展和资源配置等角度来看可操作性较强，不同学校组织间的权利空间比较大，但改革效果可能呈现出不同水平和特点。

组织链模式的起点是“不同的独立组织”，描述的是“组织间关系”。组织链模式具有如下特征。

1. **需求诱致**

需求诱致主要表现为，行为主体为确立预期能导致自身利益最大化的制度安排和权利界定而自发组织实施的自下而上的行为活动，参与一体化进程的学校（尤其是资源输入校）有明确的需求，这种需求可能体现在政策空间、资源配置等方面，但相对于资源输出校来说更体现在优秀师资、高品质课程、先进管理制度等的引领。基于组织链模式的一体化改革，组之间没有明确的隶属关系，资源输入校发展的理念和路径仍然以输入校本身组织成员和领导团队的决策为主，所以很难从一开始就展开明确的深度的转型性变革，往往从教学、课程、信息技术、教师专业发展或组织管理等某一个维度入手，虽然有一定力度，但并没有触及学校结构、形态和整体品质，仍属于局部的改革，所以是非转型性变革。

2. **动力不均衡**

资源输入校参与一体化改革的动力很明显，在资源获取、规范建立和思维模式改进等方面都明显获利，在复杂同组织模式中，资源输出校可以获得更大的办学空间，因此有动力投入，然而在组织链模式中，资源输出校实际上并没有明显的驱动力。输出校为什么愿意投入人力、物力甚至财力去推动“他者”的发展？在访谈中问及资源输出校的校长，校长们的回答也颇显无奈，因为他们并没有具体可见的、足够有吸引力的“利益”，甚至很多学校要自己“贴钱”做事，比如补本校向外校流动的老师的工资差额、教师额外增加的工作量等。为什么还坚持做？名校的社会责任和校长的教育情怀是几个校长都谈及的，他们希望让更多的孩子有机会接受更好的教育。只是仅凭这些呼吁是无法让资源输出校的全体教师投入并坚持的，比如有校长谈道：“我们学校本身的培训任务就很重，我只能去做一些干部、老师的工作让他们尽可能帮助分校培训，那如果有一天我或者刘校长有一个人不当这个校长了，换的人互相不认识，没有这种情感基础，那么这种合作如何维系？”因此资源输出校要有相应的保障，努力实现互动与双赢非常重要。

有校长在访谈中谈及，名校校长兼任法人的数量最多不能超过三个。如果校长兼任法人过多，势必会因为精力过于分散而导致哪个学校都没办好。总体而言，一个校长不适合兼任太多的法人，名校也不适合办太多的分校。尤其把名校作为一个资源扩张的时候，更不行，否则容易稀释名校的优质资源。名校自身承载的培训和指导的工作量是有限的，如名师，除去上自己的课和搞本校的教学研究，还要额外指导几个老师。从一定意义上，要保护优秀教师，工作量必须适中。

3. 政策前景不够明朗

组织链模式的本质是组织间的合作关系，目前由于我们缺少基本的学校法作为保证，自上而下的来自学校外部的力量推动改革，内在驱动力不够，学校改革基本以政策为改革指南，而政策的多变性及改革本身的未确定性都增加了改革的波动性和随意性，当一项政策前景不明朗时，很容易影响改革的长效性。目前一体化改革就面临着这样的境况，伴随着一体化改革形成复杂同组织的学校还好，而组织链模式所形成的合作关系就显得比较脆弱。在访谈中，一个资源输入校的校长曾谈道：“输出校的校长曾明确地说过，给分校三年的时间，如果办得好，就继续，如果办得不好，就摘掉输出校的牌子。话说得很坦率，但我能理解他的心情，珍视学校的品牌，想把好事儿办好。”但这也告诉我们，参与一体化的学校是随时有退路的。目前组织链模式的学校双方缺乏一体化管理的长远规划和制度建设，即便签署了一体化合作协议，明确了各自的权利和义务，如果没有建立系统的管理制度，那么，松散的合作关系是很难改变的。

4. 政策成本较低

学校发展的最终动力来自学校内部，因此大多数优质学校的生成并非来自一体化，只是就当前北京基础教育的现实需求而言，城乡学校一体化管理有助于更好地增加优质教育资源的辐射力度，改善薄弱学校，推动优质均衡的实现，所以，“捆绑是为了更好地松绑”是非常有价值的。因此，无论是从学校发展的内在规律来说，还是从优质教育资源的承载能力来说，薄弱学校的发展不可能都等待与名校成为“复杂同组织”，“组织链模式”相对来讲政策成本较低，更加易于推行。伴随着一体化改革的深入进行，当资源输出校一方发展到一定程度，就可以主动解构，脱离组织链，推进组织格局的进化，甚至可以催生新的组织链，成为辐射源，带动其他薄弱学校的发展。

四、两种不同组织模式的运行路径

城乡学校一体化管理形成了不同的组织模式，深入、持续、有效地推进一体化管理必然要依据不同组织模式的内涵和特征选择相应的路径，有的放矢，实现教育优质均衡。

（一）复杂同组织模式运行路径

复杂同组织模式在学校一体化改革的过程中，其运行路径主要表现如下。

1. 自上而下的路径特征鲜明，自主性逐渐凸显

合法性是一种普遍化理解或假定，即由某个实体所进行的行动，在社会建构的规范、价值、信念和身份系统中，“被认为是合乎需要的、有价值的、适当的假定”（斯科特，2010）[68]。为了解决合法性的问题，通过一体化改革形成复杂同组织模式的学校组织在改革之初行政力量驱动明显，教育行政部门和教育专家、学校领导团队共同设计科学的改革方案，政府借助行政、经济、法律手段自上而下组织实施的行为活动，由此自上而下的路径特征比较鲜明，教育行政部门、学校领导团队在这一过程中起主要的推动作用，通过系统顶层设计、资源配置、层层推广实践改革，普通教师、学生可能有机会表达诉求，但作用不突出。复杂同组织形成以后，组织合法性基本得到确认，自下而上的改革会逐渐增加，针对学校发展中的现实问题，教师、学生等学校组织成员在复杂同组织的发展中作用越来越突出，伴随着改革的深化，复杂同组织发展到一定阶段，外力驱动的特征会逐渐让位于内驱的自主性发展。

2. 重点在组织结构调整和制度建设

学校组织结构涉及学校的职能分配、任务分工及与此相关评价、考核和反馈机制等，通过规则、政策、程序和等级来整合多样化的活动。合理的学校组织结构能使学校组织各职能部门为学校目标的达成很好地分工和协调，通过评价、考核等控制手段及时反馈，保证目标的实现。没有一个有效的结构，人们就不清楚他们应该做什么，结果必然导致混乱、失败和冲突。在高效率的组织内，每个人都清楚他们相关的责任和贡献。政策、联络和指挥链都非常明确并且被广泛接受。制度可以为组织活动提供稳定性，因此制度化的组织间合作关系更具有常态意义。为了保证一体化过程的可预测性和一致性，减少随意性，复杂同组织模式发展的重点即组织结构的调整和制度建设，在这一过程中，削减不需要的部门、合并功能类似的部门或者增加必要的部门都是组织结构调整的表现。同时，组织从原有的两个独立组织发展成为同一组织，组织目标的调整、专业化角色的分配以及正式组织关系的确立都是非常必要的，既要考虑到组织的共同目标，又顾及个体的差异。如果忽视结构调整和制度建设，很有可能出现职责结构过于复杂，责任划分不清，职责与行为重叠，浪费资源，负荷不足或负荷过重，过度自主或过度依赖等问题。由此，复杂同组织模式发展路径的重点就是组织结构调整和制度建设。

城乡一体化建设过程中最大的障碍就是跨越行政区域，在这种情况下，必须要有强有力的政策制度保障。而且这种政策制度一定是刚性的，以此来保证两个学校联系的紧密。

另外，必须尽快出台严格规范、可操作性强的相关文件，约束各方行为主体的责任、权利和义务。如输出校、输入校校长都得到过一些有关增加编制的口头承诺，但还仍仅停留在口头层面，如何操作、谁去落实、突破编制总额的具体额度等都没有明确的说法，没有形成制度，所以无法落实。操作细则一定要尽可能完善，如输出校教师参与培训教师的工作量如何计算？报酬从何而来？输入校教师接受培训时如何计算工作量？校长兼任法人后工作量如何计算与评价？执行校长的职级评定、生活保障、工资待遇、考核评价等如何安排设计？真正发生扯皮现象时如何督导解决？对于重点建设的输入校能否在人员编制、职称评定、进修费用方面给予政策倾斜？标准是什么？

3. 难点在文化冲突和重建

人们的实践（他们做的事情）通常来自他们的价值观（信仰并追随的），而价值观又深植于文化。学校可以直接命令教职员工的行为和实践，但无法直接命令他们改变价值观和文化。如果教职员工被迫改变其做法时，就会对改革的决策感到愤怒，同时坚守自己的价值观和文化，而且一旦被命令改变的行为遇到挑战"无疾而终"时，他们已有的价值观和文化会产生更大的影响力。原本两所独立个体的学校发展成一个复杂同组织时，面临的挑战就是两所学校的文化冲突和新的复杂组织的文化重建。

按照不同的逻辑视角，学校文化可以被划分为不同类型，但不管何种逻辑，一所学校的精神文化都是影响一个学校教育品质的内核。学校愿景是学校精神文化的重要组成部分。我们以愿景为例。学校内的每个组织成员内心都有对于好学校和好教育的判断，但因为学校生活的压力、高要求和超负荷工作及工作中遭遇的挫败感让很多教师（尤其是比较薄弱学校的教师）心中的愿景无法清晰地表达出来，他们更多关注的是外在评价的影响。如果教师自己都没有清晰的愿景，那么试图提出一个共享的愿景几乎是不可能的。因此，新的复杂同组织的文化重建，第一步一定是帮助全体教师思考和表达他们的价值观和信仰，之后再考虑如何将不同教师个体的价值观联系起来，形成组织的共享愿景。与结构视角强调理性和客观的特点不同，文化视角强调组织的群体性，能关注到学校组织现象的复杂性和模糊性，有助于增强凝聚力和有意义的沟通。重建文化的方式需要得到复杂同组织领导者的关注。如果教师间的合作关系是被管理者强加的，合作行为是被预先设置的，那么虽然有可能带来一些可以预测和控制的结果，但并不真正符合文化的差异性、内生性和弥散性的特点，会影响文化功能的发挥。在这一过程中应该给教师充分的空间，允许他们主动选择和灵活创造，以任务为核心形成不同的团队，让每个教师都可以得到充分的支持，适应学校的环境和发展需求。

案例：慢起步，快发展：
在维持现有制度稳定的前提下，在教师观念上做文章

作为独立运行的一个学校，在挂牌成为 H 附中 MX 分校之前，MX 中学有自己的规章制度，而且这些规章制度与 H 附中存在显著差异。执行校长上任之初，就发现既有工资分配制度的不合理之处。例如基本工资分配制度不合理，区分度不是很大。在与 H 附中校长的多次商议之后，这些既有的规章制度保留下来。因为考虑到项目刚刚起步，还不宜进行彻底的改变；此外，这些规章制度是基于 MX 教委的人事管理制度而设，在人事管理制度不能进行改变之前，也很难撼动这些规章制度，更难提出合适的、新的规章制度。这样一种选择体现了“慢起步”特点，应当说“慢起步”的这些做法一定程度上缓解了一体化改革对 MX 中学的冲击，保障了学校的平稳过渡，为改革的进一步推进奠定了基础。

当然，慢起步并不意味“保守”，为了促进 H 附中 MX 分校在“慢起步”时依然能够“快发展”，H 附中制定的策略是：逐步地改变老师观念，改变学生的表现。经过两校的讨论，对于 H 附中 MX 分校的定位确立几个方向：一个是现代，教师应该有现代教育理念，具有较高的科学意识；第二个是人文，让教师在成功中体验幸福，让学生在成长中体验快乐。教师和学生的幸福和快乐是 H 附中的重要办学理念之一；第三个就是领先或者说引领，希望 H 附中 MX 分校在几年以后，在理念上、在教学方法上，能够起到一个引领的作用。

为了促进教师观念的转变，第一，从教师凝聚力开始。分校采取给老师提供早餐的做法，能够保障老师们按时到校，此外教师也感受到学校对他们的重视，更为重要的是老师们在学校吃饭时可以聊天，能够增进教师的凝聚力。第二，鼓励教师开设兴趣课程，这不仅丰富了学校的教育资源，对于调动教师的积极性，促进教师专业提升，避免职业倦怠也有重要意义。第三，确立建设高效课堂的目标，并提倡学生参与，具体实施路径是开展小组文化建设。具体而言，2012 年 9 月先让 MX 分校的部分教师去 H 附中观摩课堂建设、校园文化，回来以后再给其他老师讲怎么做，再请 H 附中的德育校长过来讲解德育文化建设的情况，最后分校的全体教师再探讨接下来怎么进行这方面的工作。第四，在教师的管理上，改变方式。H 附中比较尊重教师发展，而 MX 分校以前的管理生硬、偏重控制。一体化管理之后，MX 分校引入 H 附中的管理理念，放松了对老师的束缚或者监控，让教师充分发挥自我约束力和管理能力。第五，强调教师的“为人师表”，从尊重学生做起。例如执行校长指出，刚到 MX 分校时，发现老师们跟同学们说话总是“嘿”“嗨”，他就提议把“嘿”“嗨”改叫“那位同学”“这位同学”，以这样的细节体现对学生的尊重。此外，执行校长每天早上在校门口迎接学生，与学生互相打招呼，这样慢慢影响教师，感染学生。对此，MX 县教委的领导视察学校时指出：“这个学校的学生变了，一是学生有礼貌了，二是学生眼睛里面有光彩了。”

4. 构建资源统筹体系，支持复杂同组织的可持续发展

一个好学校是有一定的规模限定的，复杂同组织模式的一体化学校超出了我们对常规意义上好学校的经验和判断，但我们依然必须要面对的就是，如何解决校区分散、人数增加、学生背景复杂等现实问题带来的挑战。

复杂同组织模式拓展了优质教育资源的辐射范围，能有效促进多种资源的整合利用，但多校区管理也更复杂，不同校区间的统筹管理、沟通协调、业务分工、资源配置、均衡发展该如何更好地实现？构建强有力的资源统筹体系是很重要的，在这个体系中，有两个关键环节一定要抓住。其一，人的资源，这里主要指领导团队和教师团队。复杂同组织模式虽然是同一所学校，但是处于不同校区，管理层级的增加加大了组织结构的复杂性，降低了信息资源传递的速度，提高了学校的管理成本，校区的领导管理水平和执行情况差异将直接导致校区间发展的差距，传统的个体领导模式显然无力解决所有问题，学校领导团队的建设、分布式领导模式的意义凸显。教师资源的统筹也很关键，一体化过程中原本属于不同学校的教师在形成复杂同组织后必然会面临流动的状况，是把整个学校的教师资源作为一个整体统筹分配，还是依然保持在各自校区互不流动？前者是否会影响资源输出校的教学质量？后者能否真正形成一体化同组织？这些都是值得关注的。另外，人员的频繁流动也会导致学校发展的不连贯性，可能形成对学校的愿景缺乏认同感等问题。其二，信息技术资源，前面已经谈及，同一个学校组织若想保证不同校区实现均衡优质的发展，空间限制容易形成障碍。海淀区 E 小学运用信息技术实现不同校区行政和教育教学工作全面、实时、零距离沟通的经验值得借鉴。海淀区 E 小学由校办统筹学校信息化建设，陆续开发建设了多组视频会议系统、OA 智能网上办公平台、教师协同教研平台、教师身份识别系统、校园办公网、校园信息发布系统等多种信息平台，并就各平台系统的规范使用，形成相应的规章制度，如全体教职工视频会议制度、行政人员视频会议制度、教职工 OA 智能网上办公制度等，最大限度地满足并服务于学校三校区管理工作。学校的干部、教师借助这些信息平台，实现了在任意校区就学校发展、部门工作、学科建设等进行实时、便捷、同步的沟通交流。

（二）组织链模式运行路径

在组织链模式中，不同学校个体通过一体化过程形成了稳定的合作关系，但学校仍保持组织独立性。组织链模式在学校一体化改革的过程中，其运行路径主要体现为如下特点。

1. 自上而下与自下而上相结合

组织链模式也需要顶层设计和自上而下的推动，但仅依赖于此是不够的，单凭外力推动的组织间合作难以长久和深入，一位老师在访谈中曾这样说道：“我们原来跟某所学校手拉手过，真的就是挂了个牌，然后一个学期从头到尾也看不到什么具体工作，大家丝毫没觉得有什么不同，这样的手拉手真是毫无意义，浪费资源。”由此，组织间自下而上的呼应尤为重要，要超越“自上而下”和“自下而上”两者非此即彼的选择，寻找第三条路线，如 OECD 曾提出的共同适应和发展策略，平等参与的水平模式等。

实力越强的组织个体在多组织合作方式中的选择机会也越多，它们在建构组织链的过程中居于主动地位。弱势组织出于保护自身的完整和独立性的需要，往往希望通过制度化的措施来稳固自己在组织合作中的位置（赵孟营，2007），因此它们愿意积极参与组织链的建构，以期通过在组织链中占据一席之地的方式赢得自己的生存和发展空间。在这个过程中，长效合作机制建设是重点，权利义务约束和评价机制要及时跟进。鼓励资源输出校形成更为积极的道德责任，努力帮助更多的学生获得成功，超出个体学校的范畴。应该尽可能在组织间合作中建立开放、互动的工作方式，实现每个学校的成功，采用共同有效的方式回应新的挑战。

2. 重点在人力资源建设和核心业务沟通

组织链模式中，不同发展水平的学校组织将展开深度合作，资源输入校（薄弱学校）为了实现利益最大化，往往会从对学校发展非常重要并且比较容易操作的层面入手，体现在一体化双方学校的重点路径主要是人力资源建设和核心业务沟通方面。输入校与输出校的一体化是一个渐进的过程，一体化的进度也受到诸多因素的影响而表现出学校之间的差异性。但从对 2012 年、2013 年一体化学校的调查可以发现，“教学资源共享”“课程建设深度合作”和“教学管理一体化”这些学校核心业务排在一体化内容的前列。

总体而言，重点路径包括干部教师队伍建设，也包括学校教研、课程建设等方面的制度化交流。其中，帮助资源输入校建立强有力的学校领导团队非常关键，学校领导是专业人士，需要通过获取专业帮助以能更好地应对学校发展中不断变化的挑战，但很多校长在日常工作中是单打独斗的，在正规的教育体系中缺少持续性的、可以信赖的为校长提供帮助的资源。资源输入校学校领导团队的建立能够真正围绕学校发展的现实需求，在真实的领导情境中解决实际问题，这是非常宝贵的。同时，教师队伍建设层面不仅是指在教学水平上优秀教师对普通教师的引领，更包括教师专业成长方式、学校对教师的授权程度等方面的改进。

3. 难点在组织链中沟通机制的建立

一体化过程中组织链模式的价值在于资源输入校与输出校建立深度合作的共同体，输入校在教育行政部门和输出校政策、资源的供给下从某种程度上“仿效”输出校的发展模式，获得成功。从他校的成功中寻找经验走出本校的成功之路，这是可行的，然而这其中有些问题非常微妙并成为关键，组织链中沟通机制的建立是其中难点。

我们可以从其他学校学到什么？如何学？有这样几种情况。其一，重复其他学校的决策或者尽可能地忠实复制，忽略价值观或文化背景并假定没有情境的差异。如 2012 年的一所资源输入校完全复制了输出校的早餐工程，取得了很好的效果。其二，输入校在借鉴输出校政策时根据本校的情境和需求修改、调整政策，使得政策更适应本校独特的社会、文化、制度环境，这看起来是比较理性的选择，但这么做的风险是改革有可能破坏原有政策，或出现一些政策在原发地没有出现的问题。其三，重新设计政策。关注的是原政策在资源输出校达成的结果，重新根据本校情境设计、选择达成结果的手段，并不是严格的借鉴的形式，要付出认识和实践层面的大量工作。那么，在组织链中输入校向输出校学习的过程里，输出校应该教给输入校什么？什么是可以复制的？输入校应该坚持什么？当输入校不认同输出校的经验时，该如何协调？总体而言，“表现在外的实践变革只可能影响短期的、肤浅的行为，缺乏文化根基的变革，会导致随着时间的推移改革消失”（Hargreaves，2012）。因此，第三种情况可能最为根本，但这并不表明一、二全不可用，关键在于处理什么样的问题。

4. 激活与唤醒资源输入校内生需求，推动学校内涵式发展

组织链模式中，输出校对于输入校而言仍是“他者”，即使输出校对于双方的合作非常投入，但对于输入校的整体发展来讲，输出校的认知和判断仍是断裂的、片段化的。因为每一所学校都有独特的背景，所以每一所学校的改进与发展都呈现出独一无二的特征。学校要以不同的方式迈向这些过程，并不存在一幅让所有的学校改革都可以使用的蓝图。学校发展最终来自学校内部，无法从外部对其进行操控。在组织链关系中，资源输出校具有更大的支配能力和决定作用，在一定程度上决定着一体化的发展方向和进度，在这种情况下，资源输入校独立性的保持、适切的发展路径的选择更为关键。不加甄别地复制一所学校的成功几乎是不可能的，每个学校都是一个鲜活的组织体，必然有自己独特的内涵式发展之路，沉下心来，依托优质资源，借鉴先进理念与做法，结合本校特色，抓住核心工作，关注学生成长，最终推动学校内涵式发展。

绝大多数组织面对竞争和环境变化，会做出相应的选择，即为了保证在变化了的环境中得以继续生存，甚至获得进一步的发展，组织往往会选择不同程度的（结构）变革方案，以期保持或提高组织的运行绩效。组织进行选择的基本准则和目的是提高环境适应性和组织生存能力。由于不同组织自身条件的差异，其在适应环境变化的过程中，会选择不同的方案，从而产生多样化的组织形态。伴随着城乡学校一体化改革的深入推进，学校组织及组织关系会呈现更多新的特点，我们会持续关注深入研究，让更多的孩子享受优质教育。

五、对策建议

可以发现，一体化管理的核心是管理一体化，存在多种有效的实践模式。输出校和输入校之间的深度资源交流、融通有赖于背后强有力的管理支持。而围绕前面讨论的一体化管理要素——形、构、质，一体化进程存在多种有效的实践模式，不同实践模式的工作任务和支持系统略有差异，因此，在强调管理一体化的基础上，鼓励多种模式并存是很重要的。调查和研究发现，在大多数一体化管理改革取得较好成效例子中，输入校和输出校之间往往具有较高的管理一体化水平。对于实行典型的“一个法人，一体化管理”的学校，输出校校长同时担任两所学校的法人和校长，校长就有能力将两校纳入同一管理体系中，由同一个管理班子来推进工作，从而有效打通两校的资源。有些学校虽然不是典型的“一个法人”模式，例如，输入校校长仍然由输出校校长担任，而输入校法人由输出校派出的执行校长来担任，但由于输入校执行校长由输出校来选择和任命，因此输出校校长依然可以对输入校进行强有力的干预，同样将两校纳入相同的管理体系。所以，这里的关键不是一定要求要一个法人，可以根据实际情况实行两个法人或其他模式，但是必须要求建立一个人管理的优势，这就是管理一体化。这种管理一体化代表了一体化管理的核心内容。一体化管理的完善亟待学校人事工资、编制、经费等制度配套建设。

案例：外来的和尚好念经？①

在成为S大学附属中学分校的最初几年，MT分校在资金投入和人才引进上享受到了较大的政策倾斜，这也为学校的发展注入了力量。当时教师待遇跟着S大学附属中学走，学校领导班子在学校发展、资金使用、人员招聘、干部选拔等方面权力空间较大，MT区教委为了更有效地推进名校办分校工作，给了“外来的和尚”充分的自主权。事实证明，这一阶段也是MT分校发展最快的几年。Z校长和F副校长退休以后，继任的L校长是MT教委自己人，此时，学校感觉到了一些落差。目前MT区教委依然非常关照S大学附属中学MT分校的发展，但在政策方面倾斜力度不大。学校领导班子也由MT区教委统筹安排。目前学校教师待遇从跟着S大学附属中学走变回跟着MT区走，一些老师有了落差，绩效工资改革方面因为资源的有限一直没有深入开展，当然，L校长说，对于区里的困难他十分理解，毕竟同一区域内要平衡很多关系，因此希望通过依托一些好的项目推动学校深入发展，就如这次城乡一体化项目，L校长带领领导班子全体成员积极争取，就是希望依托一个法人，希望通过S大学附属中学的力量来促成学校的深入发展。“毕竟，现在不是一个法人，S校长也没有立场与MT教委要求太多，如果变成一个法人，可能对学校和老师真的是一件好事儿”，L校长如是讲，“名校办分校的过程虽然最终的目的是松绑，但就像婴儿的成长一样，最初的培育期还是要尽量呵护，一个法人的方式对我们可能是最好的。”应下大力气把一件好事儿推进到底，给输出校足够的保障，这样他们才能有足够的精力和热情去投入一体化建设。因此，呼吁政府给资源输出校相应的保障和输血，另外，客观看待输出校和输入校

① 案例来源于北京市教育委员会和教育工作委员会委托课题“城乡学校一体化管理改革试验研究”的结题材料。

的关系，目前在合作关系中资源输出校引领地位更为突出，但这不妨碍资源输入校在可能的方面向输出校提供资源，实现互动双赢，而这样一种关系才可能更为健康、长久。比如，S 大学附属中学 MT 分校 L 校长就在设计，利用 MT 区的资源，给附中的学生提供冬令营的空间等，这样一种反哺是非常有意义的。

（一）分类处理、分步骤推进“一个法人、一体化管理”的管理体制

按照城乡一体化项目实施意见的要求，输入校和输出校需要遵守一个法人、一体化管理的原则，两个校区的办学经费、教师编制、福利待遇等完全统一、融通共享。本校校长在两个校区拥有同等的人事、财务、教育教学安排、校园文化建设等各项权利。进行一体化建设的学校情况各不相同，包含新建、续建、本校扩建三种类型，项目推进应该实事求是，因地制宜，分层分类。

就目前来看，一体化管理已经在不同程度开展，但一个法人的总体原则遇到了一些挑战。如输出校校长的精力有限，跨区域障碍难以突破，续建校校长本身比较出色无故成为执行校长会影响发展积极性等原因，使得一个法人的管理体制落实出现差异。建议在一体化建设的框架下创建多种模式，输入校包含新建、续建、名校分校三种类型，考虑到办学历史和文化差异，应该采取渐进性的改革，一体化可先体现在教育理想、管理理念等方面。对新建学校可以完全一体化，即一个法人、一体化管理；但输入学校作为老学校来说，可以采取一个校长，两个法人，统一管理模式。

同时，鉴于前文分析的一体化管理的不同模式，不同学校一体化进程不同，重点不一，应根据不同模式把握工作节奏和关键点，有针对性地推进一体化工作的实现。例如，处于一体化之初的学校需要文化—认知层面、规范层面以及规则层面的一体化合法性；而实现同形的学校需要在学校发展的中观层面做文章。

（二）加大市级政府统筹力度，建立城乡学校一体化的组织保障机制

总体而言，城乡学校一体化管理改革以政府驱动为主，在制度建立过程中，市级政府的职责主要如下。

1. **建立三级管理体系和刚性制度**

跨区县合作的模式正是所有参与到一体化管理改革试验的项目校所面对的制度瓶颈。在这种情况下，若要充分保障项目校跨区县合作的有效和顺畅，有必要由北京市政府牵头构建一套专门的管理机制，进一步明确合作区县和项目校的权利与责任，充分发挥学校的能动性和灵活性，积极开创富有活力的教育资源优质均衡化发展模式。应落实市、区县、学校关于一体化管理的管理体系，设立专门机构，完善市级主导的三级管理组织结构，细化各级组织的权利、责任和义务。进一步完善城乡一体化学校建设管理办法，制定一体化管理办法实施细则，为区县、学校推进一体化管理提供可操作性的指导，约束各方行为主体的责任、权利和义务。在合作学校层面，要通过正式契约方式，明确合作双方的责权利、阶段目标和长期目标。特别值得重视的是，在真正推进一个法人、一体化管理的过程中，建议政府出台文件对总校长和执行校长之间的责权进行划分。

2. **加强跨区县、跨部门工作统筹**

各项目校在进行干部教师轮岗、教科研活动、教师招聘与培训、招生等活动时大多会在一定阶段触碰到区县壁垒。重点加强一体化管理中专项经费投入、教师编制倾斜、教师轮岗制度实施的统筹协调，克服跨区域的体制机制性障碍，督导各区县一体化进程。目前，学校一体化管理改革中遇到的各种行政、人事、招生、财政方面的问题，根源在于两校分属于不同的行政区划，建议市级政府牵头统一协调市编办、市人力社保局等相关部门，适当增加输出校和输入校教师编制指标，提供引进人才的优惠政策，将一体化管理意见中提到的相关编制、职称等事宜落实到位，为优质教育资源共享提供人力条件。一体化管理改革结对学校最好在地理位置上比较接近，如果离得太远，将增加改革成本，也不能使改革持久；一体化学校最好是同类学校，如小学、初中、九年制一贯学校、高级中学，可以促进协同发展。

3. **建立成本补偿与适度奖励结合的机制**

随着一体化改革的推进，一方面需要输出学校更多的“付出”，另一方面输入学校也需要更多的学习成本，如何既挖掘优质学校的办学潜力又不增加优质学校管理者和教师的负担，避免已有优质教育资源稀释，如何激发学校管理者和教师持续参与改革的热情，需要在制度设计中增加对输出学校劳务输出和输入学校的学习成本的预算项目。同时，保持已有的优质校支持行为的均衡性和稳定性，下一阶段尤其要重视对输出校的鼓励和引导。

4. 建立一体化改革试验学校改革绩效的评价机制

为了保障改革的正确方向，避免和减少改革的成本和风险，实现改革目标，必须加强对城乡学校一体化改革试验的理论研究、过程监控和结果评价与反馈。建议成立由市教委相关部门、区县教育主管部门、教育管理专家、非项目学校的优秀校长组成专家组，定期开展对改革的诊断性评价，发现问题，随时整改。同时，还要建立项目学校信息报告制度和“增值”评价指标体系。组建专家团队，实现专业引领。

（三）加强区县协调，建立城乡学校一体化管理区县支持系统

通过调查发现，区县政府投入力度大的输入校一体化进程明显较快，因此，建立区县协作支持机制尤为重要。

1. 建立区县投入机制

鼓励区县政府明确认识，加大投入，在政策、经费和人事编制、考试评价方面给予充分的倾斜和保障。两校之间教师的深入交流合作需要更加灵活的教师交流机制，区教委人事科、编办应当给予更多的支持，特别是在中高级教师的外地引进方面增加更多的编制。

2. 建立区县教委间一体化协调机制，适当扩大试验学校自主管理权限

区县帮助学校协调一体化过程中的跨区性问题，重点对跨区的教师研修和培训等技术性活动提供支持。同时，调研中我们发现，输入校所在区县教委与输出校所在区县教委在管理水平、管理理念、管理方式上存在差异，比如远郊区县输入学校，如教师招聘、人事任免、绩效工资等权力均在教委，学校办学自主权有限，这些常常成为制约两校一体化进程的主要因素，因此呼唤区县教委根据不同学校的特点制定弹性的学校管理政策和制度，适当扩大试验学校自主管理权限，建立区县教委间一体化协调机制，推动学校一体化建设的多元化和创新。

（四）完善学校内部城乡一体化改革运行机制

形、构、质三者辩证统一，是一个整体。城乡学校一体化其实质就是形、构、质三者的一体化。

1. 在学校内部建立一体化工作运行、评价与调整机制，避免名义化

名义化是指一体化学校之间的合作关系仅仅在名义上存在，实际上组织间没有建立真正的、制度化的合作关系。一体化名义化的表现包括：输入校更名挂牌，但双方没有开展制度化的一体化活动，日常合作随意、松散，没有对输入校的发展起到实质的助推作用。名义化的原因有很多，如双方对一体化的内容缺乏明确的认识，或对现有制度安排不满，或输出校没有余力，或输入校不认同输出校等，在模式转换和一体化发展过程中，应上下结合构建学校一体化运行、评价与调整机制，从形、构、质三方面入手，避免一体化名义化。

2. 抓住关键环节，切实有效地加快一体化进程

学校发展的关键是人。改进一所学校，从干部教师队伍入手是最为有效的手段。这包括两个层面。其一，从管理制度上来看，选对执行校长，建立双向选择、择优上岗的用人制度，逐步建立起激励、约束和竞争机制，鼓励能者上庸者下，在干部、教师聘用、选拔环节下功夫，严把入口关，选对人、发展人，从而激活学校发展的内在动力；其二，进一步加大力度鼓励输出校对输入校干部教师的培训和引领。鼓励有条件的学校全员轮岗，暂时存在困难的学校建立定期进校指导机制，鼓励两校教师师徒结对，干部集体培训，交流形式可以多样化，对于远距离学校，可以充分发挥远程信息技术设备和网络的辅助作用，加快一体化进程。

3. 价值认同，鼓励输入校成为名校而非复制名校

每个学校都是独特而有生命力的，名校的灵魂在于其精神追求和价值导向，这不是复制而成的，而是学校自主创生的。校长对学校的引领不仅是事务性的，还包括凝练愿景、深化改革、生成文化、打造团队、重视干部教师能力建设，这样的校长必然会带领学校走一条有特色的内涵式发展之路。因此，输入校在与输出校一体化的过程中，有关办学、育人、精神内核等方面的深层次交流最重要也最难，有赖于输入校校长的素养。

案例：理念与机制先行，做名实相符的一体化建设①

名校办分校、手拉手等在大家看来并不陌生，很多学校都有过与其他学校拉手的经历，但在项目调研的过程中，有多位老师与笔者沟通了曾亲身经历过的一些资源手拉手的情况。无论是合作之初，还是在S校长接任S大学附属中学校长工作以后，她所表现出来的工作作风让MT区教委以及MT分校的学校领导印象深刻，即一定要依托项目做实事，见实效。

因此，可以有这样一个判断：S大学附属中学与S大学附属中学MT分校的合作从一开始就是名实相符的，而且鲜明地展现出了一条薄弱学校成长的路径——即理念与机制先行，依托优质资源、先进的办学理念、科学的管理制度、强有力的教师培训，实现学校的转变。

这种名实相符的合作体现在方方面面，在S大学附属中学参与听课培训的输入校教师感觉收获很大，指导教师耐心细心，展示常态课，毫无保留。学校会安排拜师活动，徒弟可以随时听师傅的课、与师傅交流，师傅会传授好的理念、甚至把课件设计、学案、试题等直接给徒弟。这些资源对教师的提升很大。不过目前两校还没有建立网络教研共享的平台，联系仍是以QQ为主。

对于是否推进一个法人，S校长表示，如果是一个法人，可能会要求MT分校必须按照S大学附属中学的要求去做，但如果不是一个法人，可能说话的力度和效果会有些差异，不会提出必须怎样的要求。但MT分校与S大学附属中学的沟通一直是比较顺畅的，他们非常尊重附中的意见，如在一次督导中附中专家团队认为MT分校因材施教做得不够到位，他们很快展开专门调研并克服困难在新学年尝试了分层次教学。目前S大学附属中学MT分校的发展愿望是比较强烈的。他们认为依托一体化项目和S大学附属中学的力量可以破解很多资源难题，L校长并不在意因此成为执行校长，毕竟学校的发展更重要。学校副校长和中层管理干部的选拔任用坚持S大学附属中学标准，教师队伍方面由S大学附属中学帮助向北京市

---

① 案例来源于北京市教育委员会和教育工作委员会委托课题“城乡学校一体化管理改革试验研究”的结题材料。

及全国各省市招聘引进各学科优秀教师，进行整体培训后上岗，享受MT区引进人才政策，直接参加S大学附属中学所在的MD区教研活动及教师进修，以真正实现资源融通共享。

（五）着眼长远发展，搭建城乡学校一体化建设交流研究平台

1. 建立学校一体化建设联盟

建立城乡学校一体化联盟，共享经验与信息。同时，充分吸纳北京市各区县学区、教育集团、共同体等多种一体化形式的校长团队，共同为一体化管理献计献策。

2. 建立年度论坛制度

交流城乡学校一体化管理的经验，培育典型，创新管理体制机制，深化学校一体化管理的理论研究。

3. 加强信息化在推进城乡学校一体化改革中的作用

应充分发挥教育信息化在学校沟通、交流中具有的特殊功能。建议在充分论证的情况下，市级教育行政部门进一步加大对项目学校的现代化网络教育设施建设，并加强优质教育教学资源建设与共享。

第二节　基础教育公立学校教育集团的动因、内涵与发展模式

教育集团的产生与教育的产业属性的争论和传播密切相关，其历史渊源可追溯到1979年“教育本质”的讨论、20世纪80年代初西方人力资本理论的引进和80年代中后期“教育商品化”的争议。而90年代关于教育产业化的争论虽未在产业化方面达成共识，但至少肯定了教育的产业属性，这就为教育集团、民办教育、中外合作教育等多种教育组织形式提供了理论上的支撑。

国内的民办教育集团主要分布在经济比较发达的省市，如北京、上海、浙江、江苏等地。浙江省的民办教育集团在全国较早兴起，而且数量也最多。职业教育集团的产生也在20世纪90年代初。北京市西城区在我

国最早开展职业教育集团试点工作，但这些职业教育集团没有形成很大的社会影响，试点取得的办学经验也没有被推广开来。职业教育集团在初期发展不快，远不如民办教育集团。进入21世纪以来，我国职业教育集团发展迅速，特别是在近年来蓬勃兴起，在全国各地逐渐得到推广，成为我国职业教育发展的一大趋势。

基础教育公立学校集团在近年来开始兴起，如上海市松江二中教育集团、江苏省无锡市第一中学教育集团、江苏省扬州中学教育集团、湖南省衡阳市第一中学教育集团、河北省石家庄市第二中学教育集团等。

加盟与派生是教育集团形成与拓展的两种途径。国外教育集团的产生与拓展机制，基本是这样两种途径：一是通过对存量教育资源进行整合而形成的教育集团。它一般是由一个新建的教育管理公司，遵照一定的标准或原则，对原有的某些教育组织或机构实行托管、承包等，实现多个教育机构间的相互联合、合作。二是由原来的一个教育机构或组织，通过不断派生出新的分支机构，不断扩大规模，形成集团式的教育机构或组织。

随着新一轮基础教育领域综合改革的深入，把优质教育资源的重组和整合作为切入点，通过集团化办学方式保障优质教育资源全覆盖、多样化、个性化、共同发展，成为全国各地实践探索的重要领域。

一、基础教育公立学校教育集团的动因及内涵研究

“推动优质教育资源共享”“扩大优质教育资源覆盖面”是近年来国家及地方在教育发展的政策及实践层面均着力推进的重点工作。北京市为实现基础教育资源的优质均衡发展进行了大胆尝试：创新体制机制，积极推进城乡学校一体化管理改革，并探索实施“学区制”“集团化”“集群化”“学校联盟”等发展模式。总体而言，有关“教育集团”的讨论热度不断上升，在教育行政部门、学界及实践界均受到关注。那么，我国当前基础教育领域教育集团为何而出现并持续产生影响？其实质是什么？厘清相关问题才有助于实践的推进。

（一）基础教育公立学校教育集团的动因

本研究所关注的教育集团主要指出现在基础教育领域的一种办学体制

改革形式，主要关注基础教育公立学校或核心学校为公立学校的教育集团改革实践。办学体制改革的重要目的在于，最大限度地发挥公共资源、社会资源和私人资源的优势，通过学校运作机制、经费筹措机制、管理机制（如评价机制、用人机制和考核奖励机制）等的转换，不断提升学校的办学质量和效益。就“当前中国基础教育的发展现实来看，真正需要做的是启动公办学校的体制改革”（劳凯声，2010）。公立学校教育集团的成立就是在不改变学校公办性质的前提下，采取更为灵活的形式来开展制度创新，是在学校与教育行政部门之间构建的新的治理层级。为什么要通过成立教育集团的方式来推动学校发展？这种学校间组织关系的探索是在什么样的背景下展开的？这是探讨教育集团成立动因的关键问题。

1. 政府与市场边界的重新界定推动学校办学体制改革

20 世纪 70 年代末，英国的“撒切尔革命”开始了以重新界定政府与市场边界为基础，以政府内部管理理性化为基本特征的新公共管理运动，在原有架构的基础上对行政机构运作中的决策与执行之间的关系进行了革命性的调整（曹堂哲，2010）[9]，办学体制改革主要回答的是谁投资，谁办学，谁管理的问题。自 20 世纪 80 年代末以来，随着知识经济的崛起，知识和智力成为经济发展、社会发展的前提和基础，教育的作用日益凸显，人们也对教育提出了更高的要求，公立学校的僵化与低效饱受诟病，公办中小学办学体制僵化，缺少竞争活力，办学质量不高，效率低下。西方发达国家大都开展了以公立学校为对象，以多样化或市场化为主旨，以重建优质学校和提高教育系统的效率及适应能力为目标的教育改革。美英等国通过增加公民的教育选择权来促进教育体制改革取得了一定的效果，“其中一个重要手段就是公立学校把部分教育服务从公共领域转向私营化领域，即在维护政府和学校委员会办学权（学校的公共性）的前提下，增加私人和私营机构在公立学校中的投资服务项目”（黄德平，2004）。如何形成一个既有利于政府进行统筹管理，又有利于调动各种社会力量参与办学的积极性，同时学校还有较大自主权的办学格局，是办学体制改革一直在探索的核心。市场机制开始进入教育领域。有研究者也提醒道：“公立学校现行的体制本身并不能治疗其内在痼疾，因而解决这些问题必须依赖对

体制进行改革。”（丘伯 等，2003）[4]

已有的改革实践更多关注投资渠道的多样化，以扩大投资为主的办学体制改革偏离了教育自身发展的内在需求和方向，实际上也反映出政府在推进办学体制改革过程中的一种矛盾心态（张立新，2013），即在教育的市场化和公共性之间游移不定，一方面希望更多的社会力量参与办学，另一方面又不希望他们的参与影响到教育的公共性。公立学校办学体制改革，实际上是框定了经费来源，但这并不意味着学校的办学权也被限定了。学校的办学自主权，并非来自不同的产权属性，公办学校完全可以拥有办学自主权，建立现代学校制度。新一轮的办学体制改革，应当通过放权恢复学校的办学自主性，以满足公众对教育特色、质量和内容多样化、选择性的要求。

2. 教育集团在职业教育、民办教育领域及部分公立学校的成功实践为集团化改革的进一步实施奠定了良好基础

在我国，教育集团的产生是在20世纪80年代末和90年代初。因为民办教育和职业教育在投资主体、运作机制、资源配置方式等方面的灵活性，使其在相关领域均取得了较为显著的成绩，尤其是在20世纪90年代公立学校体制改革开始后，影响逐渐渗透到公立学校范畴，并在公、私之间创新了实践形式。如浙江省杭州市求是教育集团、杭州二中教育集团、上海市建平教育集团的实践，为在整个基础教育领域以追求教育均衡与推广优质教育为目的的名校教育集团的实践奠定了良好的基础。

教育集团在民办教育和职业教育领域的有益实践，给学校教育和管理带来了许多积极的变化，如重视投入—产出比和成本核算等，给公立学校内部管理体制改革提供了有益的启示。但不可否认，市场机制的介入，也为学校发展带来了挑战，难以避免地使教育领域传承已久的理念、规则与行为等发生变形或扭曲。

长期以来，教育行政机构对学校什么事情许可干预、什么事情不许可干预的界限并不分明，迫使学校穷于应付。（陈桂生，2005）学校办学体制改革一直处于“钟摆”状态，完全且仅受缺乏系统性的行政命令控制，使得近年来公立办学体制改革成效不够显著。办学体制改革过程始终伴随着随意性、波动性、不确定性等衍生特征，市场的不成熟性，政府能力的有限以及职能转换过慢，都给办学体制改革增加了压力和阻力、代价和成本、矛盾和冲突，也助长了一些不良办学行为的出现。新加坡的“自主学校”或美国的“特许学校”，其特点是经费由国家拨付，完全按公办学校标准收费，但由民间机构管理运行，这样既完全实现了学校的公益性，又具有办学管理的完全自主性。公立学校教育集团的发展就是在所有权不变的情况下探索办学权的突破和管理机制的创新，在这个过程中，职业教育、民办教育在教育集团建设方面成功实践的影响不容忽视。

3. 优质教育资源均衡发展的现实需求推动了公立学校教育集团的发展

教育事业乃至学校的发展不仅是数量的增长——我国教育事业在数量规模上有令人满意的发展，但在结构优化、质量提升等多样性的内涵要求上并没有获得同样的进步，学校的同质性特征明显，很难适应多元社会以及个体成长的双重需求。因此，我们正处于基础教育从基本均衡走向优质均衡的关键时期，利益相关者的利益诉求不断出现在学校场域中，对于接受教育，学生和家长的观点发生了根本的转向，即从“要我学”向“我要学”转变，从“有学上”向“上好学”转变。对于优质教育资源的渴求和拥趸使得择校成为民生问题，亟待破解。

以北京为例，依托学校间组织变革实现优质教育资源均衡发展的探索应该是发端于 2005 年 3 月启动的“百对城乡中小学手拉手”活动，这是由北京市教委统筹设计的，城乡学校由此开始大规模地建立支援合作关系。但因为城乡学校间的对口帮扶工作没有明确的任务要求、合作机制和制度保障，支援活动在时间上、内容上、形式上随机性强，“手拉手”协议的约束性较弱，其援助效果呈现出较大差异。在继承“手拉手”模式经验基础上，为突出城乡学校间合作机制的建设，进一步加强城乡学校的合作关系，“十一五”后期，各区县在学校合作发展模式探索上百花齐放。此时比较突出的举措是名校办分校，同时，基础教育领域公立学校教育集团开始出现。但是在优质教育资源有限的情况下，部分名校办分校的举措开始被迫出现形式化的倾向，只能输出“校名”，而无力对若干农村学校同时输出干部教师和教育教学资源。2012 年，以“一个法人，一体化管理”为改革着力点的城乡学校一体化管理改革展开。

这种紧迫的现实需求，推动了北京市公立学校教育集团的发展。北京市第九中学教育集团、西城四大教育集团（北京四中教育集团、北京八中教育集团、北京实验二小教育集团和北京小学教育集团）、中国人民大学附属中学联合学校总校等在体制层面的改革，为优质学校拓展资源探索了新的路径。成立公立学校教育集团，成为在学校体制改革过程中，继“手拉手”、名校办分校、城乡学校一体化等改革举措实施后，改革学校未来发展的路径之一。

（二）基础教育公立学校教育集团的内涵及阐释

伴随着基础教育领域办学体制改革的深入推进，优质教育资源均衡发展的需求日益迫切，集团化办学的探索不断增加，与“集团化办学”有关的名词层出不穷：名校办分校、“手拉手”学校、一体化学校、一校多址、教育联盟、教育组团、教育集群、教育集团……，这一方面体现了实践领域的丰富探索；另一方面也让我们看到，理论层面的不清晰造成了实践领域的混乱。想要真正将教育集团研究透彻，必须将有关基础教育公立学校教育集团的内涵与本质抽丝剥茧，一一分辨清楚并呈现出来。

1. 基础教育公立学校教育集团的内涵

本研究所讨论的教育集团并非民办教育领域中的教育集团，而是特指在公办教育领域中，近年来出现的以增强优质教育资源的辐射力，推进教育优质均衡发展为目的，依托一个或若干个优质学校为核心构建的教育组织。教育集团具有两个或两个以上的组织成员，且组织成员关系呈现多元化态势，不同学校组织通过优势互补或以强带弱的方式，以契约为纽带建立起大规模、多层次的组织形态。

在基础教育领域，已经呈现出集团化办学趋势的形式主要有“手拉手”、名校办分校、城乡一体化、委托管理和教育集团，它们之间有什么区别和联系呢？

很显然，“手拉手”的模式针对的主要是不同学校间的合作关系，合作学校间通过契约约定形成联系，通过资源交流促成合作，但学校的法人关系不变，合作学校的上位也未成立新的组织。

名校办分校所形成的学校间关系比手拉手更进一步，因为分校的归属已经开始与名校产生联系，有的可能是相同法人，而同一校名无论是在资源配置、制度设计抑或社会声誉方面，都更有利于名校与分校的绑定，形成集团化办学的雏形。

城乡学校一体化管理试验是名校办分校形式的深化，它总结、继承了原有的名校办分校的经验，强调制度设计和“一个法人、一体化管理”，坚持市级统筹、区县支持、学校合作的运行模式，并尝试破解其过程中出现的跨区县体制障碍问题——此时的学校间关系已经呈现了集团化办学的特点。

委托管理，主要是指政府通过购买服务的形式，将相对薄弱学校委托给优质学校或教育机构管理，按照相关协议，赋予支援学校办学自主权，支援学校委派管理人员、骨干教师到受援学校，对受援学校实施教育、教学等各项管理工作，并通过中介机构评估管理成效的一种模式。委托管理有明确的契约约束，受援学校所在地教育部门在学校公办性质不变、产权隶属关系不变、政府拨款不变、收费标准不变的前提下，将管理责任转移给支援机构，赋予支援机构办学自主权，形成责、权、利相统一的管理机制。受援区教育行政部门在依法对支援机构的办学管理行为进行监督管理的基础上，引进社会机构对委托管理实施情况进行评估。市、区两级教育行政部门的主要职责是进行顶层设计，提供经费保障，实施过程管理与问责；支援方的主要职责是自主办学，通过各项教育教学改革提升办学质量；第三方评估机构的主要职责是构筑外部质量保障体系，进行科学评价。管、办、评三者的分立与联动机制为推进教育公共管理改革，转变政府职能，构建绩效问责机制，进行了有益的探索。

事实上，名校办分校、城乡学校一体化管理试验都呈现出委托管理的意味，但在管、办、评三者的权责划分方面稍有不同。总体而言，集团化办学是办学的规模呈现集团化趋势，但并没有成立明确的实体，学校间的关系相对松散，组织机构不一定确定。而教育集团，通常已经有确定的组织成员、稳定的组织机构、明确的组织章程、系统的组织运作模式。

2. 基础教育公立学校教育集团的内涵阐释

前文已经构建了分析学校组织变革的场域框架，研究教育集团建设，教育集团的场域分析必不可少。场域是联结宏观层面的制度与微观层次的行动者的组织和社会发生转化的中程，是在各种位置之间存在的客观关系的一个网络。这些位置的存在和它们对占据特定位置的行动者或制度所产生的决定性影响都是客观决定的。在这个不可能被化约为个人属性或是其他场域单位的客观关系的系统和空间中，决定各种位置的是它们在不同类型的权力（或资本）分配结构中实际的和潜在的处境，以及它们与其他位置之间的客观关系。

在教育集团场域研究过程中，场域分析的两个主要层面是行动者和资源。行动者并非简单地受到场域结构和客观位置的控制，可以凭借结构所赋予的资源和自身能力再生产场域，从而使得教育集团在建设和发展的同时，整个组织场域也得以不断更新和改进。政府是公共教育的举办者和提供者，专家是教育发展的智库，两者可以为教育集团的建设提供必要的条件和支持，而学校是进行教育集团建设的能动的有机主体。同时，家长的行动者角色也发生了变化，家长作为学校的合作伙伴和利益关系的代理人，由学校管理中的“局外人”变为“局内人”。行动者能动作用的发挥不仅取决于能力的强弱，而且还受到其所拥有资源的影响。能力与资源紧密相连，资源的配置、获得、开发和利用表现出行动者能力的高低。由于每个场域中行动者不同及其能力各有差异，其所获得和可供支配的资源也不相同。

(1) 教育集团是组织间关系核心要素的不同组合形成的新的组织形态

教育集团是学校间关系发展变革的一种形态，因为这种组织间关系的核心要素以不同的方式组合，从而形成新的组织形态。从组织间关系的视角来看，这是教育集团的一个重要突破。从广义而言，组织间关系是指组织间在互动过程中产生的各种关系；而从狭义来看，组织间关系通常理解为“组织间的合作关系”（李焕荣，2007）。

组织间关系的基本内涵要素包括资源依赖程度、联结方式、约束方式以及目标共享程度。这些要素的组合就产生了现实中和理论上的不同关系类型及模式。教育集团就是这样一种组织间关系，由于资源依赖、联结方式、约束方式、目标共享程度的不同而形成学校组织链。

资源视角主要是指学校间资源相互依赖的程度，此种视角通常将学校视为异质性资源以及能力的集合，通过对资源及能力的适当运用而使其价值极大化。“资源是构成组织间关系的最基本元素，也是组织成长与竞争优势的来源。”（Barney，1999）联结方式主要是指学校间关系形成与保持的介质，如依赖组织层面联系或依赖个体层面联系。约束方式是指学校间关系建立与持续的保障条件，它既可能是制度性的安排，也可能是非正式的制度安排，如依赖信任、伦理道德、价值观和习俗保持的联系。目标视角主要是指构成教育集团的学校组织间的目标共享程度。

总体而言，教育集团就是这样一种新的组织形态。若干学校组织通过合作关系结成了一个有机整体。教育集团的成立能保证组织合作前景的可预期性和合作成果的稳定性，减少了社会组织个体不断寻找新的合作伙伴的压力，能充分保障合作。

（2）教育集团是与办学相关的不同利益群体权力重新分配的系统

组织就其本质而言，是个协作系统，是利益相关者之间利益协调的中介。由于其开放的特性，组织常常倾向于同利益相关者形成联盟以实现共同的目标，以此建立并维持合作关系而使所有利益相关者的利益最大化，减少环境的不确定性。此时，教育集团是与办学行为相关的不同利益群体权力的重新分配。

教育集团的出现就是教育行政部门与学校、社会间权利重新分配的产物。教育集团的建设过程是多方利益群体权力重新分配的过程，利益主体涉及教育行政部门、学校和家长等。当代的政府组织已经不可能直接通过法律或其他命令式的方式来施行其公共计划方案；相反，政府在实施其政策和提供公共服务时必须事先与社会进行磋商。“政府越来越不可能仅凭借法定方式和必要时的强制手段来将其意志强加于民”（彼得斯，2001）[9]，而是需要与许多对政策具有影响力的自利性团体达成共识，提高管理者的自主权——当然管理者仍有义务遵守与他们管理的方案有关的法律，之后才能够进一步制定并执行政策。这无疑带来了更多自行处理问题的空间。教育民主化运动与自下而上的改革都提倡给予公众更大的开放度和更实际的选择权，这在教育集团的发展历程中已经得以展现。在这个过程里，权力的变迁分为两个方向：一个方向是自上而下授权，另一个方向是权力的转移。教育行政部门要遵循简政放权的思路，将办学自主权还给教育集团和学校，同时教育集团、集团内学校、家长、社区等群体的权力转移也是一个重要方面。

（3）教育集团是建立现代学校制度过程中学校治理的一个重要的协同机制

协同现象是自然界和人类社会中普遍存在的一种现象，协同即“将各种主体力量协调、整合起来发挥整体效应”（曹堂哲，2010）[135]。教育集团的建设过程，也是多主体协同发展的过程。协同机制就是各个元素（主体）通过互动（冲突和合作）而共同努力实现既定目标或协定目标的过程、作用方式和程序。在教育集团的建设过程中，不同学校的权力机构发生了动态转换，不同学校主体基于在教育集团中定位和角色的差异，通过互动（包括冲突和合作）而共同努力实现协同发展的公共利益（可能是既定的，也可能是经过共识产生的）。这是一个重要的协同过程，教育行政部门需要改变权力结构，学校间通过教育集团建立新的关系机制，形成新的游戏规则，确保不同学校主体围绕教育集团的公共目标和利益达成协同。

教育集团在建设与发展的过程中，必然涉及处理部分和整体、差异和同一、结构和功能、自我和环境、有序和无序、合作和竞争、行为和目的、阶段和过程等相互关系的问题，换一种表达方式，即需要处理多样性的统一、差异的整合、不同部分的耦合、不同行为的协调、不同阶段的衔接、不同结构或形态的转变以及总体布局、长期预测、目标优化、资源配置、信息创生与利用之类问题，而这些系统性问题显然需要以协同的方式解决。教育集团的运行过程也是各个主体围绕共同目标执行和博弈的过程，参与执行的各个主体、部门之间的目标、利益和权力关系会形成一个整体结构，如果这一整体结构实现了协同，就会形成整体的合力推动执行，否则执行可能会偏离既定的目标。

（4）组织架构的建立与制度创新是目前教育集团发展的关键环节

制度是什么？新制度主义者斯科特认为，制度是由社会符号、社会活动和物质资源构成的多层次的、稳定持久的社会结构，由文化—认知、行为规范和法令规章三要素构成。（Scott，2001）[52]深入分析制度的定义不难发现，制度可以为组织活动提供稳定性，因此制度化的组织间合作关系更具有常态意义。同时，制度化的过程可以赋予组织间合作以意义，而非简单的技术任务；制度在对行动产生禁止和制约作用的同时，也会对行动者及其活动产生支持和使能作用，因为制度可以为行动提供导引与资源。

组织结构是一个组织内部各构成部分之间所确立的关系形式。组织结构是否合理和科学，直接影响到组织能否高效地运转。教育集团下有多个学校，其组织结构决定了集团与学校的产权关系和管理关系，进而实质上会影响到学校的办学权问题，影响到学校发展的方方面面。教育集团的组织结构涉及集团的职能分配、任务分工及与此相关的评价、考核和反馈机制等，主要的结构要素有工作专门化、部门化、命令链、控制跨度、集权与分权、正规化等。合理的组织结构能使各职能部门为集团目标的达成很好地分工和协调，通过评价、考核等控制手段及时反馈，保证目标的实现。设计一个富有成效的组织结构时，“要平衡一些由既要秩序又要自由这一基本的组织两难问题导致的相互抵触的力量”（霍伊 等，2007）[81]。很简单，我们建立一个教育集团，其目的一定不是建立一个整齐划一的巨型学校，而是建立一个在统一的办学理念引领下，尊重教育规律，结合集团内每个成员校的特点，具有多样性发展空间的组织；既要保证刚性制度的高效性，又要保证集团内学校个体的空间。

由此看来，基础教育公立学校教育集团是学校组织间关系核心要素经由不同组合形成的新的组织形态，是与办学相关的不同利益群体权力重新分配的系统，是建立现代学校制度过程中学校治理的一个重要的协同机制。就当前来讲，组织架构的建立与制度创新是目前教育集团发展的关键环节，必须重视教育集团的场域建设。

二、北京市基础教育领域集团化办学的模式研究

本研究主要关注基础教育公立学校或核心学校为公立学校的集团化办学实践，其通过学校运作机制、经费筹措机制、管理机制（如评价机制、

用人机制和考核奖励机制）等的转换，最大限度地发挥公共资源、社会资源和私人资源的优势，不断提升学校的办学质量和效益。

总体而言，集团化办学是指两个或两个以上的学校/校区的办学及学校发展过程中，在共同的理念引领下，在一定契约约束下所形成的具有规模效应的合作关系。因为资源依赖程度、联结方式、约束方式以及目标共享程度等要素的不同组合产生了现实中和理论上均不同的关系类型及模式，使得相应的发展路径及支持性系统必然存在差异。

（一）集团化办学模式：研究教育集团化发展的关键

集团化办学模式即两个或两个以上学校或校区为了实现共同的目标，合理配置人、财、物等教育资源，构建适切的组织结构及制度，实现集团的良性运行而采取的运行方式，是在集团化发展的框架下在管理运作过程中的主要组成部分与主要环节之间的关系。这体现了学校间关系发展变革的一种形态。

集团化办学的推进过程中，必然涉及处理部分和整体、差异和同一、结构和功能、自我和环境、合作和竞争等相互关系的问题，换一种表达方式，即需要处理多样性的统一、差异的整合、不同部分的耦合、不同行为的协调、不同阶段的衔接、不同结构或形态的转变以及总体布局、长期预测、目标优化、资源配置、信息创生与利用之类问题，由此，对于由若干学校组织通过集团化办学结成的一个有机整体，为了在一定程度上保证组织合作前景的可预期性和合作成果的稳定性，进行集团化模式研究是非常重要的。

对于组织间的合作关系，已有学者进行了相关研究。如按照参与者连接的紧密程度将组织间关系划分为紧耦合型和松耦合型（邵兵家 等，2005）；按合作的主要范畴将组织间关系划分为同盟、交易和共同抉择（Thompson et al.，1958）；按照组织间合作的情境将组织间的合作关系区分为四类，分别为社会选择型组织合作、联盟型组织合作、联邦型合作和集权型合作（Hodge et al.，1991）。还有研究者提出，从合作组织间的结构联结形式的维度，将组织间关系划分为对偶关系、星系关系和网络关系三种基本结构形式，以及数据交换中的一对一关系、一对多关系和多对多关系；从组织间知识互动的角度考察组织间关系，根据组织知识活动的重点和组织间知识互补性两个维度进行划分，可以得到四种组织间知识互动方式，即单向交流、双向交换、自主创新以及共同创新（罗珉 等，2008）。这些研究为本文的研究奠定了良好的基础。

回到集团化办学的问题阈里，现有文献中，依据单一要素对教育集团和集团化办学进行分类的研究已不鲜见。如依照学制关系的不同，分为“纵向链条式教育集团”和“相同学段互助型教育集团”；依照管理模式的不同，分为“核心连锁模式”和“合作共同体模式”；（乔慧莲，2012）依照成功的教育集团的成长轨迹，分为名牌复制模式、积累拓展模式和连锁投资模式；依照集团学校内部合作关系的紧密程度，分为实体式、联盟式与品牌式。（周彬，2005）再如，通过对我国在基础教育领域教育集团化方面探索比较超前的杭州市实践的梳理，发现杭州市的名校集团化办学在原有的名校+新校、名校+民校、名校+弱校、名校+农校、名校+高校、企业+学校等办学类型的基础上，又逐步探索出科研院所+学校、名校+流动人口子女学校、名园+民园、名园+农园、名园+街园以及优质学校+特色学校等新型的办学类型，名校集团化办学视野不断拓展。（闻慧，2011；戚小丹，2011）

集团化办学在本质上是一种学校间的合作关系，由此，基础教育领域的集团化办学模式聚焦的即是组织间的合作关系问题。组织间关系的不同类型及其划分角度是考察合作关系的重要参照系，在此基础上凝练并构建集团化办学模式有助于我们对纷繁复杂的组织间关系进行多维度的思考，也有利于研究者对研究对象进行更好的类型化和典型化，同时便于指导实践。然而，不可否认的是，大部分已有研究并没有找到集团化办学模式的核心要素和元概念，所以这里虽称之为模式但实际上并非模式。那么，该如何划分基础教育领域集团化办学的模式呢？

（二）基础教育领域集团化办学模式的划分标准与模式分类

基础教育领域集团化办学模式划分的标准较多，如按照集团化的动力来源可以划分为自主建构和非自主建构，按照集团内关键组织的数量可以划分为单极组织和多极组织。但若选取最为核心的标准构建框架，从理论研究及实践的调研情况两个层面来看，集团化程度和组织间关系两个标准是最恰切的。

1. **集团化办学模式的划分标准**

(1) 标准一：集团化程度

以沃伦（Warren）对组织间合作的研究为基础，本研究提出，按照由低到高的顺序，可以将集团化程度划分为选择型、联盟型、联邦型与集权型，这也代表了集团化办学的发展阶段，其中集权型虽然在集团化程度上高于联邦型，但并不是成立教育集团必然的目标，两者可以成为集团化办学走向高级阶段的不同路径。(Hodge et al., 1991)

①选择型严格讲代表了一种“前集团化”的特点，组织间的合作是比较随意的。②联盟型是指合作组织间以专项事务为联系纽带，“集团化”主要集中在某些具体而特定的事务与范畴内，并未贯穿组织发展的所有环节，也没有明确的集团一级组织机构来控制和协调。③联邦型是指已经成立了超组织性的权威机构来设计和推动集团化发展，或者已经有明确的集团一级组织机构成立，或者核心校、关键组织已经从集团发展的视角进行统筹计划，有专门而明确的契约与章程，成员校可以依照契约共享集团品牌和各成员校教育资源，协同开展教学研究和课题研究，实现成员校间的优势互补，同时成员校仍保有一定程度的自主权，有决定如何参与，参与什么，参与到什么程度的自由选择空间。通常集团内各校可以是同一法人，也可以是不同法人。④集权型是指不仅成立了超组织性的权威机构，有明确的章程和制度，从系统化视角设计与推动集团的整体发展；而且集团制定用于指导和规范成员校办学行为的纲领性文件，既从发展愿景与理念层面，也从人事、教育教学、后勤、学生管理等方面对集团与各成员校的责、权、利进行规约，明确集团的办学理念、发展目标、管理体制等；集团还制定统一的质量标准和考核方式，对各成员校的教育教学活动、教师专业成长实施有组织、有计划、有目的的评估和督查。集团内组织要完全按照集团的统一安排行事，集团各校通常为同一法人。

选择型、联盟型、联邦型和集权型同时代表了集团化办学的不同阶段，选择型仍处于前集团化阶段，而后三者分别代表了集团化办学的初级、中级和高级阶段。但因为不同区域教育发展的现实需求不同，在实践中联邦型和集权型并不存在优劣之分，集权化并非集团化办学的最终走向，两者均可称为集团化办学的路径选择。

参与学校以同学段为主的集团化办学在学校发展、教育教学质量提升、教师专业发展、课程建设等方面的沟通更易实现，但可能欠缺跳出本学段看教育的视角，在学制衔接方面的探索相对薄弱；而跨学段模式更有利于从孩子成长的整体角度去探索与构建育人模式，但也很有可能因为不同学段主要任务的差异，使具体业务方面的沟通受到影响。

（2）标准二：组织间关系

以组织间关系为标准，按照集团化办学的学校间关系的依附程度，可以划分为均衡型和依附型两类。

在解释这两类关系之前，有几个概念必须要明确，即关键组织、非关键组织和均势组织。在本研究中，关键组织在社会的组织格局中，相对于相同组织类型内的其他大多数组织个体，在人力资源、权力资源、声誉资源和物质资源四个方面的占有中，至少有一个方面具有绝对优势。其中，人力资源包含了社会组织所吸引的社会成员的素质和数量两个方面，权力资源是指社会组织通过社会的制度安排所获得的权力，声誉资源是指社会组织在长期发展过程中获得的名望和认可，物质资源是指组织所占有的全部物质的价值总和。与之相对应，非关键组织是指在几方面都相对处于劣势的社会组织个体。而均势组织是指在集团内相对于其他组织而言在几个方面都不存在明显优势及明显劣势的社会组织个体。

由此，均衡型的关系特点是，集团化办学的学校间是就共享目标或利益需求的实现达成的较为平等的资源共享关系或品牌共创关系，双方或多方互有需求，参与合作的组织间在结构上相对独立，地位平等，一方的存在不以或者不曾以另一方为前提，集团内的组织可能都很优质，但互相之间相较而言以均势组织为主。依附型是指就参与集团化办学的学校定位来看，基于资源占有、办学声誉、学校发展水平等方面的较大差异，有关键组织与非关键组织之分。非关键组织拥有独立的组织目标、权威机构以及一定的发展资源，但它并没有足够的能力独立实现发展目标，需要借助外在力量进行驱动与激活。关键组织常常就起到这样的作用：以先进的理念、丰富而有弹性的资源体系、完善的制度框架等推动非关键组织的发展。在这一过程中，非关键组织不得不通过让渡一部分组织的自主性和独立性的方式，从关键组织那里换取，甚至由关键组织派生并共享关键组织的资源，由关键组织控制生存周期和发展方式。这样，组织间就形成了较为稳定的依附关系。

通常来讲，均衡型组织关系的教育集团通常是基于人才培养衔接或优质品牌共创等需求所形成的；而依附型组织关系主要以解决优质教育资源均衡发展为目的，这正是教育行政部门的关注重点，所以自上而下的行政驱动更为突出。

2. 集团化办学模式分类

由此，依照集团化程度和组织间关系，我们可以将当前基础教育领域集团化办学分为如下八种模式（见图 3-5）。

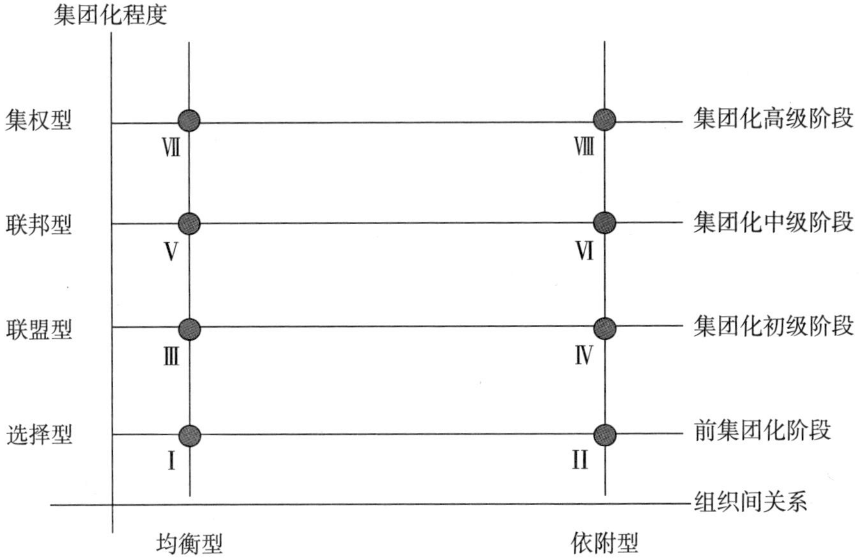

图 3-5　集团化办学模式分类

模式Ⅰ：选择-均衡模式

严格说来，此模式并不属于集团化办学的范畴，处于前集团化的阶段。基础教育领域内不同学校间常常会基于现实需求或由行政力量推动发生一些较为随意的、非固定的短期合作行为，然而并没有制度化的设计也没有对组织机构产生实质影响，因此不具有可持续性，合作双方或多方实力较为均衡、地位平等，组织机构独立，发生合作关系的学校间很可能也同时处于竞争关系中。

模式Ⅱ：选择-依附模式

此模式仍然处于“前集团化”阶段，但合作双方或多方因为实力不均衡，所以这种合作行为体现了更多的“单方获利”特征，导致合作行为的外部合法性明显强于内部合法性，合作各方地位不平等，合作行为以一方输出一方输入为主要特征——输出方即关键组织，随意性较大；但输入方更有动力，只是体现了依附发展的特点，需要让渡部分自主性。

模式Ⅲ：联盟-均衡模式

此模式已经凸显了集团化办学的趋势。组织间已经有较为长期、明确的专项事务作为联系纽带，比如在课程开发或教师专业成长方面展开合作——对于这种合作，学校有意识地进行了设计与统筹，这种合作可能是组织资源叠加，从而共享集聚优质资源，也可能是因为对组织资源互有需求而互补的，只是它没有贯穿组织发展的所有环节。合作的多方在这种集团化行为中都有明显获利，参与合作的组织间地位较为平等，但没有形成专门的组织机构来管理这种集团化行为，组织间分离而独立。

模式Ⅳ：联盟-依附模式

此模式也凸显了集团化办学的趋势。组织间的合作行为能够聚焦在具体而特定的事务和范畴内，具有一定的制度化特点，具有一定的可持续性。同时，这种合作因为行为主体双方实力差距较为明显，依然呈现出获利不均衡的特点，这主要是为了实现非关键组织，尤其是弱势组织的发展，因此通常是由自上而下的力量推动，因而被依附的关键组织的内部驱动力值得重视。为了换取发展资源，输入方需要让渡部分与合作事务相关的自主权，之后很可能会开始模仿输出资源的关键组织在此方面的发展路径。

模式Ⅴ：联邦-均衡模式

此模式呈现了从集团化办学向教育集团过渡的特点，教育集团的特征开始呈现，已经有了相对集中的品牌，集团化办学突出的更多的是办学规模的扩大带来的变化，而教育集团直指超组织性权威机构——教育集团的成立，这意味着在此模式中，不同学校之上已经有了一个更高的组织层级从整体系统化的视角规划集团的发展。合作、统筹、协同行为渗透到集团内学校发展的各个方面。不过，虽然建立了教育集团这样一个具有一定合法性的组织，但从法人关系、人事关系、财务关系等方面来看，集团内部学校彼此之间仍然独立，就这样通过保持每个学校组织个体的独立性而维护了组织的多样性。组织间不存在明显的强弱对比关系，地位较为平等，它们既可能跨学段，也可能同学段。

模式Ⅵ：联邦-依附模式

此模式同样具有从集团化办学向教育集团过渡的特点。学校与教育行政部门之间新增了一级组织——教育集团，有专门而明确的章程与制度约束，并非短期行为。核心校、关键组织从集团的视角整体规划、发展，集团内存在一个具有明显优势的关键组织辐射优质资源及先进理念，其他非关键组织或依附关键组织及教育集团的声誉、资源获得进一步发展，或由关键组织派生而来，由关键组织确定组织目标、组织结构、发展理念等，教育集团对集团成员校的资金运作与人事、教学管理具有一定的决策权，对学校办学理念与学校文化有一定的影响力。

模式Ⅶ：集权-均衡模式

此模式具有典型的教育集团的特点。新的一级组织——教育集团——有明确的组织章程和集团运作模式，组织结构逐渐理顺，责任明晰，制度较为完善，集团内学校组织的发展完全按照集团的统一安排行事，此时集团的内部合法性逐渐增强，所有组织的发展规划统整到集团一层。集团内组织的实力均衡，多个发展水平相当的均势组织在集团的视域下集聚优质资源，创生新的集团品牌。此时已经在以集团为单位而非以学校为单位配置资源，集团内部学校间已经逐渐打破边界，作为单独组织个体而存在的学校组织，其完整性或独立性已经得到了消解，多组织间合作逐渐演变成一个新的复杂组织。

模式Ⅷ：集权-依附模式

此模式也属于集团化办学的高级阶段。虽然最初教育集团的成立可能是需求诱致，也可能是行政驱动，抑或两者结合，但在集团化过程中，伴随着内部合法性的不断增强，此模式下的集团化办学通常具有最为有效的组织结构、清晰的信息链、完善的制度章程、统一的品牌效应。集团内非关键组织大多由一个具有明显实力优势的关键组织派生而出，或经过改革，在制度、结构等方面完全从属于关键组织，集团层面的主要领导者则由关键组织的领导者担任。关键组织更强势，非关键组织因为要依托关键组织的资源而获得发展，所以在决策方面处于比较边缘的状态。集团成为学校之上存在的切实有效的管理层级，系统性强——这种系统性体现在突出顶层设计方面。改革往往从系统改进入手，这样能够实现统一指挥，从而提高管理效率，实现规模办学的效应，但可能不利于发挥原个体学校的办学特色，不利于实现多元化。

（三）集团化办学模式发展的实践反思

通过对集团化办学模式的研究，我们发现，不同模式体现了集团化办学的不同情况和特点，并没有优劣之分，也不存在最好的模式，只有最适应的模式。提升基础教育办学的集团化水平，也要根据现实需求、目标定位、前期合作基础等进行有针对性的统筹设计。

这个过程涵盖了从前集团化阶段向集团化高级阶段的所有阶段，也包括组织间从相对分立到从属的整个过程。再次强调的一点是，集团化发展的最终目的不应该也不需要全部成为集权-从属模式，而应该在联邦和集团两个发展阶段中进行明确定位。从无意识合作的选择型和聚焦在具体事务合作的联盟型走向较高水平的集团化办学，需要遵循如下思路。

1. 回到原点：我们要什么

各地在重点推进集团化办学工作的过程中，需要不断追问和反思的一个重要问题就是：我们为什么要集团化办学？我们期待通过教育集团解决什么问题？这是“为什么出发”的问题。

目前推进集团化办学的出发点起码有两种类型。

一种是将问题指向目前公立学校的僵化、低效等痼疾，进行体制机制创新，探索教育发展过程中公与私之间的第三条道路，实现投资主体、运作机制、资源配置方式等方面的灵活性，释放更多权力空间，增强学校办学活力，形成一个既有利于政府进行统筹管理，又有利于调动各种社会力量参与办学的积极性，同时学校还有较大自主权的办学格局。此时进行集团化办学的学校组织间以“均势组织”为主，其需要关注的重点是不同特色的学校间怎样实现机制创新，教育行政部门如何在释放权力的时候重视制度规范，市场机制进入公办教育后如何既激发活力又不损害公共性，等等。学校行动者之间的关系应定位于战略伙伴关系。学校多样化发展，正是避免学校生态位相近、位置拥挤带来的过度竞争，从而促进各具特色的学校通过占据不同的生态位，形成相互补充与合作的关系和战略伙伴关系。这样，合作学校之间可以实现优势互补，并创造出新的发展机会。

第二种类型即为了更好地实现优质教育资源扩张，改善薄弱学校的质量，提升区域教育的整体竞争力，此时参与集团化办学的学校通常由一所或几所关键组织与多所非关键组织组成，学校间发展水平差异较大。那么，如何通过权力结构的调整保障集团化的切实推进？如何改变合作的“单方获利”特征？关键组织的动力如何保障？非关键组织如何面对关键组织的优秀经验？如何校本化？学校发展的特色和多样性如何定位？这些将成为这一类型的集团化办学要解决的重点问题，同时也需要探索个性化的改革实践，尤其是在集团发展初期，有很多内在的机制需要生成、建构，如果没有保障就很难实现。而如果教育行政部门统一下达同一指令，强制要求，就很难推进集团化办学多元的发展。针对不同发展阶段的教育集团应该给予个性化的支持，设置一些改革特区，在专家支持、定期评估、规律研究、物质保障、公共关系支持等方面给予持续帮助，建立明确的信息链和指令传达通道，以及风险分担机制。

2. 内部合法性与外部合法性兼顾

教育集团建设的人、财、物保障大多是以政策和法律等规制性制度资源作为保障和来源的，然而仅仅有物质保障并不足以形成教育集团。一项行为是否稳固并可持续，与其内部与外部合法性是否存在密切相关，如果内、外部合法性都消失了，那么这项行为便难以为继。

内部合法性是指该行为获得的参与该行为的组织成员的承认、支持和服从，反映了该行为所表达的价值观与规则“嵌入”参与者的个人理性的程度。这种嵌入越是普遍、持久和深入，该行为的内部合法性的基础就越牢固；这种嵌入越是狭窄、短暂和肤浅，该行为的内部合法性的基础就越薄弱。在集团化办学这个问题阈内，内部合法性即参与集团化办学的学校组织成员对这项行为的认可程度，这也是内部合法性的源头。

外部合法性是指该行为获得的组织外与组织相联系的社会体系的承认、支持和服从，尤其是与该行为相关联的组织外部门、机构及个体，对该行为的承认、支持和服从。这实际上反映的是该行为背后的价值观与整个社会相关组织及行为价值观的一致程度。一致程度越高，组织的外部合法性就越强；否则，就越有可能发生危机。以集团化办学为例，外部合法性即与集团化办学相关的教育行政部门、社区、其他学校、社会公众等对集团化办学的认识。

总体而言，需求诱致、自下而上驱动、自主建构的集团化行为总是具备较强的内部合法性，通常自上而下驱动、外力建构的集团化行为总是具备较强的外部合法性。仅有内部合法性，很难持续；仅有外部合法性，容易形式主义。若要使集团化办学深入可持续，内部和外部合法性应该兼顾。

在集团化办学过程中，内部合法性除了集团化参与校对集团化行为的认同程度外，还包含成员校对集团发展价值观的认同程度，非关键组织对关键组织文化的认同程度。在实践推进过程中，尤为需要注意的是文化的同质化问题。集团化不是同质化，不是大校文化的单纯复制和简单的文化覆盖，要重视和彰显各校的独特性和再生性。在外部合法性方面，为什么要通过集团化的方式推动基础教育质量的提升？这种方式对区域教育发展有哪些作用？是为集团而集团还是确实是必经之路？集团化办学是最适切的方式吗？它对参与学校的价值和意义是什么？教育体系内外的人如何判断与评价？这些都是推进集团化办学的过程中必须回答和重视的问题。

参与教育集团的各个成员校都有各自的原有办学经历，所以集团化过程一定不是简单的单个组织面对并遵守权力中心或上层指示的简单过程。如果教育集团的建设仅仅受制于行政命令，组织更有可能采取回避策略，出现“上有政策，下有对策”的情况。在这个时候，成员学校更有可能在共同价值观之下，受到专业行动之间的规范结构和文化建构的影响。当行动者处于更加共同的社会制度和共同的文化氛围时，影响和改变更容易发生，教育集团和学校的领导者及决策者应当有效利用规则、价值观、规范、框架这些符号系统，使新观念等与传统的符号和结构要素进行创造性的结合，使行动者实践本身的影响力得以增强。

3. 依据治理的思路进行权力的让渡与分配

集团化办学其实是教育行政部门与学校、社会间权利重新分配的产物。教育集团的建设过程是多方利益群体权力重新分配的过程，利益主体涉及教育行政部门、学校和家长等。目前，教育治理已经是一种现实存在。教育治理是指国家机关、社会组织、利益群体和公民个体，通过一定的制度安排进行合作互动，共同管理教育公共事务的过程。完善教育治理体系是推进教育治理的关键，其核心是“通过分权和集权两种方式调整、优化共治主体的权责关系，解决教育管理中社会参与不够、学校办学自主权不够、政府宏观管理能力不足、学校内部治理结构不完善等突出问题”（褚宏启，2014）。在集团化办学的过程中，一定涉及教育行政部门向教育集团授权，教育集团向集团学校授权，学校向教师授权的过程，也一定涉及教育集团内部学校间权力的转移过程。当然，目标定位不同，权力的划分就有差异。如联邦及以下阶段，权力更多仍集中在学校层面。虽然建立了教育集团这样一个具有一定合法性的组织，但集团内部学校仍然是独立的个体，只是在某一层面实现了集团性，通过保持每个学校组织个体的独立性维护了组织的多样性。教育集团并不具有独立的法人地位，不论是对集团成员学校的资金与资产，还是对学校的管理决策与办学决策，都不具有控制权与支配权；成员学校间的协作与整合，往往要通过契约的形式来规范。组织之间没有明确的隶属关系，集团成员校发展的理念和路径仍然以成员校本身组织成员和领导团队的决策为主。而集权阶段，权力更多体现在教育集团一层，可以真正在集团层面配置人力、物力等资源，组织成员间有明确的隶属关系，集团成员校的发展必须遵循集团的思路展开。当然，集权不等于完全控制和命令，放弃多样性；分权也要关注制度约束与核心理念。不同的目标定位，权力的划分有差异。

政府所具备的为教育集团的建设提供必需资源的权力和能力，使得政府主导教育集团建设成为可能和必然。而且，政府主导教育集团建设，可以弥补以市场为主导和学校自主变革的局限性。但如果政府的权力过度集中，则会造成政府的无限膨胀、管理模式僵化、思维方式趋同，所以，在合法合理的限度内划分和配置教育权力，下放办学自主权，是提高政府管理能力的客观要求。也就是说，教育集团建设的本质是权力的重新配置，需要政府改变角色，即由“结构守护人”向“改革能动者”的角色转变，而不是“转嫁责任”。具体到教育集团建设中，政府之“责”，就是要提供统筹经费投入，区域教师流动，干部教师队伍激励与退出机制等政策保障；开辟多元主体参与教育集团建设途径；从建立评估与问责制等方面进行管理体制的改革和创新，以保证教育集团建设场域内的要素组合发挥最大效能，为改变注入必要的动力和资源。教育集团的建设必然最终落在学校组织中的人的身上，并通过他们而存在、发展和创新。这些认知、观念、知识、能力的载体和承担者就是教育集团建设的行动者。这些学校行动者可以分为两类，即决策者和执行者。所谓决策者就是学校的校长，他们会根据所处的场域的特征来选择本校在教育集团中的位置、路径以及需求；执行者即具体实施和落实变革方案的学校成员，他们负责完成变革计划，取得变革效果。学校行动者个性活跃程度和创造力程度是教育集团形成和发展的关键。可以以组织任务为起点，培养一些不同类型的组织模式，将正式组织与非正式组织相结合，利用信息技术，增加组织边界的弹性。

三、结论与对策建议

（一）基本结论

从项目组调查及研究反馈的结果来看，集团化办学确实对区域基础教育优质均衡发展起到了明显的促进作用。一些学校的硬件建设显著改善，同时通过集团化发展，师资派驻和交流，课程教学资源共享，新教育教学理念引入，教育管理方法借鉴等，参与集团化办学的非优质校办学质量明显提高。

目前集团化办学的核心是管理一体化，其存在多种有效的实践模式，不同实践模式的工作任务和支持系统略有差异，因此，在强调集团化办学的基础上，鼓励多种模式并存是很重要的。同时，集团化办学也存在整体水平不高且不平衡等问题，尤其缺乏相关制度的建设，亟待学校人事工资、编制、经费等制度配套建设。根据各个集团的不同现实情况，建议分类处理，分步骤推进。要继续加大区政府统筹力度，建立集团化办学的组织保障机制，进一步明确合作区县和集团及学校的权力与责任，充分发挥集团及学校的能动性和灵活性，积极开创富有活力的教育资源优质均衡化发展模式，细化各级组织的权力、责任和义务。在集团层面及集团内部，要通过正式契约方式，明确合作方的责权利、阶段目标和长期目标。为保障改革的方向正确，降低改革的成本，避免和减少改革的风险，实现改革的目标，必须加强对集团化办学的理论研究、过程监控和结果评价与反馈。

（二）对策建议

以上是从宏观角度提出的教育集团发展过程中的建议。就具体实践途径而言，一个指导思想是，在教育集团建设的过程中，如果教育行政部门、学校、专业组织、家长、社区等利益相关者能建立多元的、令人尊敬和信任的关系，便更有可能达成集体的目标。行政部门管理者、专家、校长、教师、家长间强有力的有效关系的形成会创造一种环境，实现共同愿景。所以，在教育集团建设的实践层面，可以从两方面来论述：一是教育集团建设的场域层面，二是教育集团自身。

1. 教育集团的场域建设

教育集团的“场域”问题是研究教育集团建设的重要焦点。迪马吉奥和鲍威尔认为，场域是指一个组织生活区域，在这个生活区域中有关键的供应者、资源和产品消费者、规范机构和其他一些生产类似服务和产品的组织。（DiMaggio et al.，1983）布迪厄则从另外一个完全不同的视角提出，场域是社会的真正实体，因为“在高度分化的社会里，社会世界是由大量具有相对自主性的社会小世界构成的，这些社会小世界就是具有自身逻辑和必然性的客观关系的空间，而这些小世界自身特有的逻辑和必然性也不可化约成支配其他场域运作的那些逻辑和必然性”（布迪厄 等，1998）[134]。学校作为一个组织，生存于特定的组织域中。教育集团的场域就是由教育行政部门、社区、家长群体、大学、科研部门等组织所构成的一个关系系统。

为什么要研究教育集团的场域？社会科学的对象既不是方法论个人主义所推崇的个体，也不是单个的、追求私利的个人的聚合而成的群体，而是场域。研究教育集团建设，教育集团的场域分析必不可少，行动者构成了教育集团建设的系统框架。为了更好地解决教育集团建设过程中的权力分配和关系构建问题，必须分析教育集团建设场域中的主要行动者。行动者是场域的核心要素，对教育集团建设的场域中行动者进行划分，是更好地理解合作中权力实施、能力提升以及资源分配的基本前提。在教育集团建设过程中，涉及的主要行动者包括教育行政部门、专业机构、学校、家长群体。

（1）教育行政部门——教育集团外部合法性的赋予者

政府是以科层方式组织起来的行政管理结构，被赋予合法性的强制能力，并以这样的方式建立起来和实施权威。（斯科特，2010）[107-108]本书的研究对象是公立学校教育集团或核心学校为公立学校的教育集团，政府作为教育集团建设场域中的宏观层面的行动者，具有合法合理性。政府具有界定各种政治、经济行动者，以及各种集体行动者的性质、能力和特权。政府干预教育主要是通过制定政策、法规，实施强制性的规制控制，并且政府干预与科层控制产生了文化——认知和规范性的压力，以使专门管理人员一致遵守。政府所具备的为教育集团建设提供必需资源的权力和能力，使得政府主导教育集团建设成为可能和必然。

在教育集团的建设过程中，政府和教育行政部门的行动能力主要体现在管理能力与服务能力两个方面，其与政府权力、政府职能相互依存。因此，提升政府行动能力必然涉及权力的重新分配和政府职能的转变。目前虽然简政放权、管办评分离、推进治理体系综合改革已经成为共识，但在实践中政府权力过度集中仍是不争的事实。政府权力过度集中事实上造成了学校主体的缺位，所以在合法合理的限度内划分和配置教育权力，下放办学自主权，是提高政府管理能力的客观要求。同时，教育集团建设的本质就是权力的重新配置，需要政府改变角色。为了让自己的“能动”力得以增强，政府需要打破自身在教育事业中的“权力垄断”，置身学校教育制度之外，用自己的“能动作用”来改变权力配置的“结构”及其内在“规则”（包括管理体制改革、课程改革、学校体系管理、经费调拨、评估系统改革等）。

实现“改革能动者”的角色转变，还需要转变政府职能。教育行政职能存在“错位”“越位”和“缺位”现象。（褚宏启，2005）教育集团的建设和发展一定不是教育行政部门转嫁责任。教育行政部门放弃“不该管”的职能的同时，应强化“该管”的职能，强化支持性服务责任，注重为教育集团的建设和发展提供支持性的服务，如在统筹经费投入、区域教师流动、干部教师队伍激励与退出机制等方面提供政策保障；开辟多元主体参与教育集团建设的途径；通过建立评估与问责制等方面进行管理体制的改革和创新，以保证教育集团建设场域内的要素组合发挥最大效能。

总之，教育集团与政府之间应该由单纯的隶属关系转变为自主权和行政权相互协调、相互制约的关系。政府侧重于宏观管理和组织协调，权力下放、重心下移，突出督导职责和服务功能，教育集团根据具体情况自主选择发展路径。教育行政部门根据不同集团的特点制定弹性的管理政策和制度，尤其在教师招聘、职称评定、人事任免、绩效工资等方面予以突破，政府可以保留应有的重要事项的决策权与控制权，保留对教育集团进行宏观管理的权限，将其他的一些权限与责任交给教育集团，赋予教育集团更多的自主权，变无限政府为有限政府。

（2）专业机构——教育集团专业能力提升的支持者

在教育集团的发展过程中，专业机构既包含大学和各级各类研究机构和学校内的教科研部门，同时也包含各级教育学院、各级教育研究院（所）以及各级教研部门等。专业机构处于对知识、思想的生产、加工、分配的垄断地位；同时，因为目前政府在决策过程中非常重视向专业机构进行咨询，所以在一定程度上专业机构可以影响政府决策的走向。政府拥有权力和资源，但在进行决策并提供一定的制度框架和支持后，一般而言几乎不参与教育集团建设的具体工作，所以在教育集团的发展过程中，集团内组织间关系如何处理，集团课程、教学、科研工作如何开展，文化凝练如何处理一与多的关系，等等，都需要专业机构这种行动者的支援和参与。

专业机构的优势在于可以借助自身理论研究的能力对教育集团的生成、运行、评价、激励等进行研究和阐释，对于教育集团建设所涉及的宏观和微观各个要素间的关系进行梳理并将其模式化。在这个过程中，专业机构所拥有的专业能力——即专门的知识技能——成为权力的主要来源之一，在一定程度上它们成为“真知灼见”的合法代理人，获得对参与教育集团建设的群体施加影响的行动能力。这种行动能力主要体现在如下方面：其一，专家作为理论研究者，进入政府和学校的决策层，完成“理论主体”与“决策主体”合二为一的过程，将专业知识与政府的规制性权力相结合，建立和巩固结构、规则，并分配资源；其二，利用教育研究成果，通过咨询、委托课题、合作等方式，从学理和逻辑角度为教育集团和学校各个方面的改进引入新的概念和理念，向教育集团和学校提供知识服务的能力；其三，调节各方与既有“规则”可能存在的冲突，经过不断的行动，使得政府、学校和专业群体认可方案，从而深入实践。

（3）学校——教育集团建设的有机主体

学校是进行教育集团建设的能动的有机主体。在教育集团建设过程中，政府和专家只能提供必要的条件和支持，而主体只能是学校自身。

教育集团的建设必然最终落在学校组织中的人的身上，并通过他们而存在、发展和创新。这些认知、观念、知识、能力的载体和承担者就是教育集团建设的行动者。这些学校行动者可以分为两类，即决策者和执行者。所谓决策者就是学校的校长，他们会根据所处场域的特征来选择本校在教育集团中的位置、路径以及需求；执行者即具体实施和落实变革方案的学校成员，他们负责完成变革计划，取得变革效果。学校行动者对教育集团的认同程度及投入程度是教育集团形成和发展的关键。

教育集团的发展水平和自主发展能力取决于集团内学校组织间关系，学校内成员对集团和其他集团内学校的认同程度。如何将教育集团的建设和发展从校长、管理干部层面的共识转换成全校教职员工的共识，已经成为很多校长思考的主要问题。这是一个教育集团从外部合法性逐步走向内外合法性兼顾的过程，也是教育集团从他组织走向自组织的过程。这需要教育集团层面及学校层面具有自觉能动地选择、决定、调节自身活动的权力，从而形成教育集团的良好生态。

教育集团建设需要通过建立起与相关主体之间的相互协作的关系系统才能实现。第一，教育集团内部应营造和谐的校际合作关系。第二，学校行动者之间的关系应定位于战略伙伴关系。学校集团化发展，正是通过形成相互补充与合作的关系实现优势互补，并创造出新的发展机会。第三，教育集团还应与其他行动者建立长期的沟通与联系，如让政府、家长、学区和社区（社会）等利益相关者成为教育集团建设和发展的参与者和维护者。

（4）家长——教育集团建设的需求者与合作者

教育事业乃至学校的发展不仅是数量的增长，我国教育事业在数量规模上有令人满意的发展，但在结构优化、质量提升等多样性的内涵要求上并没有获得同样的进步。当前，在基础教育学校中学生来源、背景和发展过程的差异性并没有得到充分的关注，学校的同质性特征明显，很难适应多元社会以及个体成长的双重需求。学生的来源越来越复杂、多样，学校系统有责任和义务帮助所有学生获得高水平的学术成就。学校办学的动力应该来自社会群体的诉求。家长对优质教育及差异化教育的需求，是推动教育行政部门以教育集团的方式实现教育发展的重要动力之一。

家长作为学校的合作伙伴和利益相关者，应由学校管理中的“局外人”变为“局内人”，成为实现教育治理改革的主要参与者。学校在走向集团化办学的过程中，应该与家长进行充分的沟通，并在集团内部设立如家长委员会等常设机构，集团理事会要保证一定数量的家长成员，家长可以参与集团及学校经费使用、人员聘用、课程编制、教材选择等内容的决策，实现权力自上而下以及自下而上的互动，达到权力的平衡。

2. 在教育集团自身层面

(1) 制度安排的“名实合一”

教育集团组织结构涉及集团的领导、运行、职能分配、任务分工及与此相关的评价、考核和反馈机制等。在高效率的组织内，每个人都清楚他们相关的责任和贡献，政策、联络和指挥链都非常明确并且被广泛认可。制度可以为组织活动提供稳定性，因此制度化的组织间合作关系更具有常态意义，可以保证一体化过程的可预测性和一致性，减少随意性。这就既要考虑到组织的共同目标，同时顾及个体的差异。制度还可以避免职责结构过于复杂，责任划分不清，职责与行为重叠，浪费资源，负荷不足或负荷过重，过度自主或过度依赖等问题。

结构方面的变革如果不能与管理行为的变革相互配合，那么理论上所设想的改革效果也难以实现。教育集团的管理和发展是一种战略行为，制度建设和结构调整非常重要。对于教育集团管理者来说，他们的管理视野是不同学校间的协作与整合，管理单元不再是学校内部的教师与学生，而是学校本身——即从管理一个学校走向管理一个集团。办教育集团是在扩大学校规模，以通过兼并、联合、协作等方式做大做强优质学校，实现优质教育资源的全辐射。从区域学校发展角度来看，学校总体数目将急剧减少，集团内部结构复杂性程度倍增。学校规模的扩大可以带来办学条件的诸多红利，学校可使用的资源增加，使得在一些小规模学校不可能开展的教育项目变为现实。但是，不容忽视的是学校规模的几何扩展，可能与教育的真实目的渐行渐远。教育的首要特征就是接触性，它要求教育者与受教育者保持亲密的关系，唯有如此，教育者才可能洞悉真正的教育需要，才能真正进行属于人的教育，基础教育尤其如此。亲密关系的淡化、制度关系的加强则是教育离人远去的症候。同理，倘若学校管理者与普通教师保持亲密关系，则学校各项政策就会人性化。然而，学校体积膨大，人数激增，以增强亲密关系为导向的管理机制难以为继，为此出于便捷有效，科层制刚性的垂直管理就在所难免了。

根据前面的模式划分，集权型和联邦型的教育集团在人权、物权、财权、事权的统一程度上有差别。集权型将主要权力统一在集团层面决策，联邦型要保证每个成员学校的自主权，但是在此基础上应该有明确的制度和契约保证集团可支配的部分，否则就很难保证集团的有效运行。关于教育集团的规模应该多大，包含几所成员校更合适的问题，同样要根据模式的差异有所不同。如果机制合理有效，从理论上讲成员校的数量就不是问题。但在实践中，依附型集团可能对规模和数量的要求更高，过大规模可能会造成精力不够和“牛奶被稀释”的问题。

另外，绩效检测标准不明确往往是绩效评估失效的常见原因之一。名校集团化办学绩效评估标准还不明确，只是一味以地区义务教育优质均衡的评价标准为标准。名校集团化办学是地方政府推动区域义务教育优质均衡发展的一项举措，每一步应该有每一步的绩效检测标准，而不是笼统的只是以区域义务教育优质均衡评价标准为标准。同时，名校集团化办学绩效评估标准的解释缺位，不同的调研者会对标准有不同的理解，也不利于名校集团化办学绩效的有效评估。(梁淑丽，2013)

在这个过程中，如何结合现代学校制度建设理顺集团内部的管理体制，如何协调教育集团成员学校的权利与义务，如何保障集团校长在人员、经费、利益分配等问题上的适度权限，如何减少管理层级，如何降低管理重心，如何提高管理效能等，都是要突破的方向。要以集团的章程建设为抓手，进一步改善集团内部治理结构，协调尤其是联邦型的教育集团内各成员学校的权利、义务，明确集团发展规划、计划，理顺决策的执行、监督和保障等各环节关系、职能，提升集团整体的管理水平；把履职和维权作为重点，明确、细化核心成员学校管理者在人员、经费和分配等问题上的适度的权限，加强目标管理责任制，加强集团内各成员单位的绩效考核，提高教育集团管理效能。要通过多元化的办学模式、联系方式，使得各办学主体能够最优化地聚合在一起，并根据优质教育资源的生成情况，调整学校间联系的紧密程度。

(2) 文化建设的“和而不同”

依据斯科特的划分方式来探讨，教育集团建设的人、财、物保障大多是以包括政策和法律等规制性制度资源作为保障和来源的，这是基础。当然，仅仅有物质保障并不足以形成教育集团，教育集团的建设还需要并且必须有行政命令（规制性），同时也需要文化性系统和规范性系统的支持。因此，教育集团的建设和发展过程更有可能在共同价值观的引领下，专业行动之间积极互动，从规范层面和文化层面实现集团化。当行动者处于同样的社会制度和文化氛围之中时，影响更容易产生。所以，为了防止在教育集团建设过程中出现这种“上有政策，下有对策”的情况，学校领导者和决策者应当有效利用规则、价值观、规范、框架这些符号系统，使新的观念与传统的符号和结构要素进行创造性的结合。

教育集团在建设与发展过程中，会涉及强势文化与弱势文化的冲突，同一性与多样性的博弈，外部文化与内生文化的交融。没有文化的认同，教育集团和集团化办学很难真正落到实处。文化影响到教师和学生学校教育生活的各个方面，尤其是当集团成员有共同的核心价值观、思想和信念时，文化能够成为集团的纽带。

组织文化是组织与周围环境交互作用的重要方式。集团一旦形成自己独立的组织文化，就会具有很强的稳定性，反过来对集团内学校产生巨大的作用。当然，这种集团文化是如何形成的？同一性和多样性的界限在哪里？非均势组织中关键组织和非关键组织各自起到了什么作用？均势组织中如何获得共识？这些是教育集团文化建设过程中必须重视的问题。

集团化办学或教育集团文化建设，应该追求“和而不同”的状态。与其他非集团化办学的学校相比，这些学校间的学校文化理念具有内在一致性和相互呼应的特点，但这种文化一定不是“拷贝”出来的，而是一代又一代学校组织成员在不懈的研究和探索中创造出来的，教师和学生之所以珍视学校文化是因为它是自己的，是独特的，是以自己学校的传统、现实和未来发展为基础的。

如果学校间的合作关系是被管理者强加的，合作行为是被预先设置的，那么虽然有可能带来一些可以预测和控制的结果，但并不真正符合文化的差异性、内生性和弥散性的特点，会影响文化功能的发挥。应该在这一过程中给集团内学校充分的、有弹性的空间，允许学校主动选择和灵活创造，以任务为核心形成不同的合作范式，使每个学校都可以得到充分的支持，适应集团的环境和发展需求。在教育集团的建设过程中，发展合作的文化非常重要，利他主义非常必要。

科层制的组织追求同一性、秩序、控制和稳定，要向同一个标杆努力，以同一把尺子衡量，同质化倾向明显。这显然不利于集团内的健康生态发展和学校间的良性竞争产生，最终无益于集团的可持续发展。佐藤学教授明确指出，差异产生学习，也只有在差异中才能产生改革的力量。无论是课堂教学与研究、课程设置，还是学校管理，都要抵制一切统一性，尊重每个学生、教师以及家长的个性与差异。（钟启泉，2011）要追求学生思考和见解的多样性，教师个体发展的内在潜力和多种可能性，以及学校变革的多元模式与和谐共生。显然，无论是依附型集团还是均衡型集团，无论是联邦型集团还是集权型集团，集团文化与学校文化一定是在一个理念体系下的各有特色。集团文化的形成可以借鉴集团内学校已有的优秀文化，但要注意对其他学校文化的尊重，用文化的语言和方式在已有文化与新的文化间建立联系，而非强制推行。应有意识避免集团内部学校的“同质化”。同时，我们要强调的一点是，学校文化的核心是价值观，而价值观存在于成员的头脑之中，需要通过有形的事物、活动加以呈现，即通过有形的制度载体落地生根。集团及学校制度所起到的就是这样的作用。当集团的制度不健全时，学校变革的任务是凝练愿景与文化，完善制度，从无序走向有序；当学校制度完善时，学校的任务是基于文化的超越，思考如何超越制度，从强序走向弱序，从他控走向自律。

（3）集团公共目标的“价值共识”

在市场机制的影响下，教育的性质发生变化，非义务教育可以作为商品和服务提供给消费者，义务教育阶段也开始引入市场的竞争机制和选择机制；学校的运行机制多样化了，政府机制、市场机制和混合机制都在学校资源配置和管理中单独或同时发挥作用；学校产权关系日益复杂；教育者与受教育者之间和学校与学生之间开始建立一种服务提供者与消费者的关系……。公办学校、混合制学校、要求取得合理回报的民办学校和不要求取得合理回报的民办学校，各自与政府的关系不同，与教师的关系不同，与学生的关系不同，产权关系不同，内部利益分配关系不同，利用市场机制的程度和方式也不同。因此，政府及其教育政策难以单独利用行政手段、法律手段、经济手段或其他手段对各种不同类型的学校进行统一有效的管理。公立学校体制变革不再只是一个理论设计的问题，它已经现实地摆在我国政府教育主管部门的面前。（沈俊强，2005）

学校组织并不是没有情感，没有需要，没有利益要求的、机械的教育机构，而是一个有着自己行动目的与理性偏好的“行动者”，在“社会结构”的制约下进行着“能动”的选择。在教育集团的建设过程中，强调尊重，包容多样性并不意味着推崇价值个体主义，我们不希望在集团中某个利益群体被代言，然而各个利益群体自说自话、冲突对立、毫不妥协也不是多样性所追求的。集团充分倾听各方声音并共同协商达成共识，才是强调差异性和多样性的应有之义，这就是集团的公共目标。集团学校所推崇的道德信念，提倡的学习与生活方式，信奉的价值观念，是在充分沟通后达成共识的结果，要倾听教师、员工、家长和学生的声音，更要倾听不同背景、不同层次、不同群体的声音，并将之作为决策的重要依据。

公共目标是一个很难达成一致界定的概念。无论是从制度、规范、组织、机构、参与的视角，还是从利益的视角进行界定，都只能反映公共性的一个侧面，或者说任何一个侧面的界定都潜含着一种价值预设。从主观方面来讲，公共性是表征主体间共识达成度的概念。当具有各自目标的个人聚合在一起形成公共意志的时候，主体间共识达成度高则公共性高，主体间共识达成度低则公共性低。此时的公共性相当于哈贝马斯所谓的“主体间理性”。因此从规范意义上来说，“公共目标就是主体间共识程度高的目标，公共目标的内容就是为社会提供公共产品”（曹堂哲，2010）[107]。

达成价值共识需要以适切的价值观为基础，在这个过程中，不同状态的“语言”是有差异的：控制的语言是僵化与刻板，授权的语言是信任与尊重，沟通的语言是对话与开放，关怀的语言是倾听与被倾听。因此这需要选择恰当的沟通方式来建立关系，同时，还需要强有力的资源保障。教育集团涉及多种资源的整合利用，如不同学校间的统筹管理、沟通协调、业务分工、资源配置等，此时构建强有力的资源统筹体系是很重要的。在这个体系中，有两个关键环节一定要抓住。

其一，人的资源，这里主要指领导团队和教师团队。管理层级的增加加大了组织结构的复杂性，降低了信息资源传递的速度，提高了学校的管理成本。集团内学校的领导管理水平和执行情况差异将直接导致校区间发展的差距，传统的个体领导模式显然无力解决所有问题，学校领导团队的建设、分布式领导模式的意义凸显。学校领导是专业人士，需要通过获取专业帮助以能更好地应对学校发展中不断变化的挑战，但是很多校长在日常工作中是单打独斗的，在正规的教育体系中缺少持续的、可以信赖的为校长提供帮助的资源。真正围绕学校发展的现实需求，在真实的领导情境中解决实际问题，这是非常宝贵的。教师资源的统筹也很关键，教育集团发展过程中原本属于不同学校的教师必然会面临流动的状况，是把整个集团的教师资源作为一个整体统筹分配，还是依然保持在各自校区互不流动？前者是否会造成优质校教师的反弹或影响资优质校的教学质量？

其二，信息技术资源。前面已经谈及，教育集团若想保证不同校区实现均衡优质发展，空间限制容易形成障碍。学校可以由校办统筹学校信息化建设，开发建设多组视频会议系统、OA 智能网上办公平台、教师协同教研平台、教师身份识别系统、校园办公网、校园信息发布系统等多种信息平台，并就各平台系统的规范使用形成相应的规章制度。

案例：集权-依附模式的典型实践

2014 年北京市教委做出“加大市级优质资源整合力度，构建北京新教育地图”的指示，要求各区县以多种方式扩大优质教育资源覆盖面。名校集团化办学作为北京市 MF 区扩大优质教育资源的一项重要方式，经过前期问卷调查，MF 区第五小学是 MF 区探索集团化办学过程中具有典型意义和代表性的学校，一校五址的集团化程度在 MF 区基础教育学校中最高。

一、MF 区第五小学的基本情况

MF 区第五小学（简称“MF 五小”或“五小”）位于北京市 MF 区的中心区域，创建于 1951 年，现全校共有五个校区，总占地面积约六万平方米，有 110 个教学班，4100 多名学生，305 名教职员工，中学高级教师 9 名，小学高级教师 163 名，市级学科带头人 1 名，市级骨干教师 9 人，区级骨干教师 34 人，区骨干班主任 10 人。MF 区第五小学是一所历史悠久

的学校，在多年的办学历程中，积累了丰富的教育教学经验，形成了优秀的传统文化。2009 年，学校提出了“精彩天地、幸福摇篮”的办学总目标，“自主、自律、自信、自强、自豪”的“五自”学生培养目标。精彩天地，是每一个人的理想和追求获得施展的空间；幸福摇篮，是每一个人在追求的过程中提高自信，完善自我，健康快乐；要使学校生活成为积淀幸福能力，获得幸福升华的精彩时期。MF 五小把课堂作为开展科研工作的重要途径，牢固树立“教学质量生命线意识”，从自主高效的课堂教学、特色多元的课程建设、个性多样的实践活动、卓越优异的艺术教育等方面落实学校特色发展。MF 五小还积极开展学生“自主学习”的教学研究，凝聚集体的智慧，不断创新发展，以此促进教师的专业化成长。

MF 区第五小学目前一校五址，分别为本部、Y 校区、T 校区、H 校区和 K 校区，同一法人，统一管理，其中 Y、T、H 三个校区是新建小区配套校，K 校区是薄弱校改建校区，五个校区在同一个行政区域内。集团化办学成效较为显著。

二、MF 区第五小学集团化办学总体成果

1. 优良的办学传统和几代五小人的教育情怀是五小集团强大凝聚力的重要来源

MF 区第五小学的历史比较悠久，从建校之日起就是中心校，在发展过程中也一直保持着优质水平。而 MF 区第五小学的优质主要来源于学校早期的建设者能拼敢拼，重视团队精神。因为当时学校的生源并不好，但学校建设者有着非常可敬的教育情怀，他们坚定地想要给老百姓的孩子提供最好的教育，所以工作的劲头很足，工作背后所体现的教育情结让人感动。“当时的教师全部住校，晚上八点之前去家访，八点到十二点回到学校统一到教室里备课和开展教研。这些历史我们非常珍惜，至今仍拿来激励教师。”这种能拼敢拼、追求卓越、吃苦耐劳的精神逐渐内化到全体五小人的心里，成为五小人的特质，也形成了五小强大的凝聚力。“所有教师的想法都是‘我是五小的人，我在办五小的另外一个地址的学校’，就这个劲头我们一直到今天，不论办哪所学校都是这样，不是说你是那个校区的你就可以怎样，五小的标准都是一样的。今天我们都一直在坚持这样

的一个原则。”

2. 重视以文化引领发展，重视顶层设计，集团形成了“海燕精神”统整下各具特色的文化生态

“学校文化”是指存在于学校这种社会组织内的文化，是学校的所有成员（教师、职工、学生等，有时也包括家长、社区成员等利益相关者）围绕学校被赋予的职能或使命而开展的所有教育活动（课堂教学、德育活动、管理活动等）以及这些教育活动的成果（学生与教职工的成长以及各种精神与物质产品）的总和，或者说，是学校成员们的教育生活。MF 区第五小学在 1994 年就提出了“海燕精神”，这是非常早的，在当时属于第一批进行文化建设的学校。从 2000 年第一个新增校区开始，MF 区第五小学在学校核心价值观的驱动下，始终坚持以“海燕精神”为内核，引领集团化发展。同时，结合各校区实际情况，包括学校地理位置、学生特点、社区资源等，挖掘各校区各具特色的发展点。Y 校区的生源来自全国各地，因此 Y 校区提出“以科学管理为基点，以丰富课程为平台，以多彩活动为载体，以多元交流为纽带”的民族团结教育品牌，并形成“一班一族”的特色文化。T 校区的起点不高，为进一步提高学生的人文素养，促进校区教师队伍建设，学校提出培养“爱学习、善思考、敢创新、会分享、讲合作、重感悟的幸福五小师生”工作目标，打造书香校园。H 校区以低年级部为主，为让每个孩子拥有一生都值得回味的幸福童年，校区建立了三级融合、结构合理、内容有趣、形式开放的“游戏教育体系”，展现不一样的学生，一样的精彩。K 校区作为一所新增改建校区，在稳步增长的原则下，提出“阅读悦成长”的口号，以阅读为抓手，让五小文化在校园生根。

在集团化发展过程中，改建校比新建校所面临的文化冲突更为明显。虽然新文化在改建校形成的过程异常艰辛，也需要时间，但是因为五小有重视以文化引领学校发展的意识和顶层设计，五小本身提倡的海燕精神、幸福教育也较为成熟和强大，这必然会给新进入集团化进程的校区以明确的发展逻辑和充分的发展空间，最终实现对教育本质认识的认同。“开学初的时候，老师就是等着你说，他们做好了充分的思想准备，你让我干什

么我就干什么；我做好的思想准备就是，老师提什么要求我都尽量满足，然后我们就碰上了。一开始没什么不舒服的，老师们也都尽量完成好学校的工作，但是越到后面越艰难，因为我们对工作的要求是不一样的，这个学期我凡事都亲力亲为，早集中我发言，讲教学我讲，讲德育我讲，广播我讲，布置活动我布置，设计方案我设计，事情该怎么做，怎样是可以的，随时看随时调整，所以现在各个岗位的都知道该干什么了。老师也隐隐地看到了今后可能会有一个更大的改观。”

3. 初步形成了适合一校多址办学的管理机制

MF 区第五小学一校多址办学顺应了区域教育均衡发展的时代要求，也实现了自身的不断发展。多校区办学有效拓展了 MF 区第五小学的办学空间，弥补了教育资源的不足，提升了学校的现代化办学能力，促进了学校的品牌影响力。一校多址逐步成为城市优质学校扩大办学空间与拓展优质教育资源服务范围的一种有效形式，也是集团化办学的一种雏形，越来越多的学校加入一校多址办学的行列。一校多址、多校区管理能有效促进多种资源的整合利用，实现规模办学，提升办学效益，但同时，管理也更复杂，管理难度也更大，不同类型的多校区办学面临着许多同样的挑战，如统筹管理、沟通协调、业务分工、发展进度等，因此创建适合一校多址办学的管理机制非常重要。

MF 区第五小学经过十几年的多校区管理的探索实践，已经制定了较为成熟的教师招聘、选派和轮岗制度。全校实行统一招聘，根据各校区上报的用人需求，由学校汇总后统一招聘，然后再根据各校区的实际情况和需要统一分配教师。此外，MF 区第五小学还结合各校区及其教师的发展情况，在全校范围内实行定期轮岗。开学初在学校公开发布校区轮岗通知，教师根据自身情况提出申请，填报志愿。学校结合教师要求和各校区发展需要，统一调配。学校不同校区基本保证核心业务同步开展，教学研讨、课程研讨统整进行，但研究点各有特色，当然水平也是不相同的。每个校区的课堂都可以实时共享，这也为核心业务同步提供了极大的可能。同一法人的管理体制非常重要，“一个法人，我觉得这个可能也很关键。这种使命感要求我不能把学校办差了。但相比来说我会很辛苦，就是你要考虑的事情要比原来多很多，但是也有好处，好处就是你知道你的几个校区要统筹配置，都要关注”。

4. 以干部教师队伍建设为集团化的切入点，促成了自然的、扎实的集团化过程

在访谈中，五小L校长一直强调，学校的发展，最关键的就是人。校长是这么说的，在实践中也是这么做的。首先，L校长本身就是一个非常有领导力的校长，学校发展的策略和取向，学校文化体系的构建，校本管理和家长与社区的参与，高品质的学校教育等都与领导息息相关。校长在引领学校发展的过程中具有举足轻重的作用。该选谁去执掌新的校区？如何处理不同校区的文化冲突？如何打造一个强有力的干部教师队伍？如何让五小的学校之“魂”统整多个校区的发展？五个校区事务繁杂，校长一个人的精力有限，该如何应对？

“五小的几个校区对本校的理念和核心领导者非常认同，这是必须的。校区、教师一下子扩大这么多，没有出任何问题，是因为我们学校的文化核心价值在老师的头脑中既清楚又坚定。每个校区我每周都最少转一圈，没有感到什么特别的压力。因为五小的发展理念不是一天两天形成的，是我们这个班子的人一起研究出来的，他们的认识不比我差，所以做事的路子是一样的。一定要选对人去做执行校长，这个人一定要选一个非常能执行下去的人，不能选特别好说话的。有的教师说我们校长特别好，我们校长说什么都行。但我觉得那样不是很好，那会降低很多效率，那就不是校长了，他不是一个团队的核心，因为他没有核心，那不行，这很关键。一定要把这个人选好，让他能不折不扣地做一些传承工作，或者做一些扩展的工作。否则的话，就是没有品质。”“我在学校主要就抓干部，对干部抓得特别紧。”

每新接一个校区，选择合适的、真正的五小人和优秀的、有潜质的教师形成核心团队，都是校长考虑的最重要的问题。MF区第五小学的教育集团化虽然最初是由教委要求指派的，但因为时间比较长，节奏把握适度，有自下而上的互动，所以就逐步变成了一个自觉的、扎实的过程。

干部的选拔也非常重要。“我会派什么样的人出去当校长？一定是五

小的老人，而且他一定会觉得做这件事很光荣，很有使命感和责任感，比我还投入，这样的人我才派出去。我们非常有默契，要说什么话一个眼神就足够了，他们只是需要我看一下哪些地方还做得不到位，但肯定不再需要我去说你的责任感不够、你的能力不够。他们都和我一样有情怀，只是有时可能因为站位不够高而需要再沟通一下。他们认同五小，认同五小要办好，要把五小的每个学校都办好。”

“在老师方面，进来200多个老师，怎么迅速融入？靠带。带有很多种方法，师徒带，干部带，团队的训练培养，年级组学习共同体学习，科研一起带……，做每件事的时候都要不断强化价值观的东西。教师培训最重要的就是让价值观的东西渗入教师头脑里，至于具体的教育教学的操作的东西是在共同体教研组里面就可以慢慢形成的。目前最大量的工作都是这些事。”

三、MF区第五小学集团化办学的主要问题

1.“五小教育集团”的意识仍较为欠缺，从大学校走向教育集团，教育集团一层的组织结构设计和制度建设仍待加强

可以说，目前MF区第五小学一校五址所有校区的教师都对自己“五小人”的身份非常坚定地认同，但对于“五小教育集团”的意识仍不够明确，学校对于五小的集团化发展仍欠缺一定的顶层设计。MF区第五小学实现集团化办学趋势的过程是在教育行政部门的推动下逐步实现的过程，因为在发展之初并没有明确的建立教育集团的出发点，所以在大部分发展时间里并没有明确的集团一级组织来规划和设计集团的发展。如何从集团的视角系统规划发展，也是近一年来L校长考虑的主要问题。

“在我心中，五个校区都非常重要，都是五小的，所以每个都要发展。这学期我给他们开会就增强他们这种集团意识。比如各校区执行校长除了负责自己的校区之外，还同时要负责整个集团的一个学科，考虑问题要从集团出发，不能只考虑自己的校区，认为别的校区怎么样跟他没有关系。这就需要搭台子找资源，多做支持性的工作和顶层设计，在组织结构上要有一些改变。要不要成立一个专门抓科研的部门？要不要成立一个学生发展中心？要不要成立一个资源保障部？办公室的功能还应该再放大，课程

设计也需要集团视角。其实现在已经有这么一些人在做这个工作了，即从集团层面考虑五小发展，进行体制机制建设，成立教育集团一定不是又加一层检查的部门，不能让人觉得多了一个婆婆，多了更多压力，而应是多一个平台，多一个资源支持体系。”

2. 教育行政部门释放的权力空间不足

教育集团就是教育行政部门与学校、社会间权力重新分配的产物。教育集团的建设过程是多方利益群体权力重新分配的过程，利益主体涉及教育行政部门、学校和家长等。如果教育行政部门一边督促建设教育集团，另一边却没有给教育集团任何权力空间，那是很难建立真正的教育集团的。

“我们目前的教育行政管理体制还不够配合集团化办学，其实可以有一些权力让渡给教育集团层面，这样教育集团才会真正起到作用。现在很多教育集团还是依赖校长的个人威望，而不是制度保障。教育行政部门要给我们集团超过单体学校这样一个权力的空间，同时给我们一些灵活的机制，比如说在用人上，教委可以让校长在集团之间去流动和调配，以及考虑在财务上怎么去促进资源配置。”

四、对 MF 区第五小学集团化办学的建议

1. 重视组织结构设计和制度建设

制度可以为组织活动提供稳定性，因此制度化的组织间合作关系更具有常态意义。同时，制度化的过程可以赋予组织间合作以意义，而非简单的技术任务，制度在对行动产生禁止和制约作用的同时，也会对行动者及其活动产生支持和使能作用，因为制度可以为行动提供导引与资源。

2. 教育行政部门授权

我们已经知道，集团化办学是教育行政部门与学校、社会间权力重新分配的产物。在集团化办学的过程中，一定涉及教育行政部门向教育集团授权，教育集团向集团学校授权，学校向教师授权的过程，也一定涉及教育集团内部学校间权力的转移过程。因前文已经详细论述过，此处不再赘述。

案例：联邦-均衡模式的典型实践①

名校集团化办学是北京市 MF 区扩大优质教育资源的一项重要方式。北京市 E 中学（简称“E 中”）在 MF 区探索集团化办学过程中具有一定的典型意义，该校探索了从小学到高中跨学段的集团化发展模式，还包含公办学校和民办学校两种性质的成员校，其集团内部成员对集团化办学的认同度在 MF 区中学里较高。为更好地了解 E 中的实践探索，项目组一行四人于 2015 年 4 月 1 日对北京市 E 中学进行实地调研，对 G 校长、X 校长（E 中 XM 校区执行校长）、W 校长（E 中附属实验小学执行校长）进行了访谈。

一、北京市 E 中学的基本情况（截至访谈时）

北京市 E 中学始建于 1951 年，是一所教学质量好、人民群众满意度高的北京市示范高中校。在多年的办学历程中，特别是改革开放以来创造了骄人的成绩。1978 年被评为 MF 区重点中学，2005 年被评为北京市“示范性普通高中”。

在多年的发展历史中，E 中取得了骄人的成绩，但也遇到过很多现实问题。比如 E 中在校区整体搬迁后，学生成绩下滑非常严重，已经不像一所重点学校、高中示范校的水平。搬迁之前，E 中有自己的初中和高中部，生源比较稳定，固定在 MF 区知识分子比较聚集的地方。学校搬迁时，欠缺对学校规模、生源、师资、学校发展规律等的考虑，各种优质资源流失严重，2007、2008、2009 年 E 中的成绩也就是一般高中的水平。2008 年恢复初中招生及与 JM 中学合并都是源于 E 中要扩大初中办学规模，保证一定的初中生源。与 FX 小学的合并源于与 M 学院进行的音乐新体系实验。在初中实验后效果非常好，通过实践推广后感觉如果能从小学开始衔接就更好了。于是 E 中主动选择与学校一条马路之隔的 FX 小学，而且认为 FX 小学教学质量较好。因此可以说，集团化办学是 E 中解决学校发展瓶颈问题的重要契机与手段。

E 中于 2008 年恢复初中招生，其集团化办学的历史并不长，2009 年

① 案例来源于北京市社会科学基金项目“基础教育集团办学运行机制研究”的结题材料。

合并JM中学成立了XM金润校区（初中分部）。2013年E中与M学院和M学院附属中学合作，致力于音乐与学生智力开发的研究，并与FX小学整合成立了E中附属实验小学，FX小学W校长留任；2013年9月，北京实验小学CH分校被合并进入E中，保持民办性质。但在公办教育集团里举办民办性质的学校，目前还有很多关系没有理顺，政策方面也有很多不清晰的地方。总体而言，目前E中共有四个校区，正着力于从小学到高中12年一贯制办学的实践探索。

合并后，E中校长兼任了XM校区的法人，目前三所学校为同一法人。XM金润校区和E中为同一法人，附属实验小学是单独法人。

二、北京市E中学集团化办学总体成果

1. 品牌实力整体提升

从2008年开始集团化办学探索至今，可以说E中的集团化办学成效是非常显著的，品牌实力整体提升。一度教育教学质量下滑比较严重的E中高中部目前又再次起飞，成为区域内响当当的优质名校。2008年恢复招生的初中部实力不俗，XM金润校区各方面面貌改观最为突出，原本质量就较好的附属实验小学在与初、高中共同探索育人模式改革的进程中又有长足发展，得到了教师和家长以及当地社区居民的认可，E中整体品牌特色愈加鲜明。

开始集团化探索以后，E中领导团队强调两个理念。一是进行整体规划与设计，多渠道保障集团活动。如每周都会召开集团干部例会，每月开一次集团范围内教职工大会。因为是跨学段教育集团，教研活动既相互联系也有独立。在青年教师的培养、专家定期指导、学科之间的相互联系方面的制度都已经建立起来了。在教师招聘方面进行统整，合并前的JM中学很难招到优秀教师，但是现在以E中的名义招聘到了多位不错的教师。小学原本没有招聘京外师资的资格，现在可以用E中的条件来招聘。在招聘过程中，业务方面是各校区先把关，然后由集团统一招聘。当然，整体规划与加强沟通并不意味着一定要轮岗，就教师的工作特点来讲，保持各个校区教师日常工作的相对独立也比较重要。

二是集团化不是吞并，集团化从某种程度上来说是一种合作，集团化

要相互之间尊重。因此，这是一个具有“联邦特色”的教育集团。如在进行集团建设的时候，一直在规划如何把 E 中的文化进行整体规划和统一。小学在做的“星文化”得到了集团内部的认可，现在 E 中的发展也用这种“星文化”来指导，百花齐放，各美其美，美美与共，每个学校都有自己的特色，无论这个学校现状的强弱如何，都要尊重它的文化和历史。

2. 探索学制衔接的育人模式，为所有学生提供个性化选择

E 中的集团化办学更多是遵循 MF 区统一的部署和规划，一开始被动适应的成分更多，但在这种适应过程中，E 中上下也意识到确实需要这种集团化办学。如在学制方面，现行教育存在很多问题，其中之一就是学制问题，小初衔接、初高衔接的问题。这个学制对我们教育规律的整体把握是不足的，导致了应试教育的一些倾向。我们现在的教育不考虑衔接，不能从一个人的整体发展去考虑教育，违背了教育的规律。从这个角度讲，MF 区做这样的规划和布局调整，越做越感觉有些滋味。

一定要搞清楚集团化办学到底是为了什么。可以说，E 中的探索是直指核心的，即小学和初中都要进行集团化的、内涵的衔接。不管做什么，学生的变化最重要。学校发展得怎么好，校长怎么有名，教师怎么好，并不最关键，核心的东西做好了，这些自然就有了。核心应该是集团化让学生发生了什么样的变化，学生教育效率提高了没有，学生成长的规律把握了没有，是否为所有学生的个性化选择提供了空间。“小学应该有小学的特点，初中有初中的特点，高中有高中的特点，如果说有两个高中、两个初中、两个小学，那你就有不同的特色来满足这些学生个性化成长的需求，我觉得这就对了。所以在我脑子里始终就是提供多样化的、个性化的选择。”而且 E 中的改革节奏性把握得比较好，改革逐步深入，潜移默化发生。

3. 公私结合，寻找权力空间，保持集团生态

教育集团是学校间关系发展变革的一种形态，因为这种组织间关系的核心要素以不同的方式组合，从而形成的新的组织形态，从组织间关系的视角来看，这是教育集团的一个重要突破。从广义而言，组织间关系是指组织间在互动过程中产生的各种关系；而从狭义来看，组织间关系通常被

理解为“组织间的合作关系”（李焕荣，2007）。若干学校组织通过合作关系结成了一个有机整体，教育集团的成立能保证组织合作前景的可预期性和合作成果的稳定性，减少了社会组织个体不断寻找新的合作伙伴的压力，能充分保障合作。在这个过程中，若能保证集团内成员校属性的多元性，对于推进办学体制改革会有很大的助力。因此可以说，目前E中教育集团中民办小学的存在非常有价值。

在推动集团发展的过程中，E中G校长谈及，顶层设计可以模糊一些。“集团化办学需要顶层设计，但是它应该是模糊的、粗糙的；它不能是很明晰的东西，越明晰越麻烦。我们与小学整合后一直是在不断建构的。这一方面是我们的认识在发展，另一方面是我们可以统整的资源在不断得到扩充。我们既不能让老师们感觉到压力特大，还要让他们感觉到有变化。过于泾渭分明，新生事物就很难产生，应该允许用混沌的状态去酝酿和成熟。很多事情是在做的过程中越来越清晰的。”同时，对于非新建校来说，联邦制的集团更适合。“一个人的能量是有限的，如果想把集团做好，首先要相信我们集团化的各个校区的人都能把这个事情做好。我非常相信我的这些校长们，他们对自己学校历史和文化的整体把握，对教师的整体状况、学生生源以及社区对学校的需求的了解，都比我更好。从我这个角度来说，做教育集团，确实有些东西要统一，但也要体现出个性的东西和对原来历史的尊重。如果把我们学校集团化变成一个统一的模式，让所有来到E中的学生都适应我们，我们就错了。”

三、北京市E中学集团化办学的主要问题

1. 政策环境仍不够稳定

教育集团建设的人、财、物保障大多是以政策和法律等规制性制度资源作为保障和来源的。在访谈中，G校长一直强调，MF区教委确实给了想做事的校长非常充分的探索空间，这是其他很多区县无法比拟的。但是因为现在从宏观政策层面对教育集团的规定仍不够明晰，所以有很多探索是非常不稳定的。比如关于公办教育集团能否包含民办小学，如何确立法人关系等相关问题几次反复，也让校长心里没底。尤其是作为公办学校的教育集团，因为不存在企业集团的财产法人关系，校长主要由上级教育行

政集团任命，更容易受到政策的影响。

2. 教育行政管理部门放权不够，各方面配套支持不足

目前，教育行政部门仍存在放权不够的问题。同时，教育集团的建设最终肯定是指向孩子的发展，必然涉及改革的探索，然而目前各方对改革的配套支持仍然欠缺，没有形成改革的特区。如目前E中在探索阅读课程改革，小、初、高衔接的育人模式改革，等等，因为上级教育行政部门对教师进修、教材、进度的安排，很难实施。

因此，对于集团化办学，E中需要进一步探索个性化改革实践，建立风险分担机制，依据治理的思路进行权力的让渡与分配，推进现代学校治理结构变革。

第三节　大学支持中小学建设与发展

大学办附中、附小并非新鲜事物。“深入推进管办评分离，扩大省级政府教育统筹权和学校办学自主权，完善学校内部治理结构”是十八届三中全会公报中提出的重要精神。为了推进学校实现高质量的内涵式发展，探索政府、学校间的新型关系，形成有效的治理结构，推进办学体制改革变得尤为重要。正是在这样的背景下，大学在中小学的建设与发展中应该起到什么样的作用，再次进入教育行政部门、研究者与实践者的视野。

一、大学支持中小学建设与发展的起源与基本线索

大学和中小学虽然分属于高等教育和基础教育两个不同的领域，但两者之间有天然的联系。

关于大学与中小学合作的起源，学界基本认同的观点是，院校合作的历史可以追溯到19世纪末杜威创建的实验学校和由哈佛大学校长等知名人士组成的“十人委员会”所做的工作。前者于1896年在芝加哥大学创办，最初被称为“大学初等学校”，1902年被改为“芝加哥大学实验学校”，学校做了多种改革尝试，并与大学的专家建立了广泛的合作关系。他们不仅对教师进行指导，而且提供设备、实验室等供儿童参观或使用。（杨汉

麟，2005）也有学者指出：协作伙伴关系最早可追溯至1861年，美国人谢尔顿（Sheldon）在奥斯威歌初级师范学校（Oswego Primary Teachers Training School）设立的示范学校，它专供观察与研究之用。

大学与中小学之间的关系经历了十分曲折的演变。从总体上讲，最初的大学与中小学之间的关系只是定位于为中小学输送合格的教师，而将中小学视为自己教育产品的“消费者”。而中小学的任务则是为社会培养具有一定文化程度的劳动力或者为更高一级的教育机构输送更为优秀的人才。因此，最初的大学与中小学之间的关系并不紧密，大学也并不参与中小学的办学。正如杨小微（2011）所述：“大学与中小学、大学文化与中小学文化之间，大体经历了从隔绝到游离、从观望到走近、从冲突到融合、从俯仰到平视的变迁。”随着师范教育及大学附属学校的产生以及后来教师专业发展学校的兴起，大学和中小学逐渐开始走向合作化的道路。20世纪80年代以来，大学与中小学的伙伴关系特别是在教师教育领域得到了广泛的认可与发展。现有关于大学参与中小学办学的研究主要集中于大学与中小学合作办学等相关内容，具体研究包括了大学与中小学合作办学的内涵、模式、功能、机制以及对大学与中小学合作发展的建议等内容。

虽然大学与中小学具有天然的联系，从世界范围内来看，确实也有不少大学办中小学的经典案例，尤其是在教师教育领域的合作近年来风生水起，但是总体而言，因为培养对象，尤其是管理体制等的不同，多数大学与中小学仍然处于界限分明、壁垒森严的状态。本部分主要研究的对象是通过供给侧结构改革构建的高校与中小学的支持与合作关系，两个不同性质的机构走在一起，为自己的利益和追求解决共同问题而建立的关系。（Goodlad，1988）这种改革在一定程度上打破了项目高校与中小学的界限，形成了新的组织场域。

2014年6月北京市教委启动“北京市高校支持附中附小建设项目”，搭建起高校与中小学共建共享的教育平台。23所高校、39所中小学参与到项目之中，探索多方面的合作共建，在一定程度上呈现出了中小学优质建设，高等教育与基础教育统筹发展的新样态。2016年，项目学校持续扩大，高校增加为26所，中小学增加为56所（含8所对口支持学校）。（见表3-4）

表 3-4　北京市高校支持附中附小建设项目大学与附属学校名单

序号	高校名称	支持区县	拟定创办附中附小	原学校名称
1	北京工业大学	朝阳区	北京工业大学附属实验学校	北京市劲松第三中学、北京市劲松第四中学
2	中国传媒大学	朝阳区	中国传媒大学附属中学	北京市朝阳区定福庄中学
			中国传媒大学附属小学	北京市朝阳区定福庄第二小学
3	北京第二外国语学院	朝阳区	北京第二外国语学院附属中学	
			北京第二外国语学院附属小学	北京市朝阳区京通小学
4	北京化工大学	朝阳区	北京化工大学附属中学	
5	对外经济贸易大学	朝阳区	对外经济贸易大学附属中学	
			对外经济贸易大学附属小学	
6	中国农业大学	海淀区	中国农业大学附属中学	
			中国农业大学附属实验小学	北京市海淀区学府苑小学
			中国农业大学附属小学	
7	北京科技大学	海淀区	北京科技大学附属中学	
			北京科技大学附属小学	
8	北京邮电大学	海淀区	暂不更名	北京市海淀区今典小学
9	北京交通大学	海淀区	北京交通大学附属中学	
			北京交通大学附属小学	
10	中国地质大学	海淀区	中国地质大学附属中学	
			暂不更名	北京市海淀区第三实验小学
11	北京林业大学	海淀区	北京林业大学附属小学	
12	中国矿业大学	海淀区	北京矿业学院附属中学	

续表

序号	高校名称	支持区县	拟定创办附中附小	原学校名称
13	中央财经大学	海淀区	中国农业科学院附属小学	
14	北京航空航天大学	海淀区	北京航空航天大学附属中学	
			北京航空航天大学附属小学	
15	北京信息科技大学	海淀区	暂不更名	北京市清河中学
			暂不更名	北京市海淀区永泰小学
16	北京外国语大学	海淀区	北京外国语大学附属中学	北京市海淀区万寿寺中学
			北京外国语大学附属小学	北京市海淀区万寿寺小学
		顺义区	北京外国语大学附属顺义实验学校	北京市顺义区杨镇第一中学
17	北京语言大学	海淀区	暂不更名	北京石油学院附属中学
			暂不更名	北京石油学院附属小学
18	首都经济贸易大学	丰台区	首都经济贸易大学附属中学	北京市丰台区第一中学
			首都经济贸易大学附属小学	北京市丰台区樊家村小学
19	首都师范大学	丰台区	首都师范大学附属云岗中学	北京市云岗中学
			首都师范大学附属云岗小学	北京市丰台区云岗第一小学、丰台区云岗第二小学
		石景山区	首都师范大学附属苹果园中学	北京市石景山区苹果园中学
		通州区	首都师范大学附属中学通州校区	
		房山区	首都师范大学附属房山小学	北京市房山区良乡第五小学
			首都师范大学房山附属中学	北京市房山区电业中学

续表

序号	高校名称	支持区县	拟定创办附中附小	原学校名称
20	中国石油大学	昌平区	中国石油大学附属中学	北京市昌平区第五中学
			中国石油大学附属小学	北京市昌平区昌盛园小学
21	华北电力大学	昌平区	华北电力大学附属中学	北京市昌平区回龙观中学
			华北电力大学附属小学	北京市昌平区实验小学
22	中国政法大学	昌平区	中国政法大学附属学校	北京市昌平区前锋学校
23	北京农学院	昌平区	北京农学院附属小学	北京市昌平区回龙观第二小学
24	北京工商大学	房山区	北京工商大学附属小学	北京市房山区长阳小学
			北京工商大学附属中学	北京市房山区良乡第三中学
25	中国音乐学院	朝阳区	中国音乐学院附属实验北京学校	北京市朝阳区安慧里中心小学
26	中央美术学院	朝阳区	中央美术学院附属实验学校	北京青年政治学院附属中学、北京市朝阳区大山子第二小学

本研究关注的大学支持中小学建设与发展，既包括近年来新增的大学附属中小学，也包含原有的大学附属学校在当前情境下功能的拓展，主要研究对象是大学举办的中小学或已经更名为大学附属学校的中小学或有明确的协议、制度约束而与大学有长期稳定的支持关系的中小学，一般意义上的、较随意的合作关系不在本研究范畴。

当前，大学与中小学合作的理论研究方面仍比较薄弱。现有研究中对学校组织间关系的讨论多以应用和策略层面的分析为主。换言之，多以合作实践的个案为基础，以提炼成功经验为主，而往往缺乏理论基础的挖掘和构建，这就使大学与中小学合作研究难以摆脱“工具性目的”的命运。对大学和中小学双方来说具有双赢价值的合作关系，却出现现实中合作难以为继的困境，正是由理论研究不够深入且基础薄弱所造成的。

二、大学与中小学合作的价值定位

这就是学校组织变革场域的价值逻辑。前文已经谈及，大学与中小学的早期合作主要集中在师范大学或大学的教育院系与中小学的合作，且国内外已有研究多从教师教育合作的视角展开，缺乏从组织间关系层面对合作运行机制、保障机制等问题进行考察。而作为推动经济发展和社会进步重要动力之一的大学，目前只有部分功能体现在与中小学的合作中，无论是合作的内容还是方式都有待扩展；对于承担关系国民素质的基础教育的学校而言，它们也有来自组织内外部的压力而需要不断地进行改进和变革的需求，需要吸纳更多的资源和要素，需要其他组织的支持和协助。同时，广大的中小学也是大学更好地实现人才培养和科研功能的基地。无疑，如何更好地拓展合作范围，选择合作方式，切实使合作实现双赢，对大学与中小学合作办学是非常有意义的。在探讨这个问题之前，必须把握大学与中小学合作的价值定位。

（一）实现共生

真正有意义的合作应该建立在价值认同的基础上，实现共生。有研究者指出，大学与中小学合作关系最好的状态是共生关系（Goodlad，1988），它具有三个特征：合作伙伴间存在异质性；合作目标必须满足双方各自的需求；合作伙伴必须是无私的，要致力于满足对方的利益。

巴奥特（Biiott，1992）区分了大学与中小学开展合作的两种模式：一种是执行模式，即所谓的专家模式，采用的策略是施与、教授、示范和实施；另一种是发展模式，即互相合作模式，采用的策略是提问、咨询、讨论和发展。显然，前一种模式并非真正平等的合作方式。当前我们倡导的大学与中小学合作，应该超越前一种模式。这种超越体现在发展不仅指向他人，也指向自己，体现在整个组织场域中。

格瑞（Gray，1989）认为合作具有五个特征：合作意味着相互依靠，是一个持续地给予和付出的过程；合作双方要跳出自己已有的思维定势，考虑对方的意见，共同寻求解难的方法；合作包含共同的决策；对于未来的发展方向，大家共享责任；合作是一个逐渐出现、发展的过程：透过彼此的协商和互动，双方建构未来协作的规范和原则。戈麦兹列举出伙伴关系的一些根本性特征则更为简洁和实际：共同的利益和共同的目标、相互信任和尊重、共同决策、清晰的焦点、易控制的议程、上级领导的支持、财政支持、长期的责任、动态的性质和信息共享。（Dunkin，1974）这些研究都告诉我们，大学与中小学深度、可持续的合作必须超越单方获利，应建立在共生的基础上。

从已有调研中可以发现，参与北京市高校支持附中附小项目的不同主体因为在价值认识方面的差异，在实践中出现了一些问题。“高校支持中小学建设项目”中的大学，是作为“支持者”来与中小学一起共同推动教育发展的，不是让他们来“办学”，中小学校特别是校长必须摆正自己作为“办学者”的第一责任人角色。大学支持中小学建设，不是通过给中小学所谓“特权”来维持其效果，而是真正提高其办学水平。在与大学的合作过程中，中小学校长和管理者应该眼界放得更高一些，尽力冲破传统的工作思路，只有这样才能更好地发挥作为大学附属学校的优势。同时，大学人以学习力和研究力为支撑，深入教育现场的研究与合作，也会探索出自己的社会服务新路径。

（二）从技术走向制度和愿景

参考孟繁华等人（2011）[72-75]构建的学校组织发展三维结构理论，学校作为一种社会组织，有它自身的内在逻辑结构。根据组织构成的结构层次，我们可以把学校组织的构成要素确定为：技术、制度和愿景。三者构成了学校组织存在和发展的三维结构，即学校发展是以技术的发展为物质基础，以制度的建设与规范为调控手段，以愿景和战略规划为发展导向的。这三个基本要素相互联系、相互作用，三者的动态有机结合构成了学校发展的三维立体结构，共同构成一个完整的学校组织系统。

首先，任何学校的发展都离不开一定的技术支撑，技术是学校赖以存在和发展的基础条件，因此，技术是构成学校组织的基础要素。其次，组织还涉及处理人与人，人与事，人与物，事与事，物与物之间的相互关系，而协调这些关系依靠的是一定的规则，组织内部的种种规则体系就是组织的内部制度，所以制度是组织的基本构成要素之二。最后，组织是为实现某一特定目标而建立的，组织的发展需要一个高远的目标作为拉力，吸引组织自觉向前迈进，这个拉力就是愿景，愿景是构成组织的核心要素。由此，我们得出学校发展的三个构成要素：技术、制度和愿景。

学校组织的三个要素反映了学校组织的三个层次：作用系统、协调系统和战略系统（卡斯特和罗森茨韦克的系统组织管理理论）。技术、制度和愿景三个维度与操作性、规范性和战略性三个维度的划分也较一致（圣加仑小组用全面观察组织的方法将系统分解为三个维度：操作性、规范性和战略性）。

技术是学校组织的基础构成要素，学校的运作总是要依赖一定的技术来实现的。技术层面是对学校日常运作的计划、操作、程序和控制，属于管理组织理论的操作层面。技术层面的运作如果没有一定的规范，就会变得零乱，缺少秩序，因此需要一定的制度来规范和协调，制度是学校组织的第二个要素。

制度给技术活动以一定的规则，对于规范人、财、物的正常分配和协调起到制约作用，有了制度，才能保证学校日常活动的正常开展。制度是学校发展的中间层面，属于学校行政管理层面。同时，学校不能盲目发展，还要回答如何发展，发展的方向是什么等问题，也就是说，学校发展既要有一定的目标，也要有一定的理论诉求，这就是学校发展中的第三个要素——愿景。

愿景说明学校发展的方向和追求，展现学校发展的理想，并且包含学校发展的理念和价值观念，从哲学层面回答了学校发展的思想和内涵。愿景属于学校发展的最高层面，属于学校的战略管理。

在这三个基本要素中，愿景居于核心地位，主导着其他要素。也就是说，技术和制度是按愿景的要求来构建的。同样，技术和制度之间也存在着有机的内在联系：一方面，技术的发展推动着组织结构的变革；另一方面，良好的制度可以合理地实现技术整合。因此，一个完整的学校组织应该包含技术、制度和愿景三个要素，这三个要素分别从三个层面展现了学校发展的三种水平。

从本质上讲，大学支持中小学发展要体现在技术、制度和愿景三个层面，如果仅仅体现在技术层面，仍然是一种比较低水平的合作。大学支持中小学发展、与中小学的互动在一定程度上要通过技术资源的传递和共享来实现，但最终必然是以知识形态、制度形态和文化影响出现，它既不是短期利益的交换，也不仅仅是技术层面的交流，而是合作双方为实现共同发展而进行的价值与文化的互动。

（三）实现治理

大学支持中小学建设与发展的方式之一是建立附属于高等学校的小学、初中、高中、完全中学和一贯制学校。这在一定程度上体现了政府、高等学校及基础教育学校三方对基础教育学校发展的共同治理关系——不是给中小学增加一个“婆婆”，而是依托专业机构的力量，更好地拓展资源，促进发展，实现管办评分离。

管办评相分离凸显的是治理的理念。治理理念强调政府角色的弱化，强调对社会非政府组织和公共机构的支持，强调政府与社会的双向互动、相互影响，给予社会组织和公共机构充分的独立性、自主性和尊重。因为大学对学校办学的参与，大学附属学校与一般学校相比有先天的优势，如何依托高等学校的力量率先构建学校治理模式从而引领基础教育领域管办评分离的推进具有非常重要的价值。从理论层面来说，政府、大学和附属学校的责任如何划分，多元主体的关系如何协调，治理理论如何运用，治理体系如何形成，等等，都亟待理论研究的突破。从实践层面而言，除了资源供给之外，大学如何可持续推动中小学发展？在这一过程中，中小学又可以给高校哪些反哺，使得这项工作深入可持续并能真正改善教育实践？这些问题也值得深入研究。

对于政府而言，放权不意味着放任，在改进管理方式，完善管理制度方面，大学可以依托自身积淀的理论研究优势和先进的管理实践经验为教育行政部门提供决策咨询。对附属学校自身而言，改革和发展的关键是完善学校内部治理结构，大学可以为附属学校依法行使办学自主权承担相应责任。此外，落实学校办学自主权，还要加快建立有利于教育家办学的制度，真正让热爱教育、懂教育的人管理学校，大学在这个方面有丰富的人力资源优势。同时，大学本身就是专业组织，可以协助专门机构和社会中介机构进行评估，形成由政府、学校、家长及社会各方面参与的多元教育质量评价体系。治理意味着一系列来自社会公共机构和行为者，要承担越来越多的原先由政府承担的责任，并建立起相互协作的运行机制。

三、大学支持中小学建设与发展的模式

模式是组织系统的运作方式，是组织系统内部各要素之间相互联系和重新组合的动态过程中形成的相对稳定的结构。对于大学支持中小学建设与发展的模式进行研究，有助于我们深刻把握学校组织变革的场域特点，从而更好地改善实践。

（一）以核心要素划分

高校支持附中附小建设工作已开展多年，在丰富多元的实践背后，已经逐渐形成了问题解决、制度驱动和价值引领三种模式。

1. 问题解决模式

问题解决模式是指高校对相应附中附小的支持工作聚焦于一个一个问题的解决和具体事件的干预。（见图 3-6）高校与中小学签订协议后，两者之间的沟通以高校能为中小学解决什么问题为起点，并止步于此。此时，我们在中小学日常工作中已经可以看到高校元素的显现。如学校更名，学校利用高校场馆举办开学典礼，带领学生参观高校图书馆、实验室，大学老师走进中小学课堂举办讲座，不定期对中小学教师进行专业指导，等等。中小学依据“我需要什么”开列“问题清单”；再进一步，大学依据“我能提供什么”开列“资源清单”，双方在此基础上进行交流。总体而言，此种模式很可能是绝大部分高校支持工作都要经历的阶段，但显然不能仅仅停留在

□关注学校发展的外显层面，不够稳定；

□支持工作聚焦于一个一个问题的解决和具体事件；

□欠缺系统思考和整体性干预，制度建设缺位；

□主要特征：工具性、模仿性、单向性。

图 3-6 问题解决模式

这一阶段。因为在此模式中，无论是高校还是中小学都没有达成深度共识，没有意识到支持工作对中小学发展的价值，仍以学校发展的外显层面为主，欠缺系统思考和整体性干预，制度建设缺位，没有形成日常制度，比较松散，不够稳定，偶然性较大。工具性、模仿性和单向性是其主要特征，中小学更看重高校在其提升办学水平过程中的“工具价值”，将其为我所用，支持工作以高校的单向帮扶为主。

高校支持附中附小工作最初开展的一年多时间里，几乎所有的项目学校都组织开展过以问题解决为目标的支持活动，如“非核心课程建设”“校园文化建设”“干部教师的培训”“学生专题讲座”和“大学场地场馆资源的开放”等，但这些活动也被大家定义为“浅层次合作”的层面。就像前文谈到的一样，这类支持工作容易操作，易于观察，可以在一定程度上帮助学校解决一些现实问题，但不稳定，没有切中学校发展的核心要害，偶然性较大，高校在其中很少能找到持续的生长点，所以动力不足，难以持续。

2. **制度驱动模式**

制度驱动模式是指高校对附中附小的支持超越了具体问题的解决，以制度建设为工作起点，构建相对合理的组织体制、程序章程和基本规范，关注高校支持工作的效能。(见图 3-7)。工作围绕制度建设和组织结构调整展开，组织结构是为针对不同任务而进行的劳动分工方式以及随后要进行的各种协调工作的总和。组织结构决定人们惯常的行为方式，而人们惯常的行为方式反过来也会形成组织的结构或对组织进行重构。学校管理制度在此处主要指学校内部管理制度，主要包含领导体制和以人事制度、岗位责任制与分配制度为主的其他内部管理制度。在此模式中，高校支持工作逐步在组织领导、人事管

□以制度建设为工作起点，构建相对合理的组织体制、程序章程和基本规范；

□关注高校支持工作的效能；

□既重视事务性工作，也关注健康秩序的形成，支持工作在制度化的基础上呈现稳定的趋势；

□主要特征：规范性、能动性。

图 3-7　制度驱动模式

理、工资待遇、教师标准、课程体系、教学研究等方面展开，对于工作的开展有明确的计划和制度安排，稳定而深入。它既重视事务性工作，也关注健康秩序的形成，支持工作在制度化的基础上呈现稳定的趋势。其重点是制度设计和支持效能的提升，规范性和能动性是其主要特征。

制度可以为组织活动提供稳定性，因此制度化的组织间合作关系更具有常态意义，保证支持工作的可预测性和一致性，减少随意性。就大学支持附中附小项目在全市范围内开展的情况来看，附中附小可以考虑实行理事会领导下的校长负责制，由项目合作双方共同成立“理事会”，对学校发展规划、重大事项、建设和改革项目进行决策并对学校办学行为和学校管理团队进行指导、监督。附中附小通过理事会不断完善学校内部治理结构，构建科学高效的管理体系。一般来说，学校理事会的成员需要由多方代表参与，其中包括区县教委的主管领导、大学的主管领导以及中小学的校长和教师代表。区县教委应当在学校成立理事会的过程中发挥主动的推动作用。目前已经明确成立理事会的学校有近十所，但仍是少数。部分区县的调研报告及高校自评报告提到，要尽快成立由多方代表组成的学校理事会，将其作为学校事业发展的重要咨询协调机构。有高校在调研中谈及，附属学校理事会不能成立使得项目实施缺少顶层推动力，项目工作推进落实难。

“制度驱动”是北京市 C 区推进高校支持附中附小工作的重要特征，这也在一定程度上保证了支持工作的效能。如在支持工作启动之初，C 区教委制定《成立高校合作学校理事会工作方案》，建立理事会长效管理工作机制。方案规定，高校合作学校理事会是由合作高校与 C 区教委、合作学校（及部分周边区域学校）领导为主要成员组成的议事机构，以执行合作办学协议事项为主要工作内容，指导学校进一步明确发展定位、未来发展目标及特色需求，促进合作学校稳定、持续发展。同时，C 区教委还依托 2012 年建立的“支持新建学校发展‘一校一策’”作为特色发展和项目保障机制，主要从基建修缮、设施设备、信息化建设、校园文化、教育教学改革和教师队伍建设六大方面，进行全方位的政策支持与保障。C 区教委针对各附中、附小与大学共同制定学校发展规划及具体需求方案，将特色发展项目纳入2015年工作预算。例如，支持F大学开展“1+9”英语联盟项目，支持H大学附属中学建立物理、化学实践基地项目，支持C大学附属中学19个传媒特色项目，等等。统筹规划保证了合作的时效性，而创新制度保障机制促进了学校优质发展。

高校支持附中附小建设工作涉及学校及大小联盟的领导、运行、职能分配、任务分工及与此相关的评价、考核和反馈机制等，通过规则、政策、程序和等级来整合多样化的活动。在高效率的组织内，每个人都清楚他们相关的责任和贡献。政策、联络和指挥链都非常明确并且被广泛接受。制度可以为组织活动提供稳定性，因此制度化的组织间合作关系更具有常态意义，可以保证一体化过程的可预测性和一致性，减少随意性。综上，高校支持附中附小建设的管理和发展是一种战略行为，制度建设和结构调整非常重要。

3. **价值引领模式**

价值引领模式是指高校对附中附小支持工作的逻辑起点，是思考学校未来如何发展，树立什么样的办学理念等价值层面的问题。（见图3-8）理想的学校通常尊重中小学发展的传统、历史和文化积淀，遵循以人为本的理念，其出发点和落脚点以学校内部行为主体（教师和学生）的成长和发展为本，尊重个体需求，遵循发展规律，以学生的发展和教师的成长带动整个学校的进步。因此，在此模式中，高校与中小学不再满足于修修补补式的局部问题的解决，而是致力于学校整体面貌、内在基质和实践形态的有结构的变革，在学校整体性变革框架和思路之下，统整学校发展的价值观与目标，推动学校组织、制度和文化的更新与重建，寻找推动学校转型变革之路。

□逻辑起点是思考学校未来如何发展，树立什么样的办学理念等价值层面的问题；

□高校与中小学可以实现双向激活，找到共同的生长点；

□主要特征：系统性、生成性、协同性。

图3-8　价值驱动模式

高校与中小学试图在支持工作的过程中实现双向激活，找到共同的生长点，工作重点是价值认同，系统性、生成性和协同性是其主要特征。学校可持续的发展必然是自主生成的，有特色的，走内涵式发展之路的。内涵式发展之路的本质特征是“生成”，是在创造各种条件的基础上，使学校发展的因素从无到有，从小到大，从而形成学校发展的动力、氛围、态势和成果。因此，高校支持附中附小发展，一定不是附中附小去复制高校的发展模式或者依附高校获得发展，中小学此时仍是而且必须是发展的主体，需要依托高校的视野和平台、价值观与资源库去寻找支配组织发展的关键要素，通过对学校发展的要素进行系统分析，探索学校发展的内在运行机制和发展逻辑，寻找学校发展的内生机制。

北京 H 大学在支持附中附小建设的过程中，就体现了价值引领模式的特点。在项目启动之初，北京 H 大学就与区县教育行政部门和附中附小达成共识，围绕“办什么样的学校”展开深度沟通。他们意识到，利用大学资源支持基础教育，是深化基础教育综合改革的重要内容，有利于实现基础教育的公平性、一体化和规模集聚效应。高等学校要充分认识到支持基础教育发展的重大意义，统一思想，自觉融入，主动作为，识别基础教育发展中的关键问题、突出问题和瓶颈问题，认真谋划、借势而为，使高等教育与基础教育同步发展，相互促进，实现共赢。在这个基础上，坚持科学推进，遵循教育规律和青少年成长特点，明确基础教育未来发展目标，结合附中附小历史发展、现实情况和大学的特点，提高各项决策的科学性，优化体制机制设计，突出特色发展，推动双重转型。加强多方联系和内外协同，与区政府及主管部门保持紧密沟通，加强与社会和其他单位的互动，积极利用外部资源，拓展办学空间。2015 年 6 月，经党委常委会研究决定，对北京 H 大学附属中学、附属小学进行有机整合，组建北京 H 大学实验学校。实验学校成立后，坚持高标准、入主流、强特色，发挥航空航天科技优势，通过大中小联动办学平台，建立九年一贯十二年衔接人才培养体系。在北京 H 大学“空天文化”的氛围中，实验学校以航空航天科技教育为着力点，仰望星空，脚踏实地，打造魅力德育，追求智慧课堂，探索具有鲜明特色的基础教育发展新路径，获得了实质性的发展。

每一所学校都有独特的背景，所以每一所学校的改进与发展都呈现出独一无二的特征。每个学校都是一个鲜活的组织体，必然有自己独特的内涵式发展之路，只有沉下心来，依托优质资源，借鉴先进理念与做法，结合本校特色，抓住核心工作，关注学生成长，才能最终推动学校内涵式发展。价值引领模式就是中小学校通过高校的力量激发学校活力，同时对自身内涵式发展路径准确定位，生动实践，最终实现可持续发展。基本路径见图3-9。

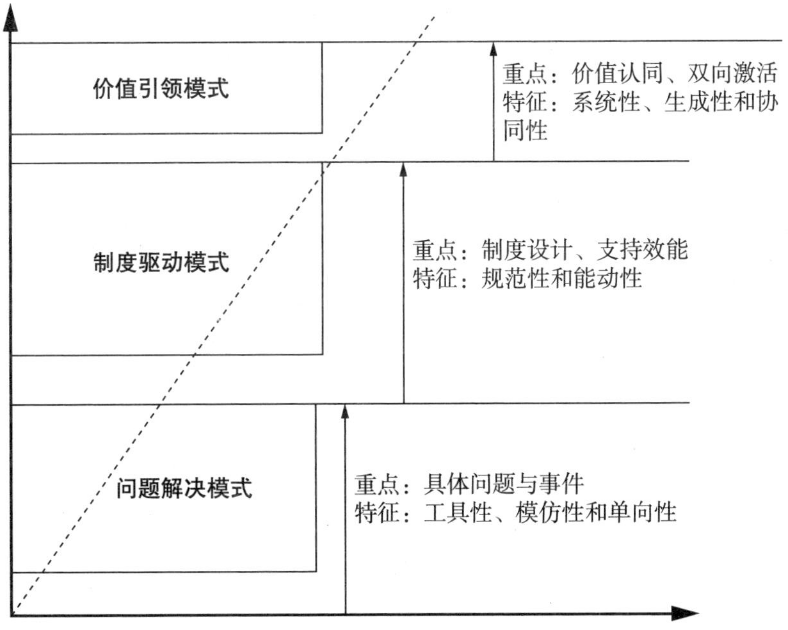

图3-9　高校支持附中附小发展的模式转化

（二）以行动者划分

所有组织都有其独特的价值观、规则和利益诉求，它们在合作中不断碰撞与交往，这些碰撞与交往其实就是前面提及的“观念”与“利益”间的矛盾与冲突，而“观念”与“利益”的载体和承担者就是各个组织中的行动者。在合作场域内，行动者是场域的核心要素，他们是支配场域的具有能动性的行动主体。因此，行动者就成为理解合作的重要概念。

在大学支持附中附小建设与发展的过程中，行动者包含了大学（大学领导层、职能部门或院系领导层、合作负责人、大学教师、研究者和学生等）、中小学（中小学领导层、行政人员、教师和学生）以及区域教育行政部门。需要强调的是，当区域成为合作双方重要的纽带和中介甚至是主导者，或者合作覆盖到区域范围内的众多学校时，合作决策者就会发生“主体扩展”和“地位上移”的变化，这时的合作决策者除了上述主体外，还包括地方政府以及教育行政部门。一方面，原来处于决策者地位的中小学领导因为地方政府及教育行政主管部门的介入而退居执行者位置；另一方面，由于参与合作学校范围的扩大和数量的增多，导致大学一方原有的执行者团队人员不足，同时对合作技术环境（如网络教学、在线答疑）的要求有所提升，所以大学的其他教学单位或职能部门也被扩充进来。

据此划分标准，可以对主要由大学与中小学组织构成的合作场域进行检视和分析，结合大学与中小学合作的实际开展情况，可以将大学与中小学的合作场域归纳为以下三种基本类型。(见图 3-10)

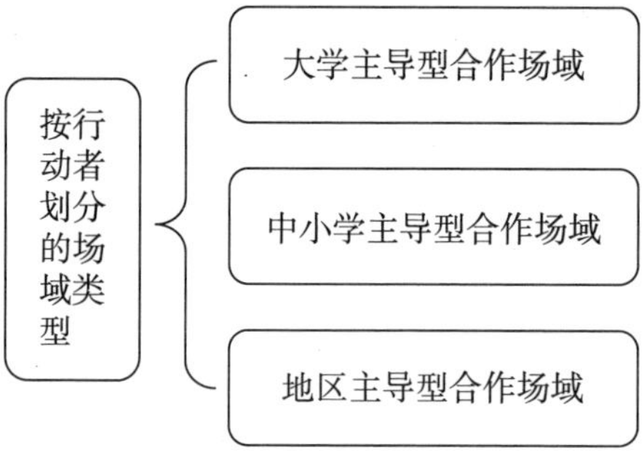

图 3-10　按行动者划分的场域类型

1. 大学主导型合作场域

这一合作场域是指在大学与中小学合作中，大学处于主导地位的情况。在此情况下，大学既可能是供应者，也可能是消费者。前一种情况大学处于关键供应者的位置，掌握知识资源；中小学扮演了产品消费者的角色；政府履行规制机构的职责，进行规制的手段既可以是强制式的，也可以是诱导式的，这取决于场域中各要素间的关系与地位结构。这一场域明显的特点是：大学向中小学的单向输出，输出的资源既包括制度资源也包括技术资源，即大学提供教师培训这样的技术性资源的同时，也把这种体现为“主导—被主导”关系的合作合法性认同信息传递到中小学一方，这就使得大学组织一方扮演着有些学者称之为“立法者”的角色。（卢乃桂等，2003）后一种情况则是消费者主导型合作场域的体现，大学一方虽然扮演着消费者的角色，但依靠其自身拥有的对于中小学而言迫切需要的资源优势，大学仍旧处于主导者地位。

2. 中小学主导型合作场域

在这一场域中，大学与中小学的位置和角色进行了互换，在理论上同样也存在上述两种情况。一方面，中小学成为关键供应者，而大学转变成产品消费者。较上一种类型，政府（或教育主管部门）作为规制机构有进一步介入和强化干预的趋势。中小学的主导作用主要体现在为大学学生及教师提供实践基地等方面，特别是那些教育资源更为丰富的所谓的“重点校”和“示范校”，但由于中小学的教育功能相对大学更为功利和单一，中小学一方的合作积极性不一定很高，所以，在这一场域中政府以及地方教育主管部门的规制作用就显得非常必要和重要了——这种规制作用就其实质而言，体现了合作合法性认同中规制性制度要素对组织的作用力。另一方面，中小学依然处于消费者位置，同样以大学所需资源的关键供应者地位来诱使大学提供自身所需的资源。在2014年启动的北京高校支持附中附小建设与发展项目中，中小学主导型合作场域较为鲜见。

3. 地区主导型合作场域

相对前两种大学与中小学合作的场域类型，由地区政府或教育行政部门主导的模式虽然出现时间较晚，但已在实践中产生了较为积极的影响。这种场域产生的条件，大体而言有两种情况：第一种情况是作为规制机构的政府或教育主管部门具有行使规制权的合法保障和手段；第二种情况则是作为供应者和消费者的大学与中小学组织双方在组织生产和技术方面具有高度的不确定性，需要外部社会的合法认同对组织的“生产效率”加以规范、制约和评估。如在北京市高校支持附中附小发展的项目中，CY区教委就呈现了地区主导型合作场域的特征。

考察大学与中小学合作实践的发展历程，这三种场域类型在现实中均有实例可考。从时间维度来看，几种模式既有连贯性，也有共时性。一般而言，最早的院校合作多采取大学主导型模式，这也是符合特定历史时期教育发展，特别是教师教育发展的需要的。如美国的教师发展学校，最初是在霍尔姆斯小组报告中被正式提出的。古得莱得的研究同样是采用这种方式进行的，我国的情况也是这样的。随着合作进程的深入、合作模式的扩展，模式间的共时性特点又显现了出来，我们现在可能看到一所学校同时处于三种不同的合作场域之中。从空间的维度来说，合作场域可以在一个区域范围内（固定的行政区划）形成，也可能拓展到不同的区域范围，即跨区域的合作。我们知道，随着信息技术的飞速发展，地理因素对传统的地域性院校合作的限制已经被突破，特别是基于网络资源的教育技术的保障使得合作再不用受空间的束缚，这也为大学和中小学合作模式的创新提出了新的生长点。

总体而言，从目前北京市高校支持附中附小建设项目的项目校来看，高校支持中小学校建设的组织保障机制初步形成，高校支持中小学建设的工作有了实质性推进，中小学出现了积极变化，政策的效果初步体现。应鼓励区域层面通过专项激励机制搭建平台，拓展资源，调动学校的积极性；充分发挥高校特色与优势，搭建高校之间、高校与中小学及各区教委的有效沟通机制；依托专业资源，进一步提升项目中小学校长办学理念，调动附属中小学校质量提升的主动性与创新性。

第四章

推进学校组织场域变革的策略研究

透过现象看本质是我们熟悉的思维方法，但是这种方法运用起来却很难。因为现象和本质的界限到底在哪里常常不能被行动者把握。真正抓住问题的本质并不只是一种态度，更是一种能力，如果只是把握棘手问题的表层，它就会维持原状，仍然得不到解决。因此，要把问题彻底地暴露出来，这就需要研究者以新的方式进行思考。

社会在多元活动的影响下变得越来越不统一。这些多元活动包括国家和人民之间的复杂的交流，新信息技术对城市生活的影响，强劲的消费文化的出现，对认识确实性的质疑，近乎普遍的在所有社会实践中的对灵活性的崇拜，新的社会运动的产生，等等。由于社会越来越复杂，各种利益群体的社会影响力也越来越强。政府的政策应反映他们的要求，其中学校通过组织场域变革回应人民群众日益增长的优质教育诉求就是表现之一。

第一节 现有学校组织场域变革实践的问题及原因分析

近年来，为了推动教育优质均衡发展，北京、上海、杭州、成都等地都开展了组织场域层面的变革，以城乡学校一体化、学区制、教育集团、教育联盟、大学支持中小学发展等方式展开实践，这些在前文中已经运用场域视角展开了分析。总体而言，这些实践对优质教育均衡发展起到了明显的促进作用，大部分参与改革的学校办学环境得到了改善，在教育教学理念、师资队伍、教学质量、课程资源等方面有比较显著的提高，学校声誉得到改善，让更多的孩子有机会接受优质教育。但通过对各地实践的考察，从场域视角来看，当前学校组织变革反映出了如下问题。

一、学校组织场域变革实践的问题

场域时刻处于力量博弈的状态，如当场域与惯习不契合，当相关利益主体分歧明显，当不同资本类型产生张力时，都会在实践层面表现出不同的问题。以场域与惯习不契合状态为例，场域塑造了惯习的结构，使主观经验客观化，同时又形成了新的思维结构，所以通常情况下，场域与惯习处于契合状态，然而如下两种情况，会产生典型的场域与惯习不契合。一种情况是共时态不契合，另一种情况是历时态不契合（戴烽，2010）[34]。共时态不契合主要指用一种场域的惯习建构另一种场域，如用经济场域的惯习建构教育场域，用追求效益的核心标准取代教育领域的以人为本的价值逻辑，就会出现明显的不契合；历时态不契合是指伴随着时间的发展，场域已经发生了变化，但行动主体仍用旧时的惯习建构新的场域，并做出相应的策略选择，如我国在教育发展的特定历史时期，曾遵循“效率优先、兼顾公平”的逻辑，但随着经济社会的不断进步和发展矛盾的转移，“兼顾公平与效率”已经变成主流指导思想，此时仍以效率为先的逻辑指导实践，就会出现问题。再比如，在某个既定场域中占支配地位的行动者有能力让场域以一种对他们有利的方式运作，不过，他们必须始终不懈地应付被支配者（以政治方式或其他方式出现）的行为反抗、权力诉求和言语争辩。

另外，就整个教育系统而言，学校是以一个完整组织的形式出现的，各种不同类型的学校和行政管理机构共同构成教育组织体系。多种学校间新的合作关系样态，总体上是出于共同的愿景和目标形成的新的治理结构，对成员实行规范制约与引导。这种支持关系的形成实质上是一个基于制度建构的场域问题研究。那么制度建构是否已经完成？对于学校组织变革场域而言，主要的障碍和问题是什么？

（一）场域体制机制障碍仍很难突破

学校组织场域变革是发生在学校内部尤其是学校之间的变革，涉及众多跨区域，跨学校，跨组织等层面的问题。参考孟繁华等人（2011）构建的学校组织发展三维结构理论，学校发展起码要包含技术层、制度层和愿景层三个层次。学校组织场域变革的过程中，几个层次会发生复杂的结构形态变化，尤其是为了保证改革效果，一系列改革都推出了诸如“一体化管理”“教师交流与轮岗”等举措，而在实践中调查发现，因为体制机制障碍的限制，且涉及行政、人事、财务相关的许多复杂因素，有关政策落实的整体水平不高且不均衡。受区域经济水平、地理位置、文化观念、教育重视程度等因素的影响，各区（县）在教育投入、教育管理机制等方面存在差异，尤其是城区和远郊区县存在的差异更大。

以教育集团为例。一方面，作为联合办学、组织间合作的形式，教育集团具有单一学校所不具备的优势。然而，如何使这些优势真正转化为集团内各成员校的实质发展，需要制度保障。例如建立集团理事会，完善集团章程，规范集团活动，集团会议的定期化等都是重要举措。然而制度保障，仅在集团内是远远不够的。教育行政部门如何对教育集团定位，教育集团与教育行政部门及成员校的关系是怎样的，权力配置是否可以打破单体学校的界限，等等，这些问题如果不在现有体制机制上创新，就难以实现实质性变革。

同时，政策的可持续性仍不明朗。当前学校组织变革多是以政府驱动为主，通过签订协议让原本并无关系的学校主体建立关系，这种自上而下的方式效率高，但因为以外部力量推动为主，可持续性就难以得到保障。合同到期的三年或五年后，这些学校是什么关系？对此并没有明确的说法，且协议内容相对空泛，体现的合作关系相对松散，这在一定程度上使得很多行动者持观望态度。

（二）场域行动者动力不足或不均衡

学校组织场域变革的行动者众多，行动者动力是影响变革效能的重要因素。通过对教育集团、学区制办学、高校支持中小学发展、城乡一体化学校几个项目调研结果进行分析，一个突出问题就是行动者是否解决了动力问题。在绝大多数变革案例中，需要解决动力不足问题的都是“输出方”，如高校支持中小学发展中的高校，城乡一体化学校中的资源输出学校，尤其是在起步阶段，它们更多处于“付出”一方，而且这种付出并非一次两次，是已经被制度化的长期行为，那么原动力该如何激发？因为帮扶行为给自身带来的挑战如何解决？如果在行动者之间只是“单方获利”，那么有效的合作是很难持续的。当然，也有较为特殊的案例，就是“资源输入学校”的动力问题。印象较为深刻的一个案例是高校支持中小学发展项目中，一所小学被纳入项目，而这所小学是一所百年老校，办学实力也较强，对于要更名为某大学附小本就有些抗拒，当学校提出一些诉求大学不能很好满足时，便单方面切断了与大学的联系。另外，在有的案例里体现的是动力不均衡问题，即一方非常主动，而另一方若即若离，双方一直不能寻找到恰切的对接点，投入程度差异明显，这也会影响学校组织场域变革的实践。

（三）场域内文化冲突明显

每个组织都有各自的使命，将此作为文化的一部分来加以确定，以核心愿景、组织目标、战略目的等方式呈现出来，同时为了实现目标，会制定一套规范体系来保障。每个群体在解决其外部适应性问题以及内部整合问题时都会习得一种共享的基本假设模式（沙因，2014）[16]，它规定了人们应重视什么及他们可能为何而产生冲突，指明了在各种冲突中应如何表现，形成了如何解决冲突的制度与习俗。生活在组织中的每个人，每个相对有边界的组织或团队都形成了相对稳定的做事的方法与理解范式，当学校组织的边界被打破或因为组织变革产生组织间互动时，必然会发生资源、结构、利益、人际、文化等多重冲突。以教育集团的建设与发展为例，当学校独立办学发展的组织形态遇到挑战时，文化冲突不可忽视。这一过程必然会涉及强势文化与弱势文化的冲突、同一性与多样性的博弈、外部文化与内生文化的交融。

二、学校组织场域变革问题的原因探析

在探究具体原因之前，有一个基本问题必须弄清楚，即权力场域与其他场域的惯习并不对等。在布迪厄和其他后结构主义者看来，权力不是单维度和单向性的，也不是某种实质性的因素，而是一种力的关系，是在各种不同的社会关系网络中存在的多维度力量。决定着权力的性质的，是组成特定相互关系的各个社会地位上的行动者所握有的实际资本的力量总和。（高宣扬，2004）[154]权力场域所处的层次不同于其他场域（如文学、经济、教育、科学、国家科层体制等场域），因为权力场域在某种程度上涵盖了其他场域。它理应更多地被理解成某种“元场域”，具有许多特有属性。所以，教育场域在一定程度上会呈现出受权力场域影响的特征。这是不容忽视的。

（一）制度层面——改革的合法性问题

合法性是一种普遍化理解或假定，即由某个实体所进行的行动，在社

会建构的规范、价值、信念和身份系统中，“被认为是合乎需要的、有价值的、适当的假定”（斯科特，2010）[68]。

改革的合法性主要涉及三个层面，即实效合法性、道德合法性和认知合法性。（Suchman，1995）实效合法性指向“利益”，道德合法性指向“规范”，认知合法性指向“理解”，具体到学校组织场域变革问题，即既要确立严密、刚性的规则和秩序，保障行动者的交换利益，又要从社会规范、标准和价值系统赋予“正当性和价值”，同时要进行充分的解释，达成相关行动者的“理解”。这三者关系若处理不好也会产生冲突，比如，只空洞地倡导道德合法性，忽视交换机制与规则的建立，就会导致行为缺乏实效。

学校组织场域变革的合法性不足体现在改革的系统性缺失，改革配套不够或考虑不周等方面，这导致原有法律体系无法适应新的改革，造成改革后的政府行为缺乏合法性，同时因为缺乏整体考虑和利益补偿机制，还会造成改革的内外阻力过大，改革实施的可持续性较差，“由于缺乏对改革短期和长期进程的平衡，短时期压缩的编制和减少的流程又会很快再反弹”（朱其权 等，2015）。要知道，改革不只是文本，只根据正式文本的文字去分析改革，就会忽略所给文本的含义和一些微妙但重要的差异。改革涉及利益的重新分配及权力的重新配置，从而达成一种新的平衡，因此合法性的确立是重要环节。

（二）文化层面——文化刚性

制约组织变革顺利实施的真正原因应是潜伏于个体和群体层面的组织文化刚性，不论是自利、避免不确定性抑或是组织的结构性防卫，都或多或少地与组织文化的刚性制约存在关联。唯有认清组织文化刚性的特征及其成因并破除这些限制性力量，才是问题解决的关键。（陈麒，2011）

沙因认为，组织文化是“一个既存团体在学习处理外在适应与内在统整问题时，创造、发明或发展出来的基本假定形态。其运作被视为有效，并被教导给新成员，作为知觉、思考、感觉相关问题的正确方式”（朱国云，1997），它是组织随着长期发展逐渐形成的，体现了组织的核心价值观、制度特征和行为规范，决定了在这个组织中鼓励什么，反对什么，如何行事，同时扮演着知识筛选和控制的角色。从另一个角度来看，因文化是长期积淀而成的，所以改变起来比较难。尤其是当组织的过去越是成功时，组织内成员的非正式规范、价值观、行事方式就越容易强化甚至根深蒂固，进而产生某种文化惰性，形成一种“刚性”，当组织边界被打破时，很容易出现变革中的冲突问题。

（三）认知层面——有限的观点

学校组织场域变革实践中出现的一些问题，来自认知层面的障碍，即仍存在信息不对称和沟通不畅导致的有限认知。

在实践中学校组织场域变革从发起到推行，绝大多数由教育行政部门和学校领导层主导，但在实践中必然由学校一线干部教师参与推动。认知层面的障碍主要是指让人无法清楚认知问题本身造成的障碍，这主要是认知方式造成的——对环境、问题、事件本身缺乏充分的了解，无法从不同角度看问题等；或者因为缺乏解决问题相应的知识基础；或者使用错误的策略解决问题，缺乏灵活性，无法有效交流。如关于大学支持中小学发展的改革过程中，关于大学是否能有效的支持中小学发展，大学在支持中小学发展的过程中可以起到什么作用这类基本问题有很多不同的看法等。改革的行动主体如果不在基本认知上达成共识，会直接影响改革的效果。

如果现存的工作方式在过去是成功的，而且并没有明显的证据表明其存在着严重的问题，变革就可能会被抵制。如有的领导或教师认为变革是不必要的。还有的情况下，一些问题在其最初阶段表现并不明显，所以很容易被忽视。或者如果领导总是在夸大组织运行良好的程度，那么让员工相信需要变革就会更为困难。即使人们最终承认存在着问题，但通常的反应是微调即可，不用全部改变。组织成员很容易夸大变革带来的问题，即使变革会带来明显的利益，因为要付出一些代价，所以很容易被抵制。如已经熟悉的常规会被改变，造成不便；实施变革需要资源，而那些已经按传统方式所投入的资源将会丧失；绩效不可避免地会受到影响等。在这些情况下，打破认知层面的障碍是提升改革效能的重要手段。

第二节 学校组织场域变革实践的理想形态

各方的行动者有着各自的权力诉求和利益需要，实现诉求和需要的机会和能力却各不相同。理想的学校组织场域变革具有什么样的特征？总体而言，理想的场域变革应该表现为各行动者之间产生自发性的相互作用，即我们通常所说的自组织性。能够适应环境不确定性和无序性的挑战，并学会依靠这些特征求得发展，使得场域及场域内的行动者逐渐摆脱自上而下的行政推动，形成自下而上的动力，推动组织成员的灵活性和忠诚性，能够及时处理无法计划或预料的事情。此时场域更多处于两种行为模式的交界处，即处于混沌状态，也就是无序状态的边缘。如果远离此边缘而过于接近计划状态和稳定状态，系统就会停滞不前，变得缺乏生气而趋于死寂，那么组织必然走向衰败和没落；相反，如果过于靠近非计划性状态，系统则会因混乱无序而解体。过分强调组织结构和领导权威，就会遏制个体的创造力；过分无序化，也许会激发个体的创造性，但可能不会引发具有实质性内容的结果。所以关键是要在有序和无序，计划与非计划，正式结构和非正式结构之间达到某种程度的平衡。这是一种微妙的平衡，在这个基础上，理想的场域呈现了组织文化生态的多样性，这对能否适应无序边缘可能性具有非常深远的影响。组织的战略、组织结构和组织文化与组织环境的开放性、多样性和共生性直接关系到组织的兴衰存亡。具有组织文化生态多样性且组织背景各异的行动者往往最能创新与变革；缺乏知识和文化差异则常常会扼杀创新与变革。在这样的场域中，人力资源常常被看作最基本、最重要的资产。要创造一个使人们享受自由去做，喜欢并能胜任的工作，尊重多样性和独创性，使人力资源处于被激活状态。

具体而言，理想状态的学校组织场域变革具有如下特征。

一、场域合作的外部合法性充分，行动者内部合法性增强

合法性来源于有效的制度化和组织化。一项行为是否稳固并可持续，其内部合法性与外部合法性的存在都非常重要。内部合法性是指该行为获

得的参与该行为的组织成员的承认、支持和服从，反映了该行为所表达的价值观与规则“嵌入”参与者的个人理性的程度。这种嵌入越是普遍、持久和深入，该行为的内部合法性的基础就越牢固；这种嵌入越是狭窄、短暂和肤浅，该行为的内部合法性的基础就越薄弱。在学校组织场域变革这个问题阈内，行动者对这项行为的认可程度、组织成员对行动者的认同程度和对场域变革价值观的认同程度等，是内部合法性的源头，也是挑战客观主义的重要路径。

外部合法性是指该行为获得的组织外与组织相联系的社会体系的承认、支持和服从，尤其是与该行为相关联的组织外部部门、机构及个体对该行为的承认、支持和服从。这实际上反映的是该行为背后的价值观与整个社会相关组织及行为价值观的一致性程度。一致性程度越高，组织外部合法性越强，否则，越有可能发生危机。在学校组织场域中，诸如教育行政部门、社区、其他学校、社会公众等行动者对变革的认识就体现于此。为什么要通过学校组织场域变革的方式推动基础教育质量的提升？这种方式对区域教育发展有哪些作用？这是最适切的方式吗？对参与学校的价值和意义是什么？教育体系内外的人如何判断与评价？这些都是需要回答的问题。

总体而言，需求诱致、自下而上驱动、自主建构的组织场域变革行为总是具备较强的内部合法性；通常自上而下驱动、外力建构的组织场域变革行为总是具备较强的外部合法性；仅有内部合法性很难持续，仅有外部合法性容易形式主义。理想状态的组织场域变革，内、外部合法性应该兼顾。

外部合法性不见得会产生有效的内部认同，这也是造成合法困境的一个原因。所以，理想的学校组织场域变革具有典型的内部认同的特点。内部的合法性既依赖于场域内部的价值引领和规范引导，又依赖于行动者间的相互需求，还依赖于场域内部的制度作用，这就需要通过相应的制度建设与机构设置来为这种内部合法性的获取创造有利的制度环境。

在理想的学校组织变革场域，组织成员对于变革的价值导向有明确的认知，“学校必须是有助于成长的教育组织：促进成员的学习进步和个人成长与发展，鼓励不断成熟，增进自信和自尊、满足感、主动性和对自己行为的责任感”（欧文斯，2007）[17]。行动者间通过持续有效的沟通，能够逐渐唤醒并确定彼此在对方发展过程中的意义，这是自下而上形成内部有效认同的主要方式。行动者间能建立起积极的信任关系，体现和实现各行动者不同的合理诉求。

二、场域行动者间的文化互动

处于强制度环境背景中的教育组织，行动者间有充分的文化互动才可能更好地推动组织场域变革。

文化互动是指：“不同组织的文化在合作中，经过交流、彼此影响、相互吸收、相互融合等方式，弱化相互之间的差异和冲突，扩大不同组织之间的文化共识，趋向于形成共同文化的过程。”（应国良，2009）文化互动可以从以下四个维度来理解。第一，文化学视角。文化互动就是采用己方文化视角去审视他方文化，并且在理解他方文化的基础上反观自身的文化。可见，文化互动需要相互的尊重。第二，哲学价值观视角。文化互动本质上是世界观、意识形态、价值取向、社会规范以及行为意志等方面的交流，它促进共同愿景与共同价值的形成，培养合作意识。第三，传播学视角。文化互动是信息传送者通过渠道把信息传输给接受者，即传送者传递刺激以影响接受者认知、情感、态度和行为的过程。第四，符号学视角。文化互动的实质就是特定社会主体通过符号扮演社会角色，表达社会身份，交流各自的文化取向，协调相互间的权势（power）或统一性（solidarity）关系，传递各自的信仰、价值观以及规范等。这些维度很好地涵盖了行动者间文化互动的过程。（应国良，2009）

在学校场域中，各行动者都有相类似的意向，共同的核心价值观、思想和信念。组织文化不仅体现在其发展过程中所形成的共同价值观念、道德精神、行为准则等历史性的因素上，更是一种组织与周围环境交互作用、相互影响的重要方式，超越其原来只作为教育内容构成的定位，上升到更高的目的层次，引发学生潜能并赋予其以生命意义，影响教师的价值理念与行为选择。实际上，文化互动的过程，也是达成组织间外部合法性与内部合法性一致性的过程，实质上就是一种制度化（合法化）的过程，是合法机制中模仿机制和规范机制的具体体现。所以，文化互动既可以视为一种合作的形式（方式），也可以看成一种传递合作资源的媒介，它不仅传递制度资源，也传递着技术资源。

三、场域行动者间的知识互动

学校组织场域变革，常常是通过技术资源的传递和共享来实现的，而这种技术资源往往是以知识形态的形式出现的，比如高校支持中小学课程建设，集团龙头校向成员校辐射课程资源，教师集体教研等；合作的成果也往往体现为行动者技术资源的扩展和提升，如教师专业发展，教学水平提高，学校管理制度创新，管理水平提升等，这与学校的组织特征有直接的关系。同时，对于知识形态的技术资源来说，其在组织间传播的过程也是知识更新和创新的过程。

我们正在讨论的学校组织场域变革，是以优质教育资源的均衡发展为主要目的的，所以在行动者间的知识互动过程中，非常容易出现单向交流的形态。如在城乡一体化学校中输出校对输入校的单向模仿，大学支持中小学发展过程中大学教师的高高在上，等等。知识交换并不是真正的知识互动，只是一定意义上的复制与模仿，所以理想状态下的学校场域组织变革应该是通过知识互动实现知识创新，这也是场域变革的价值所在。

有学者曾指出，组织内知识创新的关键在于组织内不同主体隐性和显性知识之间的有效互动，并提出了一个支撑知识创新的SECI模型，主要包含了四个方面的过程：社会化、外化、整合和内化。（Nonaka et al., 1998）通过这四个动态的过程，知识实现了在场域内部的深度共享，组织成员的心智模式得以改善，知识互动得以发生，知识创新得以实现。比如教育集团举行教师同课异构或集体教研活动，假定龙头学校教师水平很高，可以对其他成员校的老师起到示范引领作用。成员校老师通过听课、观察、模仿等手段习得龙头校教师没有用语言表达但是通过其他途径展示的默会知识，并创造形成了个人隐性知识；然后成员校老师回到自己的学校，通过讲座、培训等方式将自己习得的默会知识外化，以他者容易接受、理解的方式展现出来，实现知识的扩散和传播；成员校依托一定的工具和机制将分散于不同个体教师身上的显性知识结构化、系统化，形成完整的组织知识体系；最后成员校的教师通过系统学习，再次将组织知识体系内化为个体经验，思维方式得以改变，知识互动和创新得以实现。这才是学校组织场域变革的重要价值所在。

第三节　学校组织场域变革的具体策略

学校组织场域变革是一个系统问题，需要根据场域的生态位关系、成熟程度、制度化过程、治理方式等进行系统推进。系统推进就是对构成事物的系统的各个要素及相互关系进行分析，从事物的整体出发，着眼于整体与部分、整体与结构、结构与功能、系统与环境等方面的相互联系和相互作用，以特定问题为重点，借助价值判断以求得优化的整体目标。学校组织场域变革既需要有系统的理论框架予以分析，还需要基于情境、内容、变革过程及时间要素等提出真正有价值的指导，即对学校组织场域变革提出具体策略。

一、系统推进

韦氏辞典将系统定义为："系统是有组织的或被组织化了的总体，由构成总体的各种概念、原理有规则地相互作用和相互依赖的形式组成的诸要素集合。"（陈振明，2003）系统最基本的特征包括三个方面：系统是由要素构成的，各要素间存在着相互作用的关系，由要素以及要素间的关系构成的整体具有特定的功能。

早期封闭的系统观现在已经被开放的系统观所取代。组织是开放的系统已经取得了共识，在理解组织时，人的需求与组织的要求、非正式组织与正式组织都应该得到重视，"开放系统观有一种将理性要素与自然要素整合到同一框架中的潜力，它提供了一种更全面的看法"（霍伊 等，2007）[16]。开放系统模型有可能将理性系统观与自然系统观综合起来。组织是复杂的、动态变化的。霍伊等学者研究指出，组织拥有正式结构，以实现各种具体目标，但组织是由人组成的，这些组织中的人有着各自的特殊需求、利益和信念，这些需求、利益和信念往往与组织期望相冲突。因此，组织具有计划性与非计划性，理性与非理性，以及正式结构与非正式结构。在某些组织中，理性关系支配各种关系；在另外一些组织中，自然关系与社会关系占支配地位。然而，在所有的组织中，理性要素与自然要素共存于一个向环境开放的系统之中。学校是一个受理性因素与自然因素制约的开放系统，这些理性因素与自然因素随环境力量的变化而变化，忽略理性要素或自然要素的行为都是短视的。

在学校组织场域变革过程中，系统推进的重点包括如下问题。

1. 领导者角色定位

如果构建有明确目标追求和内在实践标准的组织，就需要那些能指引愿景的领导者。他们必须为学习者创设趋向生命性、一致性和复杂性的教学环境；增加与他人进行交往的智力、社会和情感投资；培育鼓励求知、思维深刻的综合性的学习环境。教育者必须对现有学校范式进行深刻反思，转向新范式，从而创设与模糊性相协调的环境，提升多样性，构建合作关系共同体，提升组织自我归属感，组合社区力量和人力资源，构建普遍意义的共同语言，创设富有责任心和正义感的学习化社区。以场域视角推进学校变革，变革的行动主体、资本的构成、核心价值准则的制定以及学校惯习的建构，是领导者必须要思考的核心问题。

2. 建立学校发展新准则

一般认为，学校系统是由四个主要子系统构成的：人事系统，主要涉及教师工作任务的分配和相互交往关系的组合；教学系统，主要涉及班级教学和学习时间的安排；课程系统，主要涉及知识领域；以及学生系统。它们以学校政策为核心组合起来，且形成理念与实践的双重交互系统。要围绕这些领域建立发展新准则，围绕学校发展愿景，推进学校实现内涵式变革。

3. 建立课程体系

学校组织场域变革体现在组织关系层面，事实上，对于教师和学生来说，他们接触最多的仍旧是课程，课程和教学决定学生所接受的教育品质。我们从知识、学习和学习者三方面比较传统课程体系与预期课程体系的区别。从知识方面来看，传统课程体系强调客体性、结构性、单一性、直线性以及精英化，而预期课程体系则强调主体性、开放性、复杂性、曲线性、流动性以及大众化；从学习方面来看，传统课程体系注重信息积累和获取知识，而预期课程体系则注重知识建构和心理对话，是一种积极过程，突出质性化、概念化、多元智力和认知、情感与社会的综合；从学习者方面来看，传统课程把学生看作文化产品，具有机械性，而预期课程体系则认为学生是文化创造者，突出发展性。因此，我们必须创设学习空间，建立多元课程体系。这样的课程体系强调组织有机性，能够建立起内外世界的一致性，以知识、社会、文化科学和个人才能为基准，并考虑公正和教育性，重视动力性和发挥自主性，强调灵活性和专家师生的交互作用，强调师生共同建立学校—社区关系。

组织场域可以分成明晰的、利益不一致的亚场域（Quirke，2013），而且每个组织场域的亚场域都具有自身的运作逻辑或者游戏规则。在组织场域中，行动者往往不能满足所有利益相关者的要求，难以获取全面的合法性，也不能完全遵从场域中的多种制度逻辑；而在亚场域中，组织能更好地在制度环境中明晰身份。因此，组织需要分清场域中各亚场域的主次，选择那些关键利益相关者所构成的亚场域作为生存的社区，优先满足关键亚场域的要求，在占据有利位置后，再考虑在整个场域内的生存和发展。一般地，某一场域的参与者往往也是另一场域的参与者，这些参与者往往成为连接不同场域的桥梁，即存在着跨组织场域的现象。组织场域并不是孤立的，某一组织场域需要与能为其提供物质和符号支持的相关场域共同发展。（Purdy et al.，2009）可见，某一组织场域的参与者也需要与场域外部旁观者建立联系，获取这些旁观者的支持和帮助，以利于新惯习的产生，获取合法性，实现自身的良性发展。这也是一种系统推进的表现。

二、政校关系——权力的让渡和重新分配

早期制度研究大多关注的是广义上的制度结构，包括政治体系、法律体系、社会意义框架等。新制度主义研究更多将目光投向了组织与环境的

互动关系，然而过于强调自上而下的制度化过程导致的组织趋同现象，忽略了微观组织对制度本身变化的影响。

深化教育领域综合改革，可以从不同层面来理解，其中最具全局视野的就是管办评分离的改革，因为它涉及教育的方方面面。它要求转变全能型政府的职能模式，形成政事分开、权责明确、统筹协调、规范有序的现代公共服务政府教育管理体制，构建“政府管教育、学校办教育、社会评教育”的教育发展新格局。这一改革必将解放和发展教育生产力，解放和增强教育活力。目前在教育管理领域不只是从上到下管的能力不足，而且多元、平等、协调的治理能力也不足。管理是从上而下、一元单向的。而治理是指多元利益主体围绕共同的目标协调与互动的过程。在全面深化改革的总目标下，教育领域综合改革也要努力以教育管理方式创新、教育治理方式创新引领教育发展方式创新。创新教育管理方式的核心要求就是，由微观管理走向宏观管理，由直接管理走向间接管理，由办教育向管教育转变，由管理向服务转变。而教育治理超越了行政管理的视野，其核心是正确处理好政府、学校、社会的关系，并建立完整的治理结构。

（一）构建政府、社会和学校多主体协作的教育治理机制

治理主体的多元化导致治理过程中权力的运行向度是多元的、相互的，而不是单一的和自上而下的。治理理念强调政府角色的弱化，强调对社会非政府组织和公共机构的支持，强调政府与社会的双向互动、相互影响，给予社会组织和公共机构充分的独立性、自主性和尊重。教育治理是指国家机关、社会组织、利益群体和公民个体，通过一定的制度安排进行合作互动，共同管理教育公共事务的过程，形成国家力量、市场力量和公民社会力量相互博弈和均衡的体制。在教育公共治理模式下，政府、社会和学校是一个“生命”系统，政府与非政府组织、国家与公民社会、公共机构与私人机构相互合作，并通过多种管理手段与方式，达到共同分享责任与义务，增进和实现利益的目的，更好地促进教育发展。在这个过程中，政府行政方式必然会发生相应转变：第一，政府的教育权力逐步分散，教育行政的强制性开始弱化。通过扩大学校自主权、管理权和家长的教育选择权，限制和分化了政府的教育权力。第二，教育行政的强制性开

始弱化，教育立法和司法的力度增强。政府放弃对于教育的全面干预，而更多地采取制度调控的方式。

20 世纪 80 年代后，随着全球化、信息化与知识经济时代的到来，随着市场与公民社会在公共教育领域的相继介入，校长、教师、学生家长、商业性的个人或团体、专业协会、科学组织以及其他一些志愿性社会团体等教育利益群体在公共教育领域的活动逐步合法化。教育改革也因此由单向性的政府权力模式走向多向性的混合权力模式。明晰不同主体在举办、管理、评价等过程中的角色与责任成为重要命题。要进一步鼓励社会力量、社会资本参与公共教育服务体系建设，培育教育非营利组织，引入竞争机制，推动非基本公共教育服务社会化发展，完善公共教育体系，进一步激发教育发展的活力。

政府应从繁重、具体的教育产品和服务的供给事务中解脱出来，致力于发展战略和统筹规划，提供有效的制度安排和政策设计，为治理的其他主体发挥作用创设良好的制度环境。

前文已经谈及当前在基础教育领域已经出现较为显著的集团化办学趋势，诸如“手拉手”、名校办分校、城乡一体化学校、委托管理、教育集团、教育集群、教育联盟、学区制等形式。或是为实现均衡，或是为集聚优势，凸显品牌，若干学校组织通过合作关系结成一个有机整体，以保证组织合作前景的可预期性和合作成果的稳定性，减少了社会组织个体不断寻找新的合作伙伴的压力。以教育集团为例。在教育集团的发展过程中，不同主体的角色开始发生变化。政府是公共教育的举办者和提供者，专家是教育发展的智库，两者可以为教育集团的建设提供必要的条件和支持，而学校是进行教育集团建设能动的有机主体。同时，家长的行动者角色也发生了变化。家长作为学校的合作伙伴和利益关系的代理人，由学校管理中的“局外人”变为“局内人”。教育行政部门是否仍然像管理一所单体学校一样去管理一个教育集团？这显然是不行的，此时就面临着制度变革，对权力进行重新分配。权力的变迁分为两个方向：一个方向是自上而下授权，另一个方向是权力的转移。教育行政部门要遵循简政放权的思路将办学自主权还给教育集团和学校，同时教育集团、集团内学校、家长、社区等群体的权力转移也是一个重要方面。

探索市场机制在教育领域的作用，从根本上是为了解决教育发展的动力问题，并保障受教育者的权利。是不是市场机制参与就弱化了国家的作用？不是。从西方公立学校改革历程来看，在表象上是国家观念与市场逻辑的冲突，但在本质上并没有改变教育国家化的总趋势。一般认为，教育市场化主要包括两个方面：一是传统意义上的私立学校的创建和运营，二是运用市场经济的法则和机制来管理公立和其他性质的教育机构、单位。后者是一种公私合作的混合模式，举办者、管理者与投资者三者角色分离，这种模式仍有较大的探索空间。

在这个过程中，要通过制度调控，依法细化市、区两级政府发展教育的职责、权力，明晰各政府部门的教育职责，规范权力运行程序，明确权力运行结果与考核标准，让政府权力公开透明运行，确保教育责任履行到位，发挥政府保障教育事业优先发展、科学发展的主导作用。同时，要给予学校更大的办学自主权，更有效地激发各教育主体的积极性、创造性、主动性，更好地发挥市场配置教育资源的有效性，让教育发展更具活力，更可持续，更有成效。

（二）权力的让渡——以教育集团为例

学校办学自主权主要解决的是政府与学校的关系问题，自上而下的线性、单向思维显然无法奏效，中央集权管理常常忽略校本需要，欠缺灵活性，无法回应多样性的挑战，很难激发学校的校本主动性，很难配合不断发展与变化的校本需求。而基于学校发展的现实性和特殊性扎根学校，是学校发展的基础。只有立足校本，教育变革最为重要的内涵问题才能得到合理的解决。自觉的和自主的改革才更有生命力与效力，符合学校的专业性品质。因此，在创造学校自主办学空间的过程中，应该树立系统思维，厘清学校的组织边界，调整政府与学校的关系。那么，政府到底应该把哪些权力还给场域变革形成的新的组织形态以及学校呢？仍以教育集团为例。

1. 把教育教学权还给教育集团

教育教学权是办学自主权的核心，属于专业自主权的范畴。比如课程设置、时间安排、教学计划等，都属于教育集团和学校组织应该有也必须有的权利。然而现实情况不容乐观，课程安排上学校被绑得很死，很难满足多元化的挑战，同时各种竞赛、抽考常常打乱日常教育教学管理和学校正常秩序，更遑论满足多样化的需求。

尽管教育集团各有差异，但基于学校的最终目的是育人，教育集团围绕教育教学权可以展开如下工作。首先，为所有能力和背景的学生维护高的学术标准，使课程具有凝聚力。其次，在传递和教授知识的方式上考虑学生的文化背景和理解特点，应该允许集团在决定课程内容，在班组之间进行课程划分，开设选修课，自由选择教材和方法等方面，发挥更大的作用。再次，使用多样的评估方式去评估课程和教学，确保集团范围内对学生的评价和评估是公平的、恰当的。最后，鼓励教师合作，保持课堂中积极的关系，所有学生都被公正地对待（不必相同），课堂能够关注到有特殊需求的学生。

2. 把战略规划权还给教育集团

校长对学校的发展欠缺整体的战略规划，这对于处于多样化挑战中的学校而言非常危险。

对于教育集团，教育行政部门应该允许并鼓励每个教育集团制订各自的计划并突出其特点。战略规划是指根据社会转型与经济发展的要求，对发展愿景进行总体设计与规划，制定长期发展目标，并通过战略分析、实施与资源配置等手段实现愿景目标，确定竞争优势的过程。一般来说，集团战略层次的变革包括战略制定、战略实施、战略评估三个步骤，它们共同组成了战略规划的流程。这个过程可以基于集团学校的文化传统和发展现实进行思考，将集团发展过程中最迫切的问题作为切入点，充分调动教育集团及学校内部的改革愿望。只有从教育集团自身的发展情况出发来审视问题，处理问题，才能寻找到真问题，找到具体的改革对象，找到真实的发展空间。

由此可见，教育集团及学校组织并不是没有情感，没有需要，没有利益要求的教育机构，而是一个有着自己行动目的与理性偏好的“行动者”，在“社会结构”的制约下进行着“能动”的选择。教育集团在发展过程中，重要的支持力量并非来自外部，而是集团内部。因此，在千头万绪的工作中，应该强化整体思维，突出系统目标，重视多维互动，加强制度创新，以人的成长为终极目的，以学习为核心任务，生成极具特色的组织文化。只有这样，学校发展的内在活力才能得以不断生成，不断优化。

3. 把干部教师管理权还给教育集团

管理是为了控制还是为了发展，在面临多样化挑战的教育集团中，答案显然是后者。很多校长一直非常关注“人事权”，希望在此方面有所突破，希望能在招到好教师，清退不合格的教师过程中有更大的自主权。确实，教育行政部门应建立完善的用人制度和监督机制，避免违规用人。不过这是人事权的一部分，不应该是全部。

干部教师管理权除了入口和出口，更该关注的是过程，以管理促发展。教育集团对于干部教师队伍的建设和发展应该有足够的权力空间，也应该下功夫。如建立完善的岗位聘任制度和人事分配制度，建立有效的激励、约束、竞争机制，让人才合理流动。这样可以进一步激活干部教师提升自身专业素养，有效提高学校教育教学水平。学校应该在干部教师发展上下功夫，因为目前中小学中大部分管理人员都是凭借自己的经验进行工作，缺乏系统的管理知识，应培养中层干部对教学工作的持续关注，提升中层干部的领导力，提升教师改变自身思维模式及行为的能力，鼓励教师把外在的要求与规定内化为自己的需求，并转化为自己的自觉行为。

4. 把评价权还给教育集团

把办学自主权还给教育集团和学校，目的应该是把学校办好，满足学生个性化成长发展的需求，满足社会多样性的挑战，在这个过程中，评价权是具有导向意义的。目前，教育行政部门通常未把学校当成一个具有独立法人地位且能够自主发展的“主体”，这种自上而下的管理机制造成学校管理的被动应付和唯上主义。很多校长表示，明明知道有些行为并不利于学生的终身成长，但为了一些外在的评价标准，常常不得已而为之。从这个层面上说，只有学校获得自主发展的空间，学生才能自由呼吸。

在多样性的情境中，应该把评价权还给教育集团，让他们有充分的空间去追求学生思考和见解的多样性，努力实现教师个体发展的内在潜力和多种可能。高度尊重多样性的价值，尊重学生民族或种族、文化传统和信仰、社会规范、家庭背景、父母教养方式、学生智力发展水平、个人发展前景等方面的差异，因为只有那些处境不利的学生获得同样优质的发展机会，这样的教育和集团学校才是成功的；学生的成功不再仅仅是那个学生的老师的责任，而应该是集团里每个人的责任。

5. 把集团内资源配置权还给教育集团

目前，教育集团获得的资源投入不断增加，但在集团内进行资源配置的权力还远远不够。我们知道，集团进行战略规划后，需要依据目标调整结构，配置各种资源。这一环节是非常重要的，它需要从全局的高度统筹各种人力、物力、财力、技术等资源，根据战略目标调配这些资源，发挥它们的最大效力，共同服务于集团战略的实施。集团如果没有资源配置权，必然无法统筹并实现自主权的落实。因为管理者需要把战略目标和自身发展实际紧密结合，不考虑或没有充分考虑自身发展实际都会使发展规划出现偏颇甚至严重缺陷。

三、领导的领导——组织领导力的构建

虽然当前很多改革是在政府和教育行政部门自上而下的推动下进行的，但校长的管理一定不是“传递改革的一种机制”，而是“制度创新和革新的工具”。在学校组织场域变革的视野下，很多校长已经超越了原有的工作范畴，从负责一个学校到管理多个学校形成的新的组织形态，或与多个学校打交道，任务与目标分层明显，团队更为复杂。很显然，个人英雄主义或单一组织的经验无法适应新的挑战，组织领导力的重要性呼之欲出。

（一）整体性视角：超越个体领导力的组织领导力

组织领导力是一个新兴的研究与实践领域。在 20 世纪 80 年代以前，谈起领导，国内外研究者的关注点基本都集中在个体领导层面。以学校为例，当时的主流观点即认为学校领导问题主要就是与校长的领导相关的问题。20 世纪 80 年代中期以后，人们认识到，一个组织仅有强有力的领导者个体是不够的，组织成员的领导力水平同样重要。为什么要谈一个组织

和机构的领导力而非像以往那样去强调主要领导者的领导力？很明显，组织领导力的提出更符合当前领导理论的发展和组织尤其是学校变革实践的需求。有研究者指出："从根本上说，领导力是组织机构中全体成员的集体行为……对整个变革过程来说，组织机构领导力的影响比个人行为的影响要大得多。"（Sinha，2008）"领导工作不能够被简单地简化为单个'领导者'的工作，相反，它们应该被视作分享的工作，依靠组织内部和组织外部全体的参与者打破学校的界限来完成它们，并获得意义。"（怀特 等，2008）学校是一个需要娴熟、多层面领导力的社会组织。（Kinkead，2006）随着学校组织变革的推进、组织规模的扩大以及超越单体学校的组织形式的增加，组织领导力开发的意义更加凸显出来。

组织领导力的构建与提升有助于解决变革情境中组织面临的压力与问题，引领组织更好地发展。学者乔夫·维提指出，学校组织领导力可能以一种分散的形式存在，在教育领域，传统的自上而下的领导模式正在被新的途径所取代。（佚名，2009）以学校为例，校长、教师、行政人员以及学生多个层面领导力的共同发展是当前学校领导力实践发展的一个主要趋势。尤其是在学校组织场域变革形成新的组织形态以后，构建和提升学校组织领导力是内在诉求。而当前组织领导力的现状远不能满足组织发展与变革的需要。本研究的主体是学校，所以以学校组织领导力为具体研究对象。

在标准化体制内，学校领导力的界定方式和实践方式存在重大变革的需要。（Southworth et al.，2005）纵览国外学者对于学校领导力研究的界定，可以发现大部分研究学校领导力的文献都是从分布式领导入手的，这显然是领导理论逐渐成熟并运用到教育管理、学校管理领域的结果。显然，研究者并不急于直接给出学校领导力是什么的结论，而是通过实证的、质性的研究探讨当前学校分布式领导的必要性以及实施途径。在这一过程中，构建学校领导力通常是作为实施分布式领导的必要条件和结果出现的，学校领导力与学校组织目标的实现直接相关。

总体而言，学校领导力是学校组织成员在与学校内外环境互动的过程中，为实现学校组织愿景和目标，推动学校发展与变革，影响他人并由此与学校组织结构相互作用的过程与结果。学校领导力分布于学校组织内所有成员身上，包括校长、行政人员、教师和学生，而非仅局限于校长或经过正式任命的领导者，当然，不同主体实施领导处于不同的意义世界之中，也不能混淆。呼吁学校领导力不是不要校长，构建学校领导力是通过在整个学校组织层面更广泛地分布领导力来增加领导的厚度，而非人人都来领导学校，也不是无端增加额外的领导岗位，更不是否定校长对学校发展的终极责任。校长领导力变得更为重要，“领导者重要的职责之一，就是要努力把员工培养成他们各自工作范围内的领导者。届时，领导者就无须扮演单打独斗的英雄，而是一批领导者的领导者”（冯大鸣，2004）。同时，学校领导力是组织成员在与学校内外环境互动的过程中产生作用的，组织内外环境对于学校领导力的意义不能忽视。学校组织变革甚至形成新的组织形态就是非常重要的场域。在学校领导力构建、实施的过程中，作用的过程与结果体现在人与结构两个层面上。组织由人员及结构两个基本要素构成。领导虽然主要是发生在个体之间的活动，却势必会给组织结构带来变化并被组织结构影响。组织结构的变化既是一种结果，其适切的变革也是保证学校领导力可持续发展的必要条件。

（二）学校组织领导力的构建

学校领导力就是弥散在学校组织成员间的一种以共同愿景为基础的相互影响，因此学校组织成员必然是分析学校领导力的重要维度。在我国中小学，学校组织成员主要由校长、行政人员、教师及学生四类群体构成，四类群体在不同的意义世界中都可能成为领导者和追随者。再次强调一下，此处的领导已经超越我们传统上习惯性认定的上下级关系，更主要的是一种影响力。同时，虽然我们不断强调教师、行政人员、学生等群体领导力实践的重要性，但必须明确的是，校长领导力仍然是学校领导力的核心。

1. 校长领导力

校长是学校变革的首要“催化剂”和促进者，是组织的支柱，会为组织指引方向并对学校发展负责。尤其是在学校之上的新的组织形态出现以后，校长所面临的关系更为复杂，此时校长领导力是学校领导力的核心。

萨乔万尼在20世纪90年代就已提出，道德、价值观、教育信念是教育领导的核心问题。近年来的研究对这一问题的回应与探讨表明，当前教育领导更强调回到教育的本质问题、本真问题上来，即以道德、价值观为核心，真正促进学生和教师的发展和进步。美国教育管理学界著名学者墨菲明确提出要重塑教育领导。他以三个隐喻——“道德的管家”（moral steward）、“教育家”（educator）、“共同体建设者”（community builder）来重新定义“教育领导”。（Murphy，2002）这反映了一种新的趋势和特点，即教育领导研究对核心问题的回归。这意味着在学习共同体里，领导者要确保最大的善（道德）就是从根本上致力于改进教与学，让每一个人获得发展，确保每一个学生都能进行个性化学习。领导者以道德权威为基础，建构学校的共同愿景和理念，聚焦整个教育系统而非单体学校的改进，关怀人的需要与发展，使全体成员基于责任而共谋学校的持续发展。

学校的发展方向、组织定位是校长最先要思考的问题，因为校长最终要为学校负责。在组织层面，校长领导力主要体现在如下方面：凝练学校愿景和核心价值观；明确学校发展目标和战略决策；处理与其他组织的合作关系；重视专业发展和教学改进；提供技术支持和资源保障；与家长、上级行政部门、社区、其他学校的沟通与合作；构建具有学校特色的、合作的、信任的文化。校长在团队层面的领导力要重视积极主动调整学校组织结构，以保障学校内部各团队的协调运转和功能的良好实现；积极协调学校内部人际合作，有效解决矛盾，创设良好的人际关系氛围；打造强有力的、分工明确的学校领导集体，建立沟通领导机制。在二元层面，校长要重视沟通，这种沟通不仅是琐碎的信息或事务，更多的是与愿景和学校发展相关的；激励教师和行政人员对工作的投入，提升其责任心、创造力和学校的凝聚力；鼓励教师和行政人员参与学校决策，这种鼓励不是随意的，而是长期的、规范的、制度化的；向教师和行政人员授权，建立一个更广泛的权力基础；提升教师、行政人员和学生的能力；与学生沟通理想、信念，以语言和行为给学生良好的引领。

学校在组织场域变革的过程中该朝着哪个方向发展？什么样的学校是好学校？我们不断推动变革的最终目标是什么？这是每位校长必须要思考

也必须要解决的问题，是学校发展的价值观。凝练价值涉及校长的道德责任。学校的一切，诸如投入、过程和产品，不仅是可测量的，而且应该是有价值涉入的。作为教育领导者，校长必须集中关注教育的目的和目标，否则就会出现“管理主义”的危险。这种情况并不少见，常常有很多校长处在一个割裂的世界中，在这个世界里，愿景和目标被保持秩序和控制的需求替代，校长主要的任务不是践行愿景，制定好的决策和战略，而是如何管理，让外界认为学校组织处于正确的方向和秩序中。

那么，在多样性的环境中，校长需要塑造什么样的价值呢？首先，校长要有一个核心的信念，即确信学生不管何种背景都可以获得成功，由此对学生和教师都充满高的期待。其次，共享的价值。学生的成功不再仅仅是单个老师的责任，也不是单个学校的责任，而是组织场域中所有人的责任。一个教师的成功不再仅仅是这个教师和校长间的事情，这个教师的同事们也应该负有帮助他获得成功的责任，形成一个真正包容、平等的共同体。学校里的所有成员都真诚地保护和热爱所有孩子，向不道德的实践发起挑战，“尤其是教育机构中根深蒂固的不平等的范式”（Duignan，2006）。最后，学校发展不可全盘复制，必须是基于当时当地的学校背景、现实需求、发展定位来思考、计划并践行的。优秀校长都认为学校领导者实质上是“价值观携带者”，学校改进不是一门技术科学，学校改进是一个过程，是去寻求最佳体现特定学校的工作实践的特定教育价值观。

在这一过程中，校长的系统领导可以体现在：在充满挑战的情境中领导和改进学校；与其他面临困难的学校结为伙伴，促其提高；领导一个成功的学校发展协作团体；与中小学、高校、社区以及其他兴趣相近的专业团体协作，增加包括课程在内的资源共享，共同谋划发展前景并创造优良的实践。这个过程与校长领导能力的提升是相互促进的。这些教育领导者具有这样的胸怀：他们愿意承担更为宽广的领导职责，就像关心自己学校的成功一样，关心并为其他学校的成功服务。（Hopkins，2010）[166]

2. 行政人员领导力

现有研究已经取得了共识，即学校领导力分布于学校组织内所有成员身上，而非仅局限于校长或经过正式任命的领导者中。当然，分布式领导需要机制的保障。伴随着学校变革的推进和学校内部领导、管理活动的调整，组织机构、制度、机制的变革是必然的，机制泛指一个工作系统的组织或部分之间相互作用的过程与方式。机制的实质，是在动态中呈现和保持某种带规律性的稳定与平衡。（杨小微，2004）[200]学校领导机制的构建有助于在动态变化中把握静态平衡，保证学校领导力的实施更加规范、广泛、长效和持续。

在我国大部分中小学校里，行政人员主要包括学校副校级干部及职能部门的负责人及工作人员。这个群体是保障学校各机构顺畅运转的中坚力量，尤其是在学校组织场域变革的背景下，行政人员有了比之前更多的机会与其他学校组织合作。此时，行政人员领导力的提升尤为重要。

行政人员在组织层面的领导力包括：参与学校领导；协助校长、动员教师凝练学校愿景，发展学校目标；执行并带领教师一起讨论、反思学校决策；成为本部门的领导者，明确自身工作定位，并将之与学校核心精神统一起来；建立全校一体的氛围和归属感；协助资源开发及管理；为学生成长和教师专业发展服务。行政人员在团队层面的领导力包括：创造合作的机会和氛围，重视团队精神的培育；根据功能需求协助调整学校组织结构；鼓励学校内非正式组织的发育；与其他校内外部门良好合作；善于解决内部冲突，明确分工；提升所在团队的效能；与教师、学生等组成临时的项目团队；发展和谐的人际关系；建立学生干部团队。行政人员在二元层面的领导力包括：积极主动给予校长反馈和建议；与同事互助，共同发展；学会授权；与教师良好沟通；正确评价同事、学生；协助培养全面发展的学生。

3. 教师领导力

教师的领导实践正在日益受到重视。根据司瓦等人（Silva et al., 2000）的观点，可以把教师领导的演变分成三个浪潮。第一个浪潮是教师承担领导者的身份，如承担行政人员的角色，关注点在于学校组织的运作和效率；第二个浪潮是让优秀教师承担课程领导的角色，这也是校本课程发展的要求；第三个浪潮认为教师是学校的中坚力量，教师的发展更多的是依靠学校内教师文化的发展。学校全体教师都需要成为领袖去推进教育变革。

在学校发展过程中，教师早已不是默默无闻的旁观者或斤斤计较的投入者，而是推动学校变革发展的主要力量。因此，教师要关注学校发展变革的方向，积极参与学校领导；以专业发展引领学校变革；扎实专业知识，改善教学表现，提升学校核心竞争力；自下而上表达愿景，推动学校愿景的形成；参与制定、评价、反馈学校决策；建立全校一体的氛围和归属感；进行课程领导和提供资源。在学校内创建学习共同体，如读书会、沙龙、专家工作室等；形成有归属感的教师团队，相互合作、分享、信任；与行政人员、学生等组成临时的项目团队；构建有凝聚力的班集体，为学生发展创设良好的班级环境；帮助建立学生兴趣小组；有效解决内部矛盾。教师主动向校长提供专业建议，并对学校领导集体的决策给予积极的评价和反馈；同事间互助，开展课堂观摩、集体备课、课程设置等；老教师要积极参与新教师的聘任和培训工作；形成良好的师生关系；激励学生学习，教学过程中与学生有效沟通；与学生家长就学生成长、学校发展等问题进行良好沟通；正确评价同事、学生。

学校组织领导力的终极目标是在学校范围内构建可持续发展的领导力。哈格里夫斯（2008）等学者在研究中明确了可持续领导力的作用，即可持续领导力创造并保护可持续的学习；可持续领导力是延续性的；可持续领导力是维护他人的多层面的领导力；可持续领导力体现社会公平；可持续领导力是创造丰富资源的；可持续领导力形成环境的多样性和包容性；可持续领导力有助于积极融入周围环境；可持续领导力是有警觉性的，它随时监控环境；可持续领导力有助于尊重过去并在过去的基础上创造更好的未来；可持续领导力等待满意的而不是暂时的结果。

四、组织结构——组织形式多元化

学校作为公共部门的一个重要组成部分，其管理机制和运行模式形成于计划经济时代，按科层制原则进行运作。科层制度的主要功绩是它的技术性效率，这种效率是通过重视精确、专家控制、连续性、处理权限和对投入的最适宜的回报来体现的。科层组织的结构完全排除了各种人格化的关系和非理性的需要，在这种组织结构中，学校的各个组成部分按照传统的职能部门分布，学校管理层的管理效率较低，跨部门的合作较难，校长命令链长且缓慢，教学资源开发的质量不高，且资源形式单一。尤其是近年来，我国中小学规模不断扩大，造成学校科层化特征明显加剧，权力过分集中，大量人力、物力用于非教学科研性的事务；因为管理方式单一，教学资源也被条块分割，导致部门间的阻滞和封闭，资源利用率低。

组织结构是指组织内部各个职位、部门之间正式规定的、比较稳定的相互关系形式，是在组织中互相协调的体系，它包括工作说明、规定和协调程序，以及相应的管理角色。组织中的人组成各个层次，组织结构中不同位置的人表现出不同的行为。组织变革的重要方面就是通过对组织结构的调整，实现组织管理幅度与层级的变化，达到优化组合组织结构的目的。事实上，组织结构的变革在情境下从属于领导的范畴，但因为学校组织场域变革涉及的组织结构变革比较突出，所以专门把它拿出来讨论。

组织结构决定人们惯常的行为方式，而人们惯常的行为方式反过来形成组织的结构或对组织进行重构。（Sewell et al.，1992）组织结构是在相互作用过程中不断形成并得以重新创造，同时反过来影响相互作用的一种复杂的控制媒介；它由相互作用形成，同时也推动了相互作用的变化。（Ranson et al.，1980）托马斯·格林菲尔德等人（Greenfield et al.，1993）认为，人们并非存在于组织之中，相反，是组织存在于个体之中并通过个体而存在。人总是主动、积极地构建着他所生存的组织管理世界，也在不断地改变着他所创造的组织管理世界。这与我国学者叶澜教授的研究不谋而合。叶澜教授早在20世纪80年代末就已经提出，从形成的角度看，与自然系统不同，教育系统是功能选择在先，结构形成在后，因此在教育系统内，是功能决定结构。由此，伴随着学校变革的推进和学校内部领导、管理活动的调整，组织机构、制度、机制的变革是必然的，这反过来会更有利于学校功能的实现。

（一）组织结构调整的依据

从具体分析和研究的角度看，组织结构应该包括三个核心内容，即组织结构的复杂性、规范性和其集权性与分权性。（齐振宏，2002）

组织结构的复杂性是指组织结构内各要素之间的差异性，它是指组织任务分工的层次、细致程度。组织的复杂度一般包括垂直分化、水平分化、空间分化三个表现形式。垂直分化是指组织层级的深度或阶数。垂直分化确立了组织的等级结构和组织中的层次数，它是依据对各种不同职位的作用的具体而明确的规定建立起来的，而且不同层次的地位差异是很明显的，从最高指挥层到最低作业层之间的层级越多，结构就越复杂。水平分化是指职能部门横向分工的细致程度。水平分工越多，表明组织越需要各种专业知识与技能的人才。空间分化指组织的实体设施在地区上的分散程度。当空间分化度增大时，组织各部门之间沟通、协调、控制的难度就加大，如跨国公司，空间分化极高，结构就非常复杂。

组织结构的规范性是指使用规则和标准处理方式以规范工作行为的程度。越是规范化的工作，从事该工作的员工就越明确该做什么，怎么做，员工自己做主的余地就越小。组织的规范通常以书面形式明确下来，员工必须去了解和遵守。规范化通常可以使组织能有序、有效地运转，但太强调规范化就会使员工感到束缚手脚，降低员工从事其他工作的可能性，甚至扼杀员工的创造性，这无疑会影响到员工对工作的态度和满意度。

组织结构的集权性与分权性是指决策权的集中程度。不同组织权力分配方式不同，有的采用高度集权制，领导者决定一切，其他人只是服从命令。这种高度集权制往往决策效率高，但决策风险大，下属因没有参与权，常常有不满情绪，并且容易滋生对组织决策漠不关心的习惯；有的组织则将权力分散到各个职能部门经理。这种分权制有利于调动部门经理参与的积极性，使决策更科学。

我国学校长期以来沿袭了韦伯的科层制模式，科层制的学校组织模式造成学校组织相对僵化，组织观念较为封闭，信息沟通不畅，组织文化淡漠，各部门封闭分割、各自为政，缺乏团队协作和部门之间的系统协同，组织结构过分刚性，且运行机制僵化，对环境的适应能力较差，一般靠粗放式的组织管理方式来回应社会变革。学校组织场域变革涉及两个层面：一个是在建立现代学校制度背景下的学校内部治理结构的变革，另一个是场域变革后新生成的组织形态的结构调整。在以科层制为主要特征的学校系统内和学校系统间根据新的功能调整组织结构，是一个非常有价值的视角。

（二）组织结构调整的路径

组织结构是一个组织内部各构成部分之间所确立的关系形式。组织结构是否合理和科学，直接影响到组织能否高效地运转。以教育集团为例。教育集团下有多个学校，其组织结构决定了集团与学校的产权关系和管理关系，进而实质上是影响到学校的办学权问题，影响到学校发展的方方面面。教育集团的组织结构涉及集团的职能分配、任务分工及与此相关的评价、考核和反馈机制等，主要的结构要素有工作专门化、部门化、命令链、控制跨度、集权与分权、正规化等。合理的组织结构能使各职能部门为集团目标的达成很好地分工和协调，通过评价、考核等控制手段及时反馈，保证目标的实现。设计一个富有成效的组织结构时，“要平衡一些由既要秩序又要自由这一基本的组织两难问题导致的相互抵触的力量”（霍伊 等，2007）[81]。很简单，我们建立一个教育集团，其目的一定不是建立一个整齐划一的巨型学校，而是建立一个在统一的办学理念引领下、尊重教育规律、结合集团内每个成员校的特点、具有多样性发展空间的组织，既要保证刚性制度的高效性，同时又要保证集团内学校个体的空间。

具有自组织特征的组织结构其变革通常不是按照预先计划好的设计或在自上而下权力的影响下执行的；相反，它是通过在不同个体或群体之间建立大量、复杂、相互交叉的联系，根据这些联系各自自主地寻求变革的方法。这种变革模式鼓励信息在整个组织的所有部门之间同时传递，因而需要企业建立共享的信息平台或知识平台；变革者的任务是收集能够影响参与者之间传递交换的信息，将组织内部的主体连接到网络中并让其自主适应，促进组织的各个层次之间信息、物质、人员的交流。这一特性为创造性的产生提供了机会。

1. 建立管理者自觉

纯粹的外部管理容易使被管理者陷入被动，整个管理工作难以避免僵化、不合时宜的缺陷；而有效的管理离不开被管理者内部的“管理自觉”。组织结构的调整要建立在这些机构内部的运行机制之上，以它们内部的运行过程为基础，重视自下而上的过程。此时，在组织中建立起能够容纳新思路尤其是优质的、新颖的解决方案的组织气氛十分重要。只有这样，组织成员才敢于发表创新性意见，管理者才有热情去不断探索，打破旧的组织变革行为方式，创造新的变革路径。创新不仅来自态度，也来自能力，因此要重视管理者的学习。这种学习既可以是对当前组织所拥有的知识和能力的进一步开发、转化和运用，也可以是脱离当前组织已有的知识，致力于对全新知识领域的开创，从而获取和吸取新知识。

2. 建立新的内部控制导向

随着组织理论的发展与组织变革的发生，内部控制必须突破其传统的科层控制与以审计为主导的局限，重新认识“人”在内部控制中担当的角色与作用，并构建以知识要素为载体，以持续学习能力的提高为导向的控制模式，提升内部控制对环境反应的灵敏度。（季晓云，2012）传统内部控制与垂直形科层控制构架相适应，其侧重于层级中各环节刚性标准的执行及对职能岗位职权的限制。从纵向层次看，这种基于权力等级设置的控制方式，限制了基层部门及时采取应对措施的权力，冗长的层级又使得拥有决策权力的部门和人员不能及时获得相关信息。从横向关系看，垂直形组织构架基于“劳动分工”而设置，明确的分工极易滋长部门本位主义思想，进而制约部门之间的协调与沟通。而以流程为中心的组织构架，在很大程度上打破了组织内部纵向的权力等级划分和横向的部门壁垒，它侧重于以项目小组或工作团队为单元开展业务活动。纵向的层级精简提升了信息传递的质量，跨越职能部门限制而组建的业务协作小组使得部门边界大为弱化，有利于形成良好的沟通与协调力。所以，以流程为导向的组织结构，充分体现了现代组织理论的核心思想，即组织内部的职能结构、权责结构的设置，必须以组织的整体效率为核心，突破传统内部控制固守标准及强调执行的学习模式，促使员工明确控制活动不是机械地执行程序，而是不断地反思、改进、优化，实现内部控制从“强制性控制”向“自觉式控制”的转变。

3. 激发场域行动者能动性，实现协作

学校组织场域变革中的行动者包含中小学、大学、科研院所、教育行政部门、社区相关人员及家长群体，有关教育行政部门在前文政校关系中已经谈及，本部分将基于中小学校、大学及科研院所等专业机构相关人员和家长几类行动者，提出组织结构调整的建议。

组织，作为一种行动领域，对行动者既进行种种限制，同时也为行动者提供诸多机遇。行动者在参与完成组织的共同目标时，也在利用组织提供的机遇和条件，最大限度地获取权力，获取优势地位，调动可供使用的资源，进而获得其希望的收益。（张月等，2008）解决共同的问题，实现共同的利益目标，需要行动者紧密联合，高度合作。这种合作是一种分工——协作，协作体现的是集体联合的力量，而分工显示的是个人的能力与专长。由于在合作的过程中，每一个行动者所拥有抑或能够动用的资源不一样，彼此各有专长，所发挥的作用各异，因而其所处的地位就不相同——有的处于重要的地位，有的则处于相对次要的地位。地位的不同显示出其彼此重要性的差异，使之拥有不同的权力，令其处于不均衡因而也是不平等的关系之中。这种不平等关系不仅表现在分工与协作的过程之中，也体现在达成共同利益目标之后利益的分配环节之中。（费埃德伯格，2008）[8]如何实现不同场域行动者在价值共识基础上的协作，并通过制度建设和组织结构调整来实现保障？这是值得深入研究的。

组织场域与多元行动者之间是共生关系，行动者的行动与组织同时出现，组织既不是一种自发的产物，也不是一种先在的设计和筹划的关系系统，而是一种刻意的适时建构，由于共同利益的存在，有着共同的利益目标，人们才进行这种人为的建构，建立起合作关系，利用集体的力量，来解决共同面对的问题，实现共同的利益目标。当然，多元主体也期待在实现共同目标的同时，通过组织来实现自己的利益目标。前文已经谈及，学校是学校组织场域变革的有机主体，专业机构是学校组织场域变革的专业支持者，家长是学校组织变革的需求者与合作者，不同行动主体有各自不同的利益诉求和资源类型。这些行动者并非是消极的顺应者与遵从者，并非只是受利益动机驱使的行动单元，不仅仅是制度环境塑造的对象与规则的顺应者，他们更是组织的建构者、积极的行动者，是能动的、自由的。（费埃德伯格，2008）[8-10]行动者能动作用的发挥不仅取决于能力的强弱，而且还受到其所拥有资源的影响。资源是结构得以存在和运行的基础和载体，行动者会对资源进行重组，使他们对于资源的利用得以优化并充分发挥资源效益，从而更好地推进学校组织场域变革。能力与资源紧密相连，资源的配置、获得、开发和利用表现出行动者能力的高低。改革的结果如何，与行动者能动性紧密相关。

（三）多元化组织形式的出现与项目管理

伴随着工业 4.0 时代的来临，组织形式面临着巨大的挑战。传统的组织思维模式是直线式的，知识和信息的属性改变了组织传统的线性成长方式，非线性的跳跃式成长成为组织与环境变化的主流。以指数方式增长的人类知识和智慧开发加快了时空压缩速度，使得程式化的、机械式的、线性的组织设计不再有效。新型管理模式要求管理者把直线的思维方式转变到非线性的思维方式上来。行政组织应进一步打破其封闭，开放信息，开放资源，并保持与社会的良性互动；业务变化以及相关的信息系统都要以能适应和支持开放性和交互性为性能衡量指标。这样的好处是能促进知识交汇，同时也促进知识创新。

学校组织结构在创立和调整的过程中，必须改变以往的以“集中统一”为中心，而应以“满足新需求”为中心（顾志红，2008），创设一种能够迅速集中全体人员技术和决策来完成新任务的弹性的、具有可塑性的组织。这种弹性表现在三个方面：第一，该组织具有广泛的内部联络能力，能通过在各部门建立小组而自行重塑，并能够协调各小组的合作。第二，该组织还能随时建立外部合作关系以保证其获取自身没有的能力。这类组织变革的主要目的是提高组织的能力，增强组织的弹性，以应付环境变化所造成的冲击。适应组织所处环境的快速变化，要求组织具有更大的灵活性，并大大提高组织整体的综合效能。第三，必须打破传统的严格的部门分工界限，实行职能的重新组合，让组织内部的每一有机体都有独立履行职责的权力，而不必层层指示。为实现某一特定目标和任务，实现职能的重新组合，要建立跨职能的机动团队，以增强组织的活力、效能与系统整体实力。

并不是所有的组织形式都适合于学校，因为学校更需要组织成员的价值认同、忠诚和稳定性。在学校组织场域变革的过程中，伴随着跨组织间多重任务的挑战，项目管理的优势展现了出来。

在学校组织场域变革的情境下，可以充分利用项目管理的模式。项目的基本特征表现在：它有一个明确的目标，每一个项目都是一个特定的项目产品，是为一个明确的目标而成立的；项目是由一系列互相关联的任务所构成的；所有的项目都具有有限的资源。学校项目管理就是通过组建一个临时性的、专门的、柔性组织，对学校项目进行高效率的计划、组织、指导和控制，从而促成学校项目全过程的动态管理和学校项目目标的协调与实现。其主要特征表现为以项目为组织单元，围绕项目需求来组织各项资源，促进学校组织的沟通和协调，从而有效避免了资源的闲置和浪费。

在学校组织场域内，项目管理一般由多个部分组成，工作跨越学校内外多个组织，需要将具有不同经历，来自不同组织的教职员工有机地组织在一个临时性的组织内，在技术性能、成本、进度等较为严格的约束条件下实现项目目标，这些因素都决定了学校项目管理是一项具有资源整合性的活动。学校项目管理打破原有的学校管理边界，以项目为中心整合所需的人力及物质资本，促进了学校资源的优化。

项目进行过程中可能出现的各种问题多半是贯穿于各组织部门的，它们要求这些不同的部门做出迅速而且相互关联、相互依存的反应。学校项目管理一般是采用矩阵形的组织结构，与传统的直线职能结构相比，矩阵形的组织结构根据项目生命周期各个阶段的具体需要，适时地调整组织的配置和采用非正式的项目管理模式，以保障学校工作的高效、经济运行。矩阵形的组织结构有利于组织各部分的协调与控制，提高了组织灵活性和效率，密切了上下级的关系，改善和加强了纵向沟通，使校长和老师的接触增多，感情加深，共识增多，更加容易达成默契和协调。

项目管理是一个系统工程，其中，项目计划是起点——当然，项目计划的完成，并非项目计划过程的终结而只是一个阶段性成果，还应当把学校项目的计划置于变更控制之下，在项目的执行过程中，应根据不断变化的情况，做出及时的修订，以保证计划的有效性和权威性。在整个项目生命周期内，项目计划过程与项目综合变更控制是一个多次循环往复的过程。在项目推进的过程中，还要进行进度管理，进度管理就是采用科学的方法确定进度目标，编制进度计划，配置相应资源，对项目进度进行管理和控制。同时，还要进行项目的风险控制。风险控制的作用是将项目发生不良后果的可能性减小到最小，通过对风险的影响做出结合实际的评估，从而减少学校的资源浪费。项目风险管理要始终贯穿学校项目的整个过程，通过主动、系统地对项目风险进行全过程的管理，达到减少项目风险损失，提高学校管理的质量，减少项目的时间和成本的目的。

五、依托文化——从冲突走向共识

目前，在资源配置层面，以北京市为例，除了硬件建设的成效以外，干部教师在学校管理、教育教学、科研及专业发展等层面的交流合作也取得了实质性的进展。但基于调研和访谈，笔者发现，基于一体化、集团化、学校联盟等学校组织形态变革情况下，两校或多校教师在流动或轮岗时发生的文化冲突问题已经成为主要问题。

如果依据斯科特的划分方式来探讨的话，推动教育资源优质均衡发展的大多举措都是以政策和法律等规制性制度资源作为保障和来源的，这是基础，然而仅仅有物质保障并不足够，行政命令（规制性）也是必需的，同时还需要文化性系统和规范性系统的支持。当行动者处于更加共同的社会制度和文化氛围之中时，影响更容易产生。

学校文化从某种程度上说是学校教育生活，文化影响到教师和学生学校教育生活的各个方面。以教育集团的建设与发展为例，在学校独立办学发展的组织形态逐渐遇到挑战时，文化冲突变成非常现实的问题，这一过程必然会涉及强势文化与弱势文化的冲突，同一性与多样性的博弈，外部文化与内生文化的交融。什么是文化冲突？在推动教育资源优质均衡发展的过程中，教师文化冲突体现了哪些特点？它可以划分为哪些模式？该如何处理文化冲突，使文化为发展助力？

（一）文化冲突：是什么及为什么

1. 内涵阐释

文化的内涵非常广泛，诸如“做事情的方式”“在没人看着的时候组织运作的方式”“文化之于组织就像个性之于个体”“价值、规范、信仰和惯习”等，是一个机构的控制机制，非正式地告诉大家鼓励什么反对什么。从广义上讲，学校文化涉及学校教育生活的方方面面，物质、行为、制度及精神几个层面的划分也为大家所熟知。但在本书中，为了更清楚地说明问题，这里所讲的文化主要指价值观、信念、取向以及态度，更偏重价值观层面的理解，即对于“什么是对的”的判断。“什么是对的？怎样做事是对的？什么样的制度是好的？”……，这些往往是一个组织中最深层次的、无意识的部分，不容易被注意到，隐含了某种程度的稳定性。

每个组织都有各自的使命，将此作为文化的一部分来加以确定。每个群体在解决其外部适应性问题以及内部整合问题时都会习得一种共享的基本假设模式（沙因，2014）[16]，它规定人们应重视什么及他们可能为何而产生冲突，指明在各种冲突中应如何表现。生活在组织中的每个人、每个相对有边界的组织或团队都形成了相对稳定的做事的方法与理解范式，当学校组织的边界被打破或因为组织变革产生组织间互动时，必然会发生资源、结构、利益、人际、文化等多重冲突。本书重点讨论以价值观、信念及态度为核心指向的文化冲突，主要涉及两个方面，即“什么是对的”以及“该如何做事”。

冲突是一个非常重要的概念，尤其是因为其“不可回避性”及可能存在的“创造性”而更值得关注。冲突是一种相互对立的互动行为模式，其产生的根源在于个人或团体间的利益、意见或态度方面的对立和分歧。综观并分析研究者对冲突的界定，我们发现，一类界定以利益分歧为关注焦点，如马克与斯奈德认为，冲突产生于资源匮乏且零和的情境中，即一方得益就会引起另一方损失的情境。而另一类界定以价值观分歧为关注焦点。如伯纳德认为：“当人类所追求的目标、目的或价值观互不相容或互相排斥时，冲突就会产生。”（罗斯，2013）[15]利益分歧指代的是“谁的”，价值观分歧指代的是“什么是对的”，两者构成冲突的两大体系。已有研究者对基于结构因素和利益分歧产生的冲突研究较多，化解冲突的着力点主要放在资源配置与结构调整以及对利益的重新分配上，对价值观分歧所引发的冲突关注较少。我们在讨论冲突时，通常更关注结构因素所引起的利益分歧带来的冲突。（罗斯，2013）[2] 事实上，参与者的解读对于确定冲突是否扩大以及能否得到建设性的化解，具有同样的重要性。

这里所谈的文化冲突重点关注二元冲突，即发生在北京市以推动教育优质均衡发展为目的而进行的教师轮岗与流动过程中不同教师群体间的冲突。在基本的物质资源、硬件条件已经实现较高水平的均衡甚至出现城乡倒挂的情形后，干部、教师等“软件”成为推动教育资源优质均衡的关键命题。从北京市到各区县，都制定了相应的刚性制度保障，激励干部教师在校际的流动，从而保证薄弱学校获得真正的发展动力。当这种流动开始后，两个教师群体间的文化冲突发生了。调查发现，这种冲突大部分来源于价值认知。在行政推动产生合作关系的两所学校中，因为其合作初始的动力来源于实现均衡，所以通常有一所学校相对处于核心地位，而另一所处于边缘地位，前者比后者有更高的话语权，而且他们因为学校的相对优质性，所以优越感较强，能够规定团体的生活方式和身份规范，并且决定多数处于边缘地位成员的行为和地位。“处于边缘地位的成员只能遵守这些规范和生活方式，其地位依赖于核心成员的判决”（霍珀，2009），尤其是当处于边缘地位的成员校中已经形成了相对稳定的价值观与生活方式，而来自核心学校的教师又占据了相对“优越”的地位力图进行改变时，这种冲突表现会更明显。

一个已经形成某种超稳定文化的组织，因为推动教育优质均衡带来的组织变革，接受外来文化的冲击，产生文化的碰撞，进入非常规期和裂变期。这种文化冲突主要是指不同的文化范式在相互依存、相互碰撞的过程中，或某一文化范式由一个阶段发展到另一个阶段时，因价值观念、思维方式、行为规范等差异而导致的互相对立、互相排斥，甚至相互对抗的现象和过程。其实质是文化主体之间价值观的冲突。当然，文化认同不等于文化沙文主义。以集团化为例，集团化的过程是使每个成员产生身份认同，“而不是让个体成为集团的一部分时‘牺牲’个体的部分特性”（罗斯，2013）[17]。

2. 案例揭示：研究文化冲突的价值

“老师间的差别最主要的不是在怎么上课上，而是在更深层次的理念上。我们本校在培养学生的过程中，除了国家课程以外，还做了很多拓展。比如我们有热点社会问题调研，由学生自主选题后分组调研，调研结束后编成短剧在学校展演。这在本校实施近十年效果非常好，学生收获也很大。轮岗交流的老师把这类课程拿到分校以后，主要的障碍不在学生，而在老师。学生们很感兴趣，也很投入，但老师们就觉得非常辛苦，他们已经习惯了到点上班到点下班，类似于这样的活动他们认为不是自己的分内事，于是出现了很多怨言，如一个学期把二十年的活儿都干了之类的，即使看到了学生的收获后他们也没有觉得非常有成就感，而是觉得自己太辛苦……"①

上文案例来自调研中对一个从相对优质的校区到相对薄弱的校区轮岗的教师访谈，从案例中我们可以看到，两个教师群体间的冲突重点不在于谁获得的利益更多，而是对于"在一个学校中教师如何做是正确的"的判断。类似这样的案例有很多，如"学校的行政会到底该怎么开？""当遇到不一致意见时是正面沟通还是私下寻求第三方支持？""是否该尊重学生在学习过程中的自主性？""教师间到底是合作关系还是竞争关系？""我为什么留作业？"等，关于一些最基本问题的认识冲突，这种冲突是一体化、集权化等推动教育优质均衡发展过程中教师间的主要冲突之一。

这种冲突的聚焦点不在于争夺利益和资源，而是围绕两个层次展开，即"什么是对的"以及"该如何做事"。"什么是对的"主要涉及价值观问题，"该如何做事"即行事范式和标准。调研发现，在相对优质的学校和相对薄弱的学校的教师群体间，对于这些问题的看法是有差异的，这就是本书关注的文化冲突的核心框架。

（二）教师间文化冲突的分析框架及类型

教师间的冲突是比较普遍的现象，比如在同一学校内部教师间会出现冲突，在学校合并、改建、更换领导等情况下也会出现教师间的冲突。本书关注的教师冲突与学校组织形态的变革紧密相关，即在目前北京推动教育优质均衡发展的背景下，采取的集团化发展、学区制发展、一体化发

① 资料来自"城乡学校一体化管理改革试验研究"课题组的访谈。

展、联盟式发展等举措引发了单一学校组织形态的变革，学校间边界被打破，资源配置方式更加灵活，校际或者说同一学校不同校区间教师群体的周期性轮岗更加频繁，不同教师群体间的文化冲突问题不容忽视。文化冲突直接受到学校组织变革的影响，依据调研及前文对文化冲突内涵的分析，笔者构建了教师间文化冲突的分析框架。一个维度是不同学校组织间的集权化程度，另一个维度为教师间文化冲突的水平。（见图 4-1）

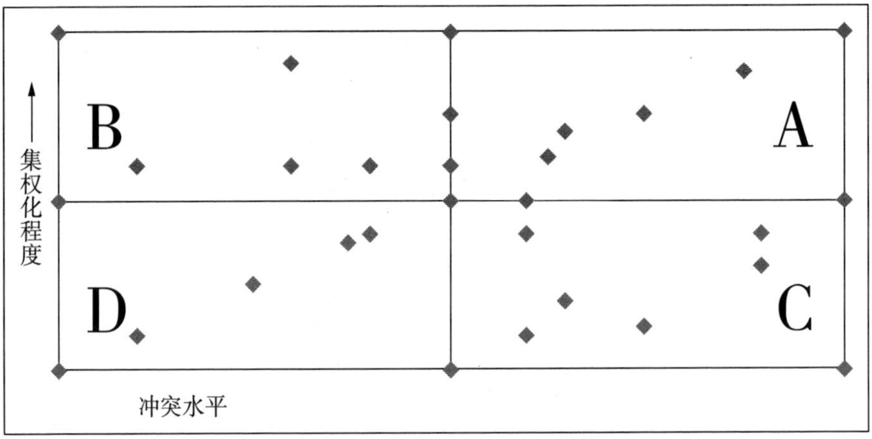

图 4-1　教师间文化冲突的分析框架

集权化程度是依照合作学校间权力分配方式的不同来划分的。从目前北京市推动基础教育优质均衡发展的路径来看，大致可分为名校办分校、城乡学校一体化、集团化办学、集群式办学、学区制改革、联盟式办学等，不同路径其背后的制度设计各有差异，学校间组织关系、权力分配方式各不相同。集权化程度较高的一般出现在名校办分校、城乡学校一体化及部分集团化办学中。在这类改革中，一般由核心校校长担任几个学校法人，成立了超组织性的权威机构，有明确的章程和制度，从系统化视角设计与推动合作学校的整体发展，统一制定用于指导和规范成员校办学行为的纲领性文件，既从发展愿景与理念层面，也从人事、教育教学、后勤、学生管理等方面对各成员校的责、权、利进行规约，明确办学理念、发展目标、管理体制等，制定统一的质量标准和考核方式，对教育教学活动、教师专业成长实施有组织、有计划、有目的的评估和督查。集权化程度较低的一般出现在集群式办学、联盟式办学、学区制改革和部分集团化办学中。此时虽然学校间已明确了彼此的合作关系，而且很可能已经成立了超组织性的权威机构来设计和推动整体性发展，核心校与成员校有系统发展的意识和视角，有专门而明确的契约与章程，可以依照契约共享品牌和教育资源，协同开展教学研究和课题研究，实现优势互补，但成员校仍保有一定程度的自主权，有决定如何参与，参与什么，参与到什么程度的自由选择空间，它们可以是同一法人，也可能是不同法人。需要强调的一点是，集权化程度高低并不必然代表优劣，因为发生合作关系的学校前期情况不同、需求不同，所以权力分配方式必然存在差异。

冲突水平是框架划分的另一个维度。冲突是客观存在的，并不会因为刻意回避而消失。冲突是动态的，有助于孕育变革，处理得当在一定程度上可以防止不成熟的群体决策，有可能达成更高水平的共识。冲突如果一致且处于较高的水平，则会影响组织目标的实现。

由此，教师间文化冲突可以划分为强集权化-强冲突、强集权化-弱冲突、弱集权化-强冲突、弱集权化-弱冲突四个类型。

1. 强集权化-强冲突类型

强集权化-强冲突类型一般出现在通过自上而下的行政命令以期实现组织变革并提升薄弱学校效能的场域中，强调规则、路线、层级制和专业官僚制，刚性因素占据主流，柔性因素较少。因为要求在短期内实现权力的统一性，通常会按照核心校或优质校的规章制度进行规约，制定统一的质量标准和考核方式，追求薄弱学校与优质学校建立有效的组织结构、清晰的信息链、完善的制度章程，实现统一的品牌效应，因而教师间冲突比较明显和激烈。在激烈的冲突发生过程中，优质学校群体的教师容易以“我们坚持的是对的，你们需要听我们的”及“我们做事的方式获得了成功，所以你们需要按照我们的方式来”自居，而相对薄弱的学校会认为“你们的成功是因为资源好政策好，我们几十年的做法才是适合自己的”“我们已经很努力地做事”来反驳。

在一次针对几个从相对优质的学校轮岗到相对薄弱的学校的教师的访

谈中，有老师谈道："我们虽然都在学校里，都在做教育工作，但真的花的心思不一样，标准也有很大差距。不得不说我们的做法更有品质。这儿的（指相对薄弱的校区）老师常常在办公室里吃零食、聊天，不在工作状态，也影响我们。后来我们主动跟轮岗到这边的执行校长要求将办公室放在教室——惹不起躲得起。"这种回避冲突的行为实际上无助于冲突的解决。

2. **强集权化-弱冲突类型**

这种模式是强集权化改革中比较理想的状态。强集权化意味着增强控制，强调通过学校组织结构、管理行为等方面的自上而下的推动实现一体化、集群化、集团化。在自上而下的驱动及刚性制度控制的同时，因为重视文化引领和柔性因素的作用，教师群体间在"什么是对的"以及"该如何做事"两方面达成了较多共识和认同，冲突水平较低。

这种模式并非在组织变革之初就能避免冲突，而是领导者充分重视价值认同、文化引领的作用，抓住冲突可能存在的积极作用以及其反映出的问题，结合具体情境设计、创造并发展文化，为新的组织成员群体提供结构和意义。这种文化不是直接植入或复制优质学校已有的内容，并不会让组织成员尤其是原薄弱学校的教师群体认为"优质学校的文化一定是好的，我们的文化是一文不值的"，而是基于新的群体的特征有自上而下的顶层设计及自下而上的反馈，重视生成性和独特性，形成新的组织的话语体系及行事方式，尊重差异，充分包容，将冲突中的"问题点"转化为组织发展的"生长点"。"什么是对的"与"该如何做事"两者是互补的，缺一不可，它们分别回应了理念体系与实践体系的一体性。目前在一些学校中呈现的问题是理念不缺，但是无法落地。

3. **弱集权化-强冲突类型**

在北京市推动优质教育资源均衡发展的过程中，学校辐射面较大，涉及多种不同的情况，尤其是按照现有的学校管理体制机制，已有学校间的关系不可能都实现高度的集权化，这不符合现实的需求。因此，很多学校间的关系并没有从权力体制的角度入手，学校间的关系相对仍比较独立，在具体的权力分配与资源配置上没有刚性规定，学校间的关系呈现"松散联盟”的特征。这样的关系形态存在的普遍性甚至多于集权性高的形态。“弱集权化-强冲突”通常指在集权化程度不高的学校组织关系中冲突水平较高的模式。学校间的合作关系主要集中在某些具体而特定的事务与范畴内，学校间的法人关系、权力关系相对独立，人、财、物的使用独立，各自保有一定的自主权，学校及不同校区没有明确的权力隶属关系，合作关系常常聚焦于共享资源、课程开发、教师专业发展、教学研究和课题研究等，欠缺制度化的设计保障，也很少对组织机构产生实质影响。在这一过程中，参与交流的不同教师群体间对“什么是对的”及“该如何做事”的共识度较低，冲突激烈。“这个学校整天开会，效率很低。”“来交流的老师根本没法带班，他们带一个学期的班三年都改不过来。”“别看他原来学校的成绩好，那是因为生源好，碰到我们这样的生源，教的还不如我们的老师。”“跟我们学校合作的这些老师想的不是有了更好的空间和发展平台，而是觉得自己像亡国奴，这就是他们的价值观。”教师群体双方不能转换角色互相理解或者以建设的思路看待合作；同时因为“松散联盟”的特征，一直陷于冲突的泥沼中无法自拔。

4. 弱集权化-弱冲突类型

在此模式中，学校间关系变革的动力既可能是自上而下的行政驱动，也可能是自下而上的需求诱致，部分学校可能已经具备前期的合作基础。组织间关系变革的重点不是权力的重新分配，学校间的关系相对仍比较独立，“松散联盟”的特征鲜明，这种类型常常更多出现在城乡学校一体化发展的改建校、教育集群化发展、联盟式发展、部分集团化发展的学校形态中。因为在学校组织变革的过程中，组织间双方获利特征明显，相互需求突出，所以更有可能在组织发展的核心价值观和主要任务方面达成深度共识，让人成为组织关注的焦点，管理者关心教师的士气、凝聚力和组织认同，通过柔性的方式及充分沟通和有共识的行动，组织氛围更为合作、友好与包容，教师群体间冲突水平较低。

在调研中我们看到，在一个教育联盟建设的案例中，一个来自相对薄弱学校的轮岗教师在资源输出校带班上课遭到了学生和家长的抵制，管理者在解决问题时看到的不是教学水平和手段上的差距，而是其背后的价值观不同。于是管理者带领团队与相对薄弱学校的校长和教师们做了前期沟通，并在优质校和薄弱校都进行了教育理念大讨论——先弄明白“为什么”，然后再去讨论“怎么做”。来自优质校的教师到相对薄弱的学校后也会面临水土不服、成就感不足的问题，深度沟通让他们更深刻地重塑了教育观，尊重教育规律和学生成长规律，一切行为都直接指向学生多元化、个性化的成长。

（三）教师文化冲突的解决路径是什么

因为集体存在着共同的目标，所以新组织中的成员具有一种向心的倾向，进而产生一种凝聚力，为达到共同的目标提供了现实的可能性；同时，在追求达到共同目标的同时，组织中的成员都有各不相同的追求和价值取舍，其目标即使不是相互冲突的，也是彼此分异的，因而同时他们又有着一种离心的倾向，彼此之间存在冲突、矛盾并相互疏离，其行动有可能使业已产生的凝聚力遭到消解，令组织变得松散无力，甚至最终解体。向心的取向让行动者凝聚在一起，离心的态势令联合起来的行动者彼此疏离，这种聚合又分离的运动使组织始终处于不断建构与解构的过程之中。（费埃德伯格，2008）[7] 我们要做的，就是尽量减少凝聚力的消解。

1. 转变思维范式

冲突是客观存在的，尤其是来自两个不同组织的教师群体必然会因为“什么是对的”及“该怎样做事”产生分歧。总的来说，可以从两个视角来解释冲突：一个是来源于结构和利益，另一个是来源于文化。前者通常的解决策略是改变激励的方式与报酬分配的方式，而后者提倡的策略是改变冲突背后的隐喻含义或改变冲突各方的解读，两者是互补关系。

冲突之所以愈演愈烈，其中一个主要原因是零和思维，即此消彼长，只能有一方胜出。此时冲突双方是完全对立的，这是来源于结构和利益的冲突方面，因为资源的有限性常常更为明显。但来源于文化的冲突往往更多的是超越零和性，具有创生性的，甚至可以因为重新解读冲突而为结构和利益的冲突提供更好的解决办法。因此，有的冲突确实来源于如何解读，行为常常通过文化被理解。超越零和思维，相互合作，分层次在冲突群体间搭建桥梁，更有助于冲突的化解，可以以关注实质问题而非表面现象，关注长远未来而非眼前利益为指导思想，深度沟通冲突群体内在的诉求目标、价值和假设，实现整合式发展。

当教师群体间出现文化冲突时，要改变优质学校教师文化就是好的、需要遵守的，薄弱学校教师文化就是落伍的、需要改变的这种思维定势。该如何判断什么是对的？什么是好的？我们如何看待文化的多元性？文化上共享的规则可以指导行为，即使在缺乏制度来强迫人们时亦如此。（罗斯，2013）[170]实现群体互动的第一步一定是帮助全体教师思考和表达他们的价值观和信仰，之后再考虑如何将不同教师个体的价值观联系起来，弱化原有的群体界限，发展组织的共享愿景。与结构视角强调理性和客观的特点不同，文化视角强调组织的群体性，能关注到学校组织现象的复杂性和模糊性，有助于增强凝聚力和有意义的沟通。

由于不同的行动者在组织之中所拥有抑或能够动用的资源分布并不均衡，他们在其中所处的地位便不会一样——有的处于优势地位，有的处于劣势地位，在互动与协商的过程之中有着优势与劣势的双方即处于不平等的地位。事实上，优质校的文化不见得就是唯一正确的或者适合所有学校的，但好的文化一定是善于反思的、包容的、鼓励创造的，这种内在属性需要遵从。

2. 引导内部整合

推进教育优质均衡发展的过程中，我们看到，有些教师冲突是在预期中的，因此在前期制度设计时已有所考虑，而有些教师文化冲突是突发的，是推动改革的“上层人士”想当然不会发生的，只能在冲突发生后予以反应。总体而言，应该在组织变革开始后在制度设计上引导内部整合。

要解决“什么是对的”及“该怎样做事”的文化冲突问题，首先要创建共同的语言和概念范畴。如果组织成员不能相互沟通和理解，就很难将他们界定为一个群体。要让来自不同学校的教师群体意识到彼此间不再是“我的学校”和“你的学校”，而是“我们的学校”，形成信任、亲密、友爱的关系。其次要赋予意义，解释不易理解的，以便成员能够对其做出反应，并且避免处理不可解释、不可控制的事件时出现焦虑。

在化解冲突实现内部整合的过程中，原本来自不同群体的教师大概会经历群体形成、群体融合到群体成熟的过程。在最初的群体形成阶段，新群体的每一个成员都纠结于包容、身份认同、权威和亲密关系等个人问题（沙因，2014）[177]，关注新群体对自身角色的定位以及包容和接纳。此时，群体并不是真正意义上的群体，它只不过是个体成员的集合，集合里的每个人都关注如何让环境更安全和获得个人奖励，关注个人感受。

在群体融合阶段，人们开始围绕具体任务和使命熟悉起来，围绕如何做事使个体间有了深入的交流，开始彼此适应，成员之间的差异从不受重视开始变得受到重视，此时最容易出现冲突。在正常的情况下，伴随着不同任务完成的过程，一套共同语言会缓慢地建立起来；随着共同的经历不断增加，情感上的群体感就会越来越强。如果领导者忽视"共同语言"的建立和共识的达成，人际冲突就会明显增加，成员彼此挑战，无法积极善待他人，敌意行为增加，难以维护群体的和谐形象。

如果顺利度过群体融合阶段进入群体成熟阶段，此时每个个体都非常清楚自己是谁，自己在这个群体中是谁，该如何实现发展，关注群体文化的形成。一般而言，处于此阶段的群体不会强迫成员去遵守和建立规范，而是鼓励一定程度的个人主义和个人成长。其前提假设是：如果所有成员都能成长并变得更优秀，群体最终也会受益。许多群体永远都无法到达这一阶段，致使出现这样一种普遍的错误现象——所有的群体都高度要求团结和遵从。由我们的经验可知，高度的顺从压力象征着群体中未解决的问题，其最佳的处理方式就是帮助群体发展到更成熟的彼此接受的阶段，个体差异应该是一种资源而非累赘。这当然是我们期待的学校组织变革达成的阶段。

主要参考文献

中文文献

埃德加·沙因，2014. 组织文化与领导力［M］. 章凯，罗文豪，朱超威，等译. 北京：中国人民大学出版社.

埃哈尔·费埃德伯格，2008. 权力与规则：组织行动的动力［M］. 张月，等译. 上海：格致出版社.

埃米尔·迪尔凯姆，1999. 社会学方法的规则［M］. 胡伟，译. 北京：华夏出版社：5.

艾尔·巴比，2005. 社会研究方法［M］. 邱泽奇，译. 北京：华夏出版社：57.

安东尼·吉登斯，2003. 社会学方法的新规则［M］. 田佑中，刘江涛，译. 北京：社会科学文献出版社：277.

白雪，1997. 成功学校的特色［J］. 世界教育信息，(5)：25-26.

彼得·豪尔，罗斯玛丽·泰勒，2007. 政治科学与三个新制度主义流派［M］. 何俊志，任军锋，朱德米，编译//新制度主义政治学译文精选. 天津：天津人民出版社：46-71.

彼得·圣吉，2018. 第五项修炼：学习型组织的艺术与实务［M］. 张成林，译. 北京：中信出版集团：26.

波·达林，2002. 理论与战略：国际视野中的学校发展［M］. 范国睿，译. 北京：教育科学出版社.

伯顿·克拉克，1994. 高等教育系统：学术组织的跨国研究［M］. 王承绪，等译. 杭州：杭州大学出版社：134.

布赖恩·克里滕登，2009. 父母、国家与教育权［M］. 秦惠民，张东辉，张卫国，译. 北京：教育科学出版社：2.

操太圣，卢乃桂，2006. 挑战、支持与发展：伙伴协作模式下的教师成长［J］. 教育研究，(10)：29-33.

曹堂哲，2010. 公共行政执行的中层理论：政府执行力研究［M］. 北京：光明日报出版社.

陈桂生，2005. 关于办学体制改革问题［J］. 江西教育科研，(2)：3-5.

陈麒，2011. 组织变革困境：成因与对策：文化刚性的观点［J］. 中华文化论坛，(3)：163-168.

陈孝彬，1999. 教育管理学［M］. 北京：北京师范大学出版社：318-319.

陈学军，2008. 新制度主义组织社会学视野下的教育组织研究［J］. 比较教育研究，(7)：22-26.

陈振明，2003. 政策科学：公共政策分析导论［M］. 北京：中国人民大学出版社：485.

褚宏启，2004. 中国教育管理评论（第2卷）［M］. 北京：教育科学出版社：92.

褚宏启，2005. 教育行政专业化与教育行政职能转变［J］. 人民教育，(21)：5-8.

褚宏启，2014. 教育治理：以共治求善治［J］. 教育研究，(10)：4-11.

戴烽，2010. 公共参与：场域视野下的观察［M］. 北京：商务印书馆.

戴维·斯沃茨，2006. 文化与权力：布迪厄的社会学［M］. 陶东风，译. 上海：上海译文出版社：161.

厄尔·霍珀，2009. 工业社会中教育与社会成层、社会流动的关系［M］//张人杰. 国外教育社会学基本文选（修订版）. 上海：华东师范大学：55-75.

范国睿，2006. 从时代需求到战略抉择：社会转型期的学校变革［J］. 教育发展研究，(1)：1-7.

冯大鸣，2004. 美、英、澳教育管理前沿图景［M］. 北京：教育科学出版社：66.

盖伊·彼得斯，2001. 政府未来的治理模式［M］. 吴爱明，夏宏图，译. 北京：中国人民大学出版社.

高天鹏，2010. 基于管理熵的组织变革模型研究［J］. 西南民族大学学报（人文社会科学版），(20)：171-174.

高宣扬，2004. 布迪厄的社会理论［M］. 上海：同济大学出版社.

宫留记，2010. 资本：社会实践工具：布尔迪厄的资本理论［M］. 开封：河南大学出版社：123.

顾志红，2008. 中学的组织结构分析及其文化重构：一个组织社会学的视角［D］. 华东师范大学博士学位论文.

郭建如，2008. 社会学组织分析中的新老制度主义与教育研究［J］. 北京大学教育评论，(3)：136-151.

哈格里夫斯，2008. 可持续变革［M］// 丁钢，黄锦樟. 聆听世界：多元社会中的教育领导. 上海：华东师范大学出版社：3-15.

哈拉尔，1999. 新资本主义［M］. 北京：社会科学文献出版社：194.

海因兹-迪特·迈尔，布莱恩·罗万，2007. 教育中的新制度主义［J］. 北京大学教育评论，(5)：15-25.

何俊志，等，2007. 新制度主义政治学译文精选［M］. 天津：天津人民出版社：3.

HOPKINS D，2010. 让每一所学校成为杰出的学校：实现系统领导的潜力［M］. 鲍道宏，译. 上海：华东师范大学出版社.

黄德平，2004. 教育集团：概况、机制与前景［D］. 上海师范大学硕士学位论文.

黄荣怀，张进宝，胡永斌，等，2012. 智慧校园：数字校园发展的必然趋势［J］. 开放教育研究，(4)：12-17.

吉纳·E. 霍尔，雪莱·M. 霍德，2004. 实施变革：模式、原则与困境［M］. 杭州：浙江教育出版社：15.

季晓云，2012. 组织变革及其对内部控制的新挑战［J］. 商业研究，(7)：98-102.

康永久，2003. 教育制度的生成与变革：新制度教育学论纲［M］. 北京：教育科学出版社：92.

柯尔伯格，2003. 道德教育的哲学［M］. 魏贤超，等译．杭州：浙江教育出版社：276.

劳凯声，2005. 公共教育体制改革中的伦理问题［J］. 教育研究，(2)：3-11.

劳凯声，2010. 中国教育的问题是公立学校的问题［J］. 教育研究，(2)：17-23.

雷蒙·阿隆，2000. 社会学主要思潮［M］. 葛智强，胡秉诚，等译．北京：华夏出版社：99.

李焕荣，2007. 组织间关系及其进化过程研究［J］. 商业研究，(10)：106.

李奕，2016. 北京“深综改”：基于供给侧结构性改革的整体性变革［J］. 中小学管理，(1)：4-7.

梁淑丽，2013. 义务教育推进优质均衡背景下名校集团化办学问题研究［D］. 南京师范大学硕士学位论文.

刘少杰，2009. 当代国外社会学理论［M］. 北京：中国人民大学出版社：69.

刘生全，2006. 论教育场域［J］. 北京大学教育评论，(1)：78-91.

娄立志，2002. 论学校教育对其本源价值的背离［J］. 齐鲁学刊，(3)：84-89.

卢乃桂，操太圣，2003. 立法者与阐释者：大学专家在“院校合作”中角色之嬗变［J］. 复旦教育论坛，(1)：18-19.

吕达，刘立德，邹海燕，2008. 杜威教育文集：第1卷［M］. 北京：人民教育出版社：前言6.

罗伯特·G. 欧文，2007. 教育组织行为学：适应型领导与学校改革［M］. 第8版．窦卫霖，温建平，译．北京：中国人民大学出版社：14.

罗珉，2008. 组织间关系理论研究的深度与解释力辨析［J］. 外国经济与管理，(1)：23.

马克·霍华德·罗斯，2013. 冲突的文化：比较视野下的解读与利益

[M]. 刘萃侠，译 . 北京：社会科学文献出版社.

马克思，恩格斯，1964. 马克思恩格斯全集：第 13 卷 [M]. 北京：人民出版社：8-9.

玛丽安·怀特，等，2008. 教育领导与问责技术 [M] //丁钢，黄锦樟 . 聆听世界：多元社会中的教育领导. 上海：华东师范大学出版社：27-36.

迈克尔·富兰，2005. 教育变革新意义 [M]. 赵中建，等译 . 北京：教育科学出版社：8-9.

迈克尔·富兰，2013. 变革的挑战：学校改进的路径与策略 [M]. 叶颖，高耀明，周小晓，译 . 北京：北京大学出版社.

孟繁华，等，2011. 学校发展论 [M]. 北京：教育科学出版社.

孟范祥，张文杰，杨春河，2008. 西方企业组织变革理论综述 [J]. 北京交通大学学报（社会科学版），7（2）：89-92.

孟领，2003. 三维组织变革模型设计及对实践的指导 [D]. 首都经济贸易大学硕士学位论文：8.

苗月霞，2005. 治理理论与当代中国政府治理模式的创新 [J]. 特区经济，(3)：17-19.

莫兰，2001. 复杂思想：自觉的科学 [M]. 北京：北京大学出版社：213.

内尔·诺丁斯，2009. 幸福与教育 [M]. 龙宝新，译 . 北京：教育科学出版社：245.

欧文·拉兹洛，克里斯托弗·拉兹洛，2001. 管理的新思维：三代管理思想 [M]. 北京：社会科学文献出版社：21.

皮埃尔·布迪厄，1997. 文化资本与社会炼金术 [M]. 包亚明，译. 上海：上海人民出版社：189-190.

皮埃尔·布迪厄，华康德，1998. 实践与反思：反思社会学 [M]. 李猛，李康，译 . 北京：中央编译出版社.

戚小丹，2011. 杭州市名校集团化办学的实践与思考 [J]. 现代教育科学，(2)：48-50.

齐振宏，2002. 企业组织变革研究 [D]. 华中农业大学博士学位论文.

钱民辉，1998. 教育变革动因研究：一种社会学的取向［J］. 清华大学教育研究，(3)：24-30.

乔慧莲，2012. 基础教育名校集团化问题研究：以北京九中为例［D］. 中央民族大学硕士学位论文.

乔治·瑞泽尔，2004. 古典社会学理论［M］. 北京：北京大学出版社：268.

乔治·瑞泽尔，2005. 当代社会学理论及其古典根源［M］. 杨淑娇，译. 北京：北京大学出版社：183.

尚航标，田国双，李卫宁，2011. 组织社会学新制度主义与管理研究［J］. 东北农业大学学报（社会科学版），(2)：37-42.

邵兵家，邓之宏，李黎明，2005. 组织间关系形成的动因分析［J］. 中国科技论坛，(2)：110.

沈俊强，2005. 从近十年择校政策的演变看我国公立学校体制变革［D］. 华东师范大学硕士学位论文.

斯蒂芬·P. 罗宾斯，1997. 组织行为学［M］. 孙健敏，等译. 北京：中国人民大学出版社：356-358.

斯科特，2002. 组织理论［M］. 黄洋，李霞，申薇，译. 北京：华夏出版社：122.

斯科特，2006. 对组织社会学 50 年来发展的反思［J］. 李国武，摘译. 国外社会科学，(1)：7-14.

斯科特，2010. 制度与组织：思想观念与物质利益［M］. 姚伟，王黎芳，译. 北京：中国人民大学出版社.

斯特林费儿德，2003. 重建学校的大胆计划：新美国学校设计［M］. 窦卫霖，等译. 上海：华东师范大学出版社：5.

苏郁锋，吴能全，周翔，2015. 企业协同演化视角的组织场域制度化研究：以互联网金融为例［J］. 南开管理评论，18（5）：122-135.

谈松华，2005. 现代学校制度建设的若干理论与实践问题［J］. 人民教育，(6)：2-5.

谭光鼎，王丽云，2008. 教育社会学：人物与思想［M］. 上海：华东师范大学出版社：431.

托马斯·彼得斯，罗伯特·沃特曼，2001. 追求卓越［M］. 北京：中央编译出版社：11.

托尼·布什，1998. 当代西方教育管理模式［M］. 强海燕，主译. 南京：南京师范大学出版社：30.

托尼·布什，2011. 如何管理你的学校［M］. 许可，译. 福州：福建教育出版社：4.

王红岩，2012. 课程改革推进中的学校组织变革研究：以一所小学为个案［D］. 东北师范大学博士学位论文.

威廉·G. 坎宁安，保拉·A. 科尔代罗，2002. 教育管理：基于问题的方法［M］. 赵中建，译. 南京：江苏教育出版社.

韦恩·K. 霍伊，塞西尔·G. 米斯克尔，2007. 教育管理学：理论·研究·实践［M］. 第七版. 范国睿，译. 北京：教育科学出版社.

闻慧，2011. 城区小学教育发展的组织生态学分析：以杭州市下城区为例［D］. 浙江工业大学硕士学位论文.

沃尔特·W. 鲍威尔，保罗·J. 迪马吉奥，2008. 组织分析的新制度主义［M］. 姚伟，译. 上海：上海人民出版社.

吴洪富，2011. 大学场域变迁中的教学与科研关系［D］. 华中科技大学博士学位论文.

吴景松，尹良伟，2003. WTO与教育行政管理体制改革［J］，煤炭高等教育，(2)：20-22.

吴清山，2003. 台湾：学校效能的重要理念［J］. 基础教育参考，(11)：46-47.

吴玉军，2011. 非确定性与现代人的生存［M］. 北京：人民出版社：54.

吴重涵，沈文钦，2010. 组织合法性理论及其在教育研究领域的应用［J］. 教育学术月刊，(2)：3-9.

谢立中，1998. 西方社会学名著提要（导论部分）［M］. 南昌：江西人民出版社：27.

谢维和，2000. 教育活动的社会学分析：一种教育社会学的研究［M］.

北京：教育科学出版社：73-74.

杨汉麟，2005. 外国教育实验史 [M]. 北京：人民教育出版社：317-337.

杨小微，2002. 社会转型时期学校变革的方法论初探 [D]. 华东师范大学博士论文：136.

杨小微，2004. 全球化进程中的学校变革：一种方法论的视角 [M]. 上海：华东师范大学出版社.

杨小微，2011. 大学与中小学的文化互动及共生 [J]. 教育发展研究，(20)：15-22.

叶澜，2006. 新基础教育论：关于当代中国学校变革的探究与认识 [M]. 北京：教育科学出版社：231-237.

佚名，2009. 伦敦大学教育学院院长乔夫·维提指出学校领导力可能以一种分散的形式存在 [J]. 上海教育，(06B)：45.

应国良，2009. 差异与选择：文化视域中的公共领域合作 [J]. 中山大学学报（社会科学版），(3)：173.

于海，2010. 西方社会思想史 [M]. 上海：复旦大学出版社.

约翰·E. 丘伯，泰力·M. 默，2003. 政治、市场和学校 [M]. 蒋衡，等译. 北京：教育科学出版社.

约翰·罗尔斯，1988. 正义论 [M]. 何怀宏，等译. 北京：中国社会科学出版：22.

张康之，2006. 后工业化进程中的组织变革 [J]. 中国社会科学院研究生院学报，(4)：11-18.

张立新，2013. 当前我国办学体制改革瓶颈问题与破解 [J]. 中国教育学刊，(4)：14-16.

张雄，2004. 论组织变革与组织文化塑造的动态统一 [J]. 学术探索，(9)：23-27.

张银岳，2007. 超越传统：现代法国组织社会学研究 [D]. 上海大学博士学位论文.

张煜，1997. 学校效能评价：一种对学校进行综合评价与质量监控的理论与方法［J］. 中小学管理，(7)：62-63.

张月，陆丹，2008. 组织的全新界说与释义［J］. 中州大学学报，(1)：52-54.

张兆曙，蔡志海，2004. 结构范式和行动范式的对立与贯通：对经典社会学理论的回顾与再思考［J］. 学术论坛，(5)：61-65.

赵孟营，2007. 组织链：现代社会的一种组织间关系［J］. 北京师范大学（社会科学版），(2)：58-64.

郑燕祥，2002. 学校效能与校本管理［M］. 陈国萍，译. 上海：上海教育出版社：20.

郑燕祥，2005. 教育领导与改革新范式［M］. 上海：上海教育出版社：181.

中国教育报，［2015-07-11］. 浙江省杭州市上城区："管办助评"释放学校办学活力［EB/OL］.［2017-04-29］. http：//www. moe. gov. cn/jyb_xwfb/s5147/201507/t20150713_193596. html.

钟启泉，2011. 从课堂失范走向课堂规范兼评《学校的挑战：创建学习共同体》［J］. 全球教育展望，(1)：17-21.

周彬，2005. "名校集团化"办学模式初探［J］. 教育发展研究，(8B)：78-82.

周光礼，吴越，2011. 从竞争到合作：C9 联盟组织场域的建构（上）［J］. 高等工程教育研究，(4)：58-66.

周晓虹，2002. 西方社会学历史与体系［M］. 上海：上海人民出版社.

周雪光，2003. 组织社会学十讲［M］. 北京：社会科学文献出版社.

周宗伟，2006. 高贵与卑贱的距离：学校文化的社会学研究［M］. 南京：南京师范大学出版社：2.

朱国云，1997. 沙因的组织文化理论［J］. 江海学刊，(2)：50-54.

朱其权，孙海法，罗攀峰，等，2015. 国外组织变革能力研究述评［J］. 中国人力资源开发，(17)：30-37.

朱益明，1996. 教育质量的概念分析［J］. 比较教育研究，(5)：55-56.

英文文献

ABRAHAMSON E，2000. Change without pain ［J］. Harvard Business Review，78（4）：75-77.

ANDERSON J A，HOUSER J H W，HOWLAND A，2010. The full purpose partnership model for promoting academic and socio-emotional success in schools ［J］. The School Community Journal，20（1）：31-54.

BARNEY J B，1999. How do a firm's capabilities affect boundary decisions? ［J］. Sloan Management Review，40（3）：134-144. 转引自罗珉，2007. 组织间关系理论最新研究视角探析［J］. 外国经济与管理，（1）：25.

BIIOTT C，1992. Imposed support for teachers'learning：implementation or development partnerships ？［A］// BIIOTT C，NIAS J. Working and Learning Together for Change ［C］. Buckinggham：Open University Press，3-18. 转引自杨朝晖 . 2009，"U-S" 伙伴合作关系问题研究述评 ［J］. 首都师范大学学报（社会科学版），（3）：79.

BOISOT，MAX H，1998. Knowledge assets：securing competitive advantage in the information economy：securing competitive advantage in the information economy ［M］. Oxford：Oxford University Press. 转引自 LIN A，2001. Knowledge assets：securing competitive advantage in the information economy ［J］. Information Technology & People，14（4）：406-419.

BOURDIEU P，1977. Outline of a theory of practice ［M］. Cambridge：Cambridge University Press：183.

BOUTINOT A，MANGEMATIN V，2013. Surfing on institutions：when temporary actors in organizational fields respond to institutional pressures ［J］. European Management Journal，31（6）：626-641.

BURKE W W，2002. Organization change：theory and practice ［M］. Thousand Oaks，CA：Sage Publication. 转引自唐琳琳，2009. 组织变革领导力的概念模型及其效能机制研究：基于 ASD 理论的视角 ［D］. 浙江大学博士学位论文：10.

BUSHER H, HODGKINSON K, 1996. Co-operation and tension between autonomous schools: a study of inter-school networking [J]. Educational Review, 48 (1): 55-64.

CARROLL G R, HANNAN M T, 1989. Density dependence in the evolution of populations of newspaper organizations [J]. American Sociological Review, 54 (4): 524-541.

CHILD J, RODRIGUES S B, TSE K K T, 2012. The dynamics of influence in corporate co evolution [J]. Journal of Management Studies, 49 (7): 1246-1273.

CHIN R, BENNE K D, 1969. General strategies for effecting change in human systems [A] // BENNNIS W G, BENNE K D, CHIN R. The planning of change (2nd) [C]. Holt, Rinehart & Winston: 34-43.

DALIN P, 1998. School development: theories and strategies, an international handbook [M]. New York: Cassell.

DAVID R J, SINE W D, HAVEMAN H A. 2013, Seizing opportunity in emerging fields: how institutional entrepreneurs legitimated the professional form of management consulting [J]. Organization Science, 24 (2): 356-377.

DAVIS G, MARQUIS C, 2005, Prospects for organization theory in the early twenty-first century: institutional fields and mechanisms [J]. Organization science, 16 (4): 332-343.

DIMAGGIO P J, 1991. Constructing an organizational field as a professional project [M]. The New Institutionalism in Organizational Analysis. Chicago, IL: The University of Chicago Press: 277.

DIMAGGIO P J, ANHEIER H K, 1990. The sociology of nonprofit organizations and sectors [J]. Annual Review of Sociology, 16: 137-159.

DIMAGGIO P J, POWELL W W, 1983. The iron cage revisited: institutional isomorphism and collective rationality in organizational field [J]. American Sociological Review, 48 (2): 147-160.

DIMAGGIO P J, POWELL W W, 1983. The iron cage revisited: institutional isomorphism and collective rationality in organizational fields [J]. American Sociological Review, (4): 147-160.

DORHOFER S, MINNIG C, PEKRUHL U, et al. , 2011. Contrasting the footloose company: social capital, organizational fields and culture [J]. European Planning Studies, 19 (11): 1951-1972.

DUIGNAN P, 2006. Educational leadership: key challenges and ethical tensions [M]. New York: Cambridge University Press: 20.

DUNKIN M J, BIDDLE B, 1974. The study of teaching [M]. New York: Holt, Reinhart & Winston. 转引自王少非，崔允漷，2005. 大学：中小学伙伴关系：一种分析框架 [J]. 全球教育展望，(3)：36.

FLIGSTEIN N, 2001. Social skill and the theory of fields [J]. Sociological Theory, 19 (2): 105-125.

FRIEDLANDER F, BROWN L D, 1974. Organization development [J]. Annual Review of Psychology, 25: 313-341.

GARUD R, HARDY C, MAGUIRE S, 2007. Institutional entrepreneurship as embedded agency: an introduction to the special issue [J]. Organization Studies, 28 (7): 957-969.

GIDDENS A, 1984. The constitution of society [M]. Cambridge, MA: Polity press: 27.

GOODLAD, JOHN I, 1988. School-university partnerships for educational renewal: rationale and concepts [M]. //KENNETH S A, GOODLAD J I. School-University partnerships in action: concepts, cases, and concerns. New York: Teachers College Press: 3-31.

GRAY B, 1989. Collaborating: finding common ground for multiparty problems [M]. San Francisco : Jossey-Bass. 转引自杨朝晖，2009. "U-S" 伙伴合作关系问题研究述评 [J]. 首都师范大学学报（社会科学版），(3)：79.

GREENFIELD T, RIBBINS P, 1993. Greenfield on educational administration: towards a humane science [M]. London: Roudedge: 152.

GREENWOOD R，SUDDABY R，2006. Institutional entrepreneurship in mature fields：the big five accounting firms [J]. Academy of Management Journal，49 (1)：27-48.

GREENWOOD R，SUDDABY R，HININGS C R，2002. Theorizing change：the role of professional associations in the transformation of institutionalized fields [J]. Academy of Management Journal，45 (1)：58-80.

HANDY C，1997. The hungry spirit [M]. London：Hutchinson：8.

HARGREAVES D H，2012，A self-improving school system in international context [R]. Nottingham：National College for School Leadership.

HAVELOCK R G，1971. Planning for innovation through dissemination and utilization of knowledge [M]. Ann Arbor，MI：University of Michingan，Institute for Social Rerseach：144.

HEDE A，2004. MGT701：Managing organisational behaviour [M]. MGT701 Lecture Notes 2004 University of the SunshineCoast. 转引自陈述佳，2002. 中小企业员工组织变革意图影响因素实证研究：计划行为理论的视角 [J]. 财经问题研究，(1)：125-129.

HODGE，BILLY J，ANTHONY，WILLIAM P，1991. Organization theory：a strategic approach [M]. Needham Heights，Massachusetts：Simon and Schuster. 转引自赵孟营，2006. 组织格局：抽象社会中的社会组织 [J]. 北京师范大学学报（社会科学版），(2)：130.

HOUSE E R，1981. Three perspectives on innovation，improving schools：using what we know [M]. Beverly Hills，CA：Sage Publications：17-41.

KATHRYN S，2011. Preparing future school leaders to foster site level cultural proficiency：investigating the work of successful schools first - hand [A] // ALFORD B J，PERREAULT G，ZELLNER L，BALLENGER J W. Blazing new trails：preparing leaders to improve access and equity in today's schools [C]. DEStech Publications，Inc. Lancaster，Pennsylvania：297-308.

KINKEAD J C，2006. Leadership：a service to humanity [R]. Instructor of Speech. Dalton State College. Serving Humanity. https：//files. eric. ed. gov/

fulltext/ED493911. pdf.

KOTTER J P, 1995. The new rules: how to succeed in today's post-corporate world [M]. New York: Free Press: 68.

LALAS J W, MORGAN R D, 2006. Training school leaders who will promote educational justice: what, why, and how? [J]. Educational Leadership and Administration, 18: 21-34.

LEWIN K, 1951. Field research in social science [M]. New York: Harper&Row: 37.

MAGUIRE S, HARDY C, LAWRENCE T B, 2004. Institutional entrepreneurship in emerging fields: HIV/AIDS treatment advocacy in Canada [J]. Academy of management journal, 47 (5): 657-679.

MARCUS A A, ANDERSON M H, 2010. Commitment to an emerging organizational field: an enactment theory [J]. Business and Society, 52 (2): 181-212.

MEYER J W, SCOTT W R, 1983. Centralization and the legitimacy problems of local government organizational environments: ritual and rationality [M]. London: Sage Publications: 199-215.

MILLER D, FRIESEN P H, 1984, Organizations: a quantum view [J]. The Academy of Management Review, (10): 765-768.

MOSHER F C, 1967. Governmental reorganizations [M]. New York: Bobbs-Merrill. 转引自曹丽娜，2011. 组织变革下的国有企业组织学习与社会责任演进研究 [D]. 东北财经大学博士学位论文：9.

MURPHY J, 2002. Reculturing the profession of educational leadership: new blueprints [J]. Educational Administration Quarterly, (2): 176-191.

NELSON R R, SAMPAT B N, 2001. Making sense of institutions as a factor shaping economic performance [J]. Journal of Economic Behavior & Organization, 44 (1): 31-54.

NONAKA I, TOYAMA R, BYOSRE P, 1998. A theory of organizational knowledge creation: understanding the dynamic process of creating knowledge

[J]. Knowledge Creation Diffusion Utilization, (1): 491-517.

OECD, 1998-04-06. Center for educational research and innovation ceri-schooling for tomorrow [EB/OL]. [2004-01-15]. http://www.oecd.org/dataoecd/41/58/35393911.pdf/.

OJHA A K, RAO R A, 2014. The emergence of an organizational field: the case of open source software [J]. The Journal for Decision Makers, 39 (2): 127-143.

PASCALE R T, 1999. Surfing the edge of chaos [J]. Sloan Management Review, (1): 83-94.

PETERS B G, 1999. Institutional theory in political science: the "New Institutionalism" [M]. London and New York: Wellington House: 19-22.

PORRAS J I, ROBERTSON P J, 1992. Organizational development: Theory, practice, and research [M] //DUNNETTE M D, HOUGH L M. Handbook of industrial and organizational psychology. Palo Alto, CA: Consulting Psychologists Press: 719-822.

PURDY J M, GRAY B, 2009. Conflicting logics, mechanisms of diffusion, and multilevel dynamics in emerging institutional fields [J]. Academy of Management Journal, 52 (2): 355-380.

QUIRKE L, 2013. Rogue resistance: sidestepping isomorphic pressures in a patchy institutional field [J]. Organization Studies, 34 (11): 1675-1699.

RANSON, STEWART, HININGS B, et al., 1980. The structuring of organizational structures [J]. Administrative Science Quarterly, 25: 1-17.

RECARDO R J, 1991. The what and how of change management [J]. Manufacturing System, (5): 52-58.

REINHARTZ J, BEACH D M, 2004. Educational leadership: changing schools, changing roles [M]. Pearson Education, Inc: 2.

RICHARD W S, 1987. The Adolescence of institutional theory [J]. Administrative Science Quarterly, 32 (4): 493-511.

RICHARD W S, 2001. Institutions and organizations [M]. California:

Sage Publications, Inc: 139.

RUMELT R P, 1991. How much does industry matter? [J]. Strategic Management Journal, 12 (3): 167-185.

SAMMONS P, 1999. School effectiveness: coming of age in the twenty-first century [M]. Lisse: The Netherlands Swets&Zeitlinger: 195.

SASHKIN M, EGERMEIER J, 1992. School change models and processes: a review of research and practice [R]. Paper presented to AERA, San Francisco CA.

SCOTT W R, 2001. Institutions and organizations [M]. California: Sage Publications, Inc.

SENGE P, 1997. Sharing knowledge: the leader's role is key to a learning culture [J]. Executive Excellence, 4 (1): 17-18.

SEO M, CREED W D, 2002. Institutional contradictions, praxis, and institutional change: a dialectical perspective [J]. Academy of Management Review, 27 (2): 222-247.

SEWELL, WILLIAM H, 1992. A theory of structure: duality, agency, and transformation [J]. American Journal of Sociology, 98: 1-29.

SILVA D Y, GIMBERT B, NOLAN J, 2000. Sliding the doors: locking and unlocking possibilities for teacher leadership [J]. Teacher College Record, 102 (4): 777-804.

SIMMEL G, 1950. The sociology of georg simmel [M]. New York: Free Press: 10.

SOUTHWORTH G, HEATHER D Q, 2005. School leadership and system leadership [J]. The Educational Forum, 69 (Winter): 212-220.

SPENCER H, 1954. Social statics [M]. New York: Robert Schalkenbach Foundation: 17.

STACEY R, 1996. Complexity and creativity in organizations [M]. New York: Berrett-Koehler: 11.

SUCHMAN M, 1995. Managing legitimacy: strategic and institutional approaches [J]. Academy of Management Review, (20): 584.

SUCHMAN M C, 1995. Managing legitimacy: strategic and institutional approaches [J]. Academy of Management Review, (20): 584.

THOMPSON J D, MCEWEN W J, 1958. Organizational goals and environment: Goal-setting as an interaction process [A]. American Sociological Review. 转引自马迎贤, 2004. 组织间关系: 资源依赖理论的历史演进 [J]. 社会, (7): 33.

THORNTON P H, OCASIO W, 1999. Institutional logics and the historical contingency of power in organizations: executive succession in the higher education publishing industry (1958-1990) [J]. American Journal of Sociology, 105 (3): 801-843.

TOLBERT P, ZUCKER L, 1983. Institutional sources of change in the formal structure of organizations: the diffusion of civil service reform [J]. Administrative Science Quarterly, 28 (1): 22-39.

UNESCO, 2004. International bureau of education quality education for all young people: reflections and contributions emerging from the 47th international conference on education of UNESCO [R]. Geneva, (9): 8-11.

WALKER E T, 2012. Social movements, organizations, and fields: a decade of theoretical integration [J]. Contemporary Sociology, 41 (5): 576-587.

ZHOU XG, 1993. Occupational power, state capacities, and the diffusion of licensing in the American States: 1890 to 1950 [J]. American Sociological Review, 58 (4): 536-552.

后　记

“社会现实是双重存在的，既在事物中，也在心智中；既在场域中，也在惯习中；既在行动者之外，又在行动者之内。”

——皮埃尔·布迪厄

如上是社会学大师布迪厄的经典论断，也是行文至此，突然闪进我头脑中的一段话。本书初稿完成于 2017 年，到终将出版已是不平凡的 2020 年，今年是我正式参加工作满十二年，这期间也是教育改革最为剧烈的十二年。博士毕业时我的选题是学校变革中的校长领导力，这是我的兴趣所在，到首师大工作为我的持续研究提供了更为丰富的土壤，教育改革的丰富形态与现实建构了新的关系，研究愈加深入，我愈加发现，对于学校的研究将视角从个体层面转向组织层面非常必要。

如为了更好地推进教育优质均衡发展，或是由教育行政部门推动，或是学校间根据需求自主合作，形成了如高校支持附中附小发展、城乡学校一体化发展、教育集团、教育联盟、学区制等多种学校间新的合作关系样态，这总体上是出于共同的愿景和目标组成了支持关系和发展联盟，形成了新的治理结构，对成员实行规范制约与引导。这种支持关系的形成实质上是在场域层面的制度建构，是组织层面的变革。

组织观的变化与新制度主义的发展都呈现出了对场域的关注。在布迪厄的观点中，场域不是固定不变的架构或形式，而是历史的和现实的、实际的和可能的（潜在的）、有形的和无形的、固定下来的和正在发生的(进行中的)，以及物质性的和精神性的各种因素的结合。场域充满生命力，处于各种力量关系中。体现在组织社会学的视角中，研究与分析的重点不再是正式组织与非正式组织，而是行动组织，是在具体的时间与环境之中展现的过程组织，是实际存在着的具体的行动体系，是构建局部秩序的游戏，是以权力关系为核心的、由具有行动能力的行动者不断建构又不断解构的行动组织及其诸种产物。由此可见，组织研究正处在依赖于实体主义的结构模式向依赖于关系的结构模式的转变之中，将组织视作一种关系或者过程，而不再仅是实体，已成为当代研究的一个重大取向。近年来基础教育领域学校变革就体现了这样一个特点，这也是本书探讨的核心问题。

非常庆幸博士毕业后回到首都师范大学教育学院工作，这里有非常强大的教育学研究团队，在多个研究领域处于全国领先地位。同时学院致力于服务首都乃至全国基础教育发展，也正因为此，我有机会深度参与、持续跟进研究近年来北京市基础教育领域的重要改革，诸如北京市城乡学校一体化管理改革项目、集团化办学项目、高校支持附中附小发展项目、公立学校办学体制改革项目、京郊校长专业发展和北京市第二批、第三批名校长工程等，进入北京乃至全国近 200 所学校展开了深度研究。本书相当多的数据都来自这些专项研究，在此也要特别感谢所有参与项目研究的领导、校长、老师们。

感谢孟繁华教授、王长纯教授一直以来对我的教导与帮助，尤其在我的研究遇到困难时，常常可以从两位恩师那里得到启发；感谢劳凯声教授、蔡春教授、石中英教授、王海燕教授、傅树京教授、王东副教授、王寰安副教授、荣利颖副教授、林伟副教授、陈丹副教授、王天晓副教授、王楠副教授、张蕾博士等同事、学友在本书完成过程中或相关研究推进中从不同方面给予我的大力支持；感谢教育科学出版社刘灿主任、颜晴老师、杨建伟老师专业严谨的工作，他们为本书的品质提高做出了莫大贡献。

克里希那穆提曾言，如果我们不尊重孩子，而只是以奖赏引诱他，或以惩罚威吓他，那么我们便是助长了他获得利益的观念和恐惧感。由于我们自己所受的教养，是为了有所收获才采取行动，所以，我们不知道有一种不含有获取利益之欲望的行动。正确的教育，鼓励孩子对他人尊重体谅，而不需要任何的诱饵和威吓。感谢我的父亲张建杰先生、我的母亲冯连英女士，他们自觉不自觉间，就是在践行这样的一种教育，并非为有所收获才采取行动，尊重体谅他人，做自己真正感兴趣的事情。他们是我最坚强的后盾。感谢我的爱人程鑫先生，在他身边，我觉得即使毫无保留地做我自己，也会被完全接纳。当然还有我的女儿程悦然小朋友，她聪慧、善良、敏感，保持着对万事万物的好奇以及旺盛的求知欲望，感谢她的到来让我有机会重新体验生命的美好、成长的欢愉。感谢所有陪伴在我身边的亲人与知己。

本书从某种意义上讲，仍然是一种未完成状态的研究，或者说是一个阶段性成果，本书虽然回应了社会学研究的变化以及组织学研究的转型，但在学校变革场域的建构，行动者惯习的形成与突破，基于场域、惯习、资本三者互动形成的行动者关系在实践领域的作用等都需要进一步探索，“博观而约取，厚积而薄发”，持之以恒地继续专注于兴趣所在，这本身就是一种极大的幸福。

是为后记。